α ブックス

レクチャー会社法〔第3版〕

菊地雄介・草間秀樹・横田尚昌
吉行幾真・菊田秀雄・黒野葉子 著

法律文化社

第3版はしがき

　2019年4月に本書の第2版が刊行されて以来，3年近くが経過しようとしている。この間に新たな会社法分野の判例が相次いで出現し，実質的な会社法の継続的形成を進めてきたことは言を俟たない。また2019年の12月には，会社法の一部を改正する法律（令和元年法律第70号）および会社法の一部を改正する法律の施行に伴う関係法律の整備等に関する法律（令和元年法律第71号）が公布され，それら改正事項の大半について2021年3月1日に施行日が到来した。会社支店登記制度の廃止や株主総会資料の電子提供制度新設など，一部の改正事項については，2022年9月1日に施行日を迎える予定である。さらに法令の改正と並んで，とりわけ金融商品取引所の上場会社を対象とした機関設計や行動指針に関するソフト・ローともいうべきコーポレートガバナンス・コードおよびスチュワードシップ・コードについても，新たな動きがある。具体的には，金融庁と東京証券取引所の主導にかかるフォローアップ会議等の作業成果に基づき，2021年6月のコーポレートガバナンス・コード改訂および2020年3月のスチュワードシップ・コード再改訂などが行われた。東証のコーポレートガバナンス・コードに関しては，2022年4月に実施される市場区分の再編と絡んで，とりわけグローバルな投資家を視野に入れたプライム市場の区分選択と連携するガバナンス体制の改訂が実現した。市場法としての色彩をますます強める会社法については，本書に盛られた会社法テキストの記述と併せて，こうしたソフト・ローの動向にも目配りされることをお勧めしたい。

　この第3版刊行に向けた作業は，現下のコロナ禍を受けて，昨夏の遠隔会議システムによる共同執筆者および編集部の話し合いから始まった。第3版刊行までの残り期間が乏しいこともあって，共同執筆者の執筆担当等は変えることなく必要最小限の改訂にとどめるという方針で合意し，執筆者諸氏にはそこから短期間での執筆を成し遂げていただいた。執筆の準備資料としては，とりわけ新判例のリスト等につき，黒野葉子准教授にお骨折りいただいた。法律文化社編集部の梶原有美子氏にはいつもながら執筆者間の多様な連絡や意見調整等にご尽力いただ

i

き，編集の最終段階では同社編集部の八木達也氏にも細やかなお気遣いを頂戴した。ここに記し，これら関係者の方々に改めて心よりお礼申し上げたいと思う。

2022年1月

執筆者を代表して

菊地　雄介

はしがき

　平成17年の第162回国会において，旧商法第二編「会社」を全面削除するとともに，新しく会社の組織・活動を規律する法規範を「会社法」(平成17年法律第86号)として法典化して以来，約10年が経過した。昨年の第186回国会では，「会社法の一部を改正する法律」(平成26年法律第90号) が成立し，会社法の初めての大きな改正が行われた。続いて年明けには，「会社法施行規則等の一部を改正する省令(平成27年法務省令第6号)」が公布され，この5月より，会社法・会社法施行規則・会社計算規則・電子公告規則等の改正規定の大半が施行される予定である。本書は，会社法とその関連省令の最新の内容を盛り込んだ標準的な授業用テキストとして企画されたものである。

　本書の前身は，平成10年に公刊された『レクチャーブック会社法』にまで遡る。それ以来，共同執筆者の顔ぶれを少しずつ入れ替えながら，『レクチャー会社法』『レクチャー新・会社法』『レクチャー現代会社法』とタイトルも移り変わり，本書において再び法律文化社の〔 *α* ブックス〕レクチャー・シリーズ本来の書名に戻すことにした。この間，司法制度改革の流れのなかで法科大学院が相次いで新設され，執筆者の多くが法科大学院の所属となって，法学部の授業を正面から意識した標準的テキストという位置づけは些か薄らいだ感も否めない。本書では，企画の原点に立ち戻り，執筆陣もすべて法学部の専任教員のみで構成されることとして，学部レベルの初学者を念頭においたテキストはどうあるべきか，を語り合うところから出版企画をスタートさせることにした。そうして出来上がった執筆上の約束事は，次のように要約することができる。

　第一に，会社法の学部授業であればどの大学でも使えるように，記述の内容はあくまで通説・判例を基軸とし，執筆者各自の工夫は，どのように説き起こし，どのように趣旨を展開していくかという叙述の流れにおいて行うこととした。なぜ・何のためにそうなっているのかという，いわば制度上の目的意識を大切にすることで，読者の興味関心をつなぎ止めたいというのが執筆陣の共通の願いである。

第二に，会社法上の制度や理論を平板に説いていくだけではなく，たとえ一方的な講義形式の授業でも受講者の自然な反応に思いを致し，暗黙の相互交流が図れるような授業の有り様をテキスト上に表現していくことはできないか。授業の際に相手の表情を読みながら，具体例を示したり，実際の適用パターンを語ったり，他の諸制度との対比を試みたり等々の工夫を凝らすことは，教師なら誰にも経験のあることである。説明を進める上での，そうした作為的な「揺らぎ」を読者に伝えるため，本書では，随所に ⬚Step Ahead⟩ のマークを記してある。ただ論旨を前に突き進めるだけの「Go Ahead」ではなく，気持ちは読者に前向きの理解を提供したいと願いつつ，叙述上はあえて「Side Step」や「Back Step」の手法も駆使していく。そのような思いを込めて，ここからここまでは「Step Ahead」の授業箇所であることを明示するマーク，それらの目印を頭の中に入れながら話法の展開を感じ取っていただきたいと思う。

　第三に，授業で大切に扱う事項はなるべく丁寧に説くとともに，授業ではそこまでは触れないと判断される事項の記述はかなり大胆にそぎ落とすといった「叙述の濃淡」をある程度まで割り切って施すこととした。また，会社法の条文はきわめて詳細かつ正確を期しているため，ともすれば法文をそのまま引き写したテキストになりがちなところ，少しでも条文をわかりやすく伝えるにはどう説明すべきかという見地から，条文の言葉的表現をなるべく言い換えるように配慮した箇所も多い。結果的に，会社法を執筆者各自がどのように捉えているかも，本書の中での語り口を通じて自ずと伝わって来るであろうし，そのような意味での個性の発現を互いに大切にしたい，というのが執筆陣の了解事項である。

　第四に，共同執筆のテキストという本書の性格を活かすため，執筆者が互いに自分の解説事項の殻に閉じこもることなく，関連し合う諸事項の間で記述の連携が生まれるようにクロス・リファレンスの手法を用いることとした。本文中で，段落はじめの文頭に［*1-1-1*］というように通し番号が表示されているのはそのためである。執筆の途上から最後の校正段階に至るまで，共同執筆者の間で各自の原稿に目を通し合い，調整を重ねてきた経緯もある。今後，さらに執筆者間の風通しがよくなり，お互いに切磋琢磨し合いながら本書の成長につなげて行ければ何よりである。

　本書では，上に略述したように，かなり目新しい試みを行っている。出版上の

制約もある中で，私たち執筆陣の要望に辛抱強くお付き合いいただいた法律文化社編集部の皆様，とりわけレクチャーブック会社法の当初からお世話いただいている秋山泰氏，および本書の刊行に至るまで諸事全般のご助力を頂いた梶原有美子氏に，心よりお礼申し上げる。

平成27年4月

執筆者を代表して

菊地　雄介

目　次

PART 3　株式会社

PART1

会社法総論

CHAPTER 1 ——会社企業の概要

§1——共同企業としての会社

[*1-1-1*]　　企業とは，もともと法律学上の概念ではなく，その定義はさまざまである。企業の特徴を列挙すれば，営利性・反復継続性・計画性・迅速性・定型性等々があげられる。これらの特徴に沿って，ここでは，営利追求を目的として収支計算（費用対効果の数字的な裏付け）に基づき継続的・計画的に経済活動を行う法主体を広く企業と呼んでおこう。企業の法主体性の如何に応じて，個人企業や組合企業，会社企業といった区分がうまれる。どのタイプの企業でも，将来的な見通しを数値化して企画運営がなされるため，企業では利害関係者のために予見性の保障（開示制度の充実や予見不能な事態からの免責）が重視される。

[*1-1-2*]　　**個人企業**では，個人（自然人）の法人格それ自体に，企業としての法律関係がすべて帰属する。企業としての損益が個人企業主の損得にそのまま直結し，企業の信用や名声が上がれば，その個人の社会的評価も高まる。反対に，企業の破綻が個人としての破産につながるリスクもある。個人企業が順調に成長して飛躍のときを迎えても，個人の所有財産やそれを元に調達できる借財では財源不足になりがちで急成長しにくい，というのも個人企業の特徴である。

[*1-1-3*]　　個人企業の短所や限界は，何人かが共同で出資し合い，企業の実質的オーナーになって利潤も損失も分かち合う，という共同企業の制度によって克服される。**共同出資**によって，企業リスクの分散と，複数人の出資の結合による経営資源（経営学上の用語でヒト・カネ・モノ・情報の４つを指す）の拡大を図るわけである。ここでいう共同出資には，金銭出資や特定財産の現物出資（これらを合わせて**財産出資**という）のほか，**労務出資**（民667条２項）や**信用出資**（人的・物的担保の提供）なども含まれうる。共同出資を基盤に作られる企業を共同企業といい，組合企業と会社企業がその代表例である。

共同出資で資金や労力を調達するのは，融資（借金）や雇用によって他人の財産や労力を調達するのと根本的に異なる面がある。借金や雇用では，調達した資金や労力を使って企業活動を行ったが失敗し，利益が出なかったというときも，前もって契約で決めた元利金の返済や給料の支払は免れない。逆に，借金や雇用で得た経営資源を使って大儲けしても，約束の金額以上を払う必要はない。企業にとっては，どちらの意味でも，まさに固定費の負担である。これに対して，共同出資の場合には，出資者各自が企業組織の構成員（組合企業なら組合員，会社企業なら社員・株主）となり，出資者として企業の損益に参加する（民674条・675条，会社104条・105条・621条・622条など参照）。他の共同企業，たとえば商法上の匿名組合や有限責任事業組合などの場合も同様である（商535条・538条・542条，有限責任事業組合契約に関する法律15〜17条・33〜36条）。

§2——組合と会社

◼1 組　合

[*1-1-4*]　　法律上，組合というときは民法の組合契約（民667条1項）を指し（いわゆる**民法上の組合**），中小企業等組合法上の事業協同組合や各種の協同組合法に基づく生協・農協・漁協など，独立の法人格を有する協同組合とは区別される。組合には人格がなく，組合が自ら財産を有し債務を負うことはない。たとえば組合の財産とは組合員の共有財産のことをいう（民668条）。ただし，組合員の共同所有関係においては，各組合員の法的地位を表す「持分」の処分に制約があり組合財産の分割請求も禁じられるなど（民676条），個人法的な共有のしくみ（民256条）とは異質な面があるため，特に「合有」という用語をあてがうのが一般的である。

　組合は，組合員どうしが直接に共同出資と共同の事業遂行を約束し合うことで即座に成立する契約（諾成契約）である。組合員が互いに約束を交わし合うという濃密な人間関係が組合の成立基盤となる。そのため組合員各自の個性が重視され，組合員は全員が主役級の存在であるとともに，組合員の間には人的な信頼関係がなければならない。このことを反映して，組合員は原則として各自が業務執行権を有し（民670条），組合員が死亡すると持分の相続は起こらず組合からの脱退事由となる（民679条1号）。このように出資者が自ら組合事業の運営に携わる

ことから，組合企業は「**所有と経営の一致**」を特徴とする企業モデルであるといえる。また組合では，組合員間の人的信頼関係を保つため，組合員の新規加入（すなわち組合契約の変更）に総組合員の同意を要し（民677条の2第1項，有限責任事業組合契約に関する法律5条1項参照），このことが手続的な制約となって，新組合員からの追加出資による事業規模の拡大は難しいのが実態である。

2 会 社

（**1**） 会社の意義

［**1-1-5**］　　**会社**とは株式会社・合名会社・合資会社・合同会社の総称である（2条1号）。株式会社では出資者の法的地位が株式と呼ばれることと対比して（**3-1-2，3-4-1**参照），出資者の地位がいずれも持分と呼ばれる合名会社・合資会社・合同会社の3種類をまとめて**持分会社**という（575条1項カッコ書）。

　会社をその内実に即して定義すると，㋐営利を目的とし，㋑社団的な組織構造を有し，㋒独立の法人格を有する法主体で，会社法所定の設立手続（25～103条・575～579条）に準拠して設立されたもの，ということができる。すなわち，すべての会社に共通の特徴は「営利」「社団」「法人」だという点にある。

（**2**） 会社の営利性

［**1-1-6**］　　会社がその事業として反復的・継続的になす行為（会社の本業となる行為）や会社の事業のために（事業に関連して）なす各種の行為は，すべて商行為であり（5条，ただし会社の行為にも非商行為がありうることにつき，最判平20・2・22民集62・2・576参照），商法の適用を受ける（商1条1項）。それゆえ，会社は自己の名をもって商行為をすることを業とするもの，つまり商人である（商4条1項：**固有の商人**）。すべての商人に共通する営利性，すなわち対外的な事業活動により利益を獲得するという目的は，会社にも本質的に備わっている。

　しかし，会社の**営利性**というときは，会社が共同企業であることから，その出資者たる構成員（持分会社の社員，株式会社の株主）にとっての営利性も不可欠である。そこで，会社の営利性とは，㋐対外的な事業活動により利益を獲得し，㋑そうして獲得した利益を社員・株主に分配する，という二重の目的があることと定義される。これら2つの目的がなければ会社とはいえない。たとえば宗教や慈善・学術等の公益事業を目的とする公益法人（民33条2項，公益社団財団1条）や，

労働組合のように営利でも公益でもない中間的な目的をもつ中間法人は，もちろん会社ではない。また，一部の生命保険会社のように，保険契約者を構成員（社員）と位置づけて保険契約を相互扶助的な内部的事業活動ととらえる相互会社（保険業法18条以下）や，協同組織の法人である信用金庫（信用金庫法1条・2条）などは，剰余金の分配・配当ができるとはいえ（保険業法55条2項・55条の2，信用金庫法57条）会社ではない。

⊳ Step Ahead ⟩ 会社における利益分配の目的は，各事業年度ごとに，持分会社なら社員への利益配当（621条），株式会社なら株主への剰余金配当（105条1項1号・453条・461条1項8号）により実現されるのが普通である。しかし，剰余金（利益）の一部を配当に回さず会社内に留保しておいて，最後に会社を解散することで（471条・641条）清算事務処理上（481条3号・649条3号）残余財産の分配をなす方法によることもできる（504〜506条・666条）。したがって，分配可能な剰余金（利益）があるにもかかわらず会社が財務政策上その配当を減らしたり無配にしたりしても，当然に会社の営利性と矛盾するわけではない。以上に対し，株主総会で，剰余金配当と残余財産分配をどちらも全部否定するような定款変更を決議したりすれば，それは違法な内容の決議となって（105条2項），決議無効の問題を生んでしまう（830条2項，**3-3-36**）。⟨ Step Ahead ⊲

(3) 会社の社団性

[**1-1-7**]　人の団体は組合と社団とに分けられる。組合と社団の区別は2つの異なる観点から導かれる。第一は，団体としての実態に着目した区別で，実質的・社会学的な区別ということができる。それによると，組合は個性が濃厚で比較的少数の構成員からなる団体なのに対し，社団は個性が希薄な構成員が比較的多く集まった団体と分析される。社団では，構成員（社員・株主）どうしの結びつきが薄くなりがちな分だけ，組織や活動の根本規則たる定款の下で団体秩序をしっかり確立しておく必要が大きい。また構成員の個性が重視されないため，社団では構成員の変動（加入や交替）が生じやすく，構成員がいくら変わっても団体としての同一性は保たれる，という点に特徴がある。このような観点から捉えられた社団のことを，**実質的意義の社団**という。

[**1-1-8**]　第二に，構成員がどんな形で結びついているかという法形式の観点からも，組合と社団は区別される。これによると，組合は構成員が互いに他の構

成員全員と直接に契約を交わし合う契約的結合（比喩的に「合手的」結合ともいう）の団体である。組合員がお互いに契約で結ばれているからこそ，組合員の個性重視や組合員間の信頼関係といった組合の実態的特徴があるともいえる。他方，社団では，団体と各構成員の間の法律関係（**社員関係**）を通じて構成員どうしも間接的に結びついているにすぎない。社団的な結合の根拠は，社団それ自体と各構成員との間の直接的な法律関係にある。組合には法人格がなく，組合の法律関係は組合員の合有的な財産関係でしかありえないのに対し，社団は自ら構成員と対峙できるだけの法主体性を有していなければならない。そのため，社団はむしろ社団法人として独立の法人格を有するのが自然である。このように，構成員（社員・株主）が団体（社団）との間の社員関係を介して間接的に結合している団体のことを，**形式的意義の社団**という。

　会社は，社員が設立時の合同行為または会社成立後の入社契約により会社との間の社員関係に入るもので，まさしく形式的意義における社団である。形式的意義の社団では（組合の契約関係と比べて）団体内部の法律関係をきわめて簡便に処理できる。たとえば団体の内部における利益分配の請求や出資の履行請求を例にとってみよう。組合員どうしの契約関係からなる組合（形式的意義の組合）では，ある組合員から他の組合員全員に対する分配請求，あるいは他の組合員全員からの履行請求という面倒な形をとるしかない。しかし，社団形式の下では，社員から社団への分配（配当）請求，あるいは社団から各社員への出資履行請求という，非常に簡明な法的処理が可能になる。

[*1-1-9*] Step Ahead 　以上のように，団体を組合と社団の2つに分けることから議論が始まる。2人以上の人間が集まって団体となる以上，構成員が1人だけの場合はないはずである。現に，組合員どうしの契約からなる組合において，組合員が1人だけの一人組合など絶対にありえない。しかし，会社それも株式会社では，複数の会社が経営統合によって純粋持株会社（完全親会社）傘下の事業子会社（完全子会社＝100％子会社）となる場合など，株主が1人しかいない**一人会社**（いちにんかいしゃ）が現実に多数存在する。また，株式会社の設立に際して，設立の企画や設立事務を1人の発起人だけで行い，設立時発行株式も全部その発起人が引き受ける「一人設立」の方法によるときは，やはりその者しか株主がいない一人会社の誕生となる（**3-2-2**）。持分会社でも，設立当初の原始社員の員数について規定はなく

（575条1項参照），一人設立は可能だし，持分会社の解散事由も「社員が欠けたこと」と明記されており（641条4号），社員が1だけの一人会社を許容する会社法の姿勢は明らかである。こうした一人会社の存在からして，現在の会社を団体の一種としての社団と位置づけることは，もはや不適切なようにもみえる。しかし，見方を変えて，会社の法人性（3条：**1-1-10**）から，法人を社団か財団かという二分論で語るとき，会社が社団法人としての組織的特徴を備えていることは確かである。たとえば，一人会社でも株主総会（株主の総意を決める多数決機関）の決議は必要だし（最判昭46・6・24民集25・4・596，**3-3-4**），会社の事業活動で得た利益が年次配当や残余財産分配で社員・株主に帰属するしくみなど，会社の究極の利益主体が出資者であって，法人としての存立根拠が（財団におけるような財産的要素ではなく）構成員の人的要素にあることは否定できない。◁ Step Ahead

(4) 会社の法人性

[1-1-10]　会社は，**法人法定主義**の下で（民33条）会社法上の法人であり（3条），自然人と同じく独立の法人格を有する。法人としての会社の住所は本店所在地にある（4条）。ここにいう法人とは，生身の身体を備えた自然人以外の法主体で，自ら権利を有し義務を負うことのできる存在を指す言葉である。法人であるということには，具体的にどんな意味があるのだろうか。

　法人の属性ないし**法人格の機能**を列挙してみよう。第一に，法人はその代表者や代理人の行為を通じて自ら，すなわち法人自体の名前で取引の主体となることができる。組合のように構成員（組合員）全員に合有的に財産的法律関係が帰属する場合とは異なり，法律効果の帰属点として法人名義が使えるため，構成員全員の連名で取引するという面倒な手順は当然に回避できる。第二に，法人名でなされた法律行為の効果，すなわち当該行為から生じる権利・義務は，行為者たる代表者・代理人に正当な権限がある限り，法人自体に帰属する（法人の権利能力）。第三に，不動産や自動車の所有権，商標権・特許権といった知的財産権など，法律上の登記・登録手続を要する権利については，法人自ら登記・登録の主体（名義人）になることができる（登記法上の主体性）。第四に，法人に帰属した権利・義務の実現を裁判で求めるため，法人は民事訴訟法上の当事者能力を当然に有する（民訴28条）。ただし，法人格のない社団・財団でも代表者または管理人の定めがあれば民事訴訟の当事者能力を有するため（民訴29条），法人格が当事者能力の

必須の前提とはいえない。第五に，法人に債務不履行があれば，その法人を名宛人とする確定給付判決や一定の公正証書などの債務名義に基づき（民執22条），債権者は法人財産に強制執行をかけることができる（民執23条１項）。

　続いて，法人のなかでも特に，社団の構成員（社員・株主）がいる社団法人に特有な法人格の機能をみてみよう。社団法人の財産関係と構成員の財産関係との区分という見地から，２つの機能を指摘することができる。一方で，法人の所有財産はその法人自体の債務の弁済財源となるだけで，法人の構成員に対する債権者が法人を訴え，法人財産からの回収を図ることはできない。このことは一般に，社団法人と構成員との間における「責任財産の分離」として説明される。他方，社団法人の種類によっては，法人の債権者が構成員の弁済責任を追及することも排斥される。会社でいうと，会社債務に関する社員・株主の人的責任が否定されるわけで，その場合，社員・株主は会社への出資義務しか負わず「**有限責任**」であると表現される。４種類の会社のうち，合名会社の社員は全員が人的無限責任を負い（576条２項，*1-2-2*），合資会社には無限責任社員と有限責任社員が併存するため（同条３項），社員の人的責任が全面的に排除される有限責任制の会社は株式会社と合同会社だけである（104条・576条４項・580条２項，*1-2-3*）。ちなみに，社団法人制度の法技術的な目標は，法人の財産関係と各構成員の財産関係とを峻別し，法人を名実ともに構成員から独立した財産主体とすることにある。この目標は有限責任制の株式会社と合同会社でしか完全に達成できないため，これらを特に**完全法人**と呼ぶことがある。

(5) 会社の能力

[*1-1-11*]　　会社は法人として（３条）**権利能力**，すなわち権利・義務の帰属主体たりうる資格を有するが，その権利能力には一定の制限がある。自然人に特有の生命や身体に関する権利，自然人の親族関係を前提とする身分法上の権利などは，どの法人にも帰属しえない。会社の権利能力についても，こうした性質上の制限は当然にある。

　また法人法定主義の下で（民33条），会社に法人としての権利能力を与えるのは法であるから，会社の権利能力の範囲が法令によって制限されることもある。たとえば，会社の解散などによって清算手続が行われる場合（475条・644条），清算株式会社や清算持分会社は清算という目的の範囲内でのみ存続し（476条・645条），

その権利能力の範囲は解散前の（存立中の）会社よりも大きく縮減される（481条・649条参照）。同様に，破産手続開始の決定を受けた破産会社の権利能力も破産手続による清算の目的の範囲内にのみ縮減される（破35条）。外国会社（2条2号）の権利能力については，外国人および外国法人の権利能力に関する制限（民3条2項・35条）が及んでくる（823条）。

　法人には，自然人と同じ意味での精神的活動は存在しない。そのため自己の行為の結果を合理的に判断できる能力（意思能力），精神の未発達や精神上の障害により判断能力が不足する諸場合を定型化した制限行為能力者制度（民5条以下），不法行為による損害賠償責任の発生を弁識できる能力（責任能力：民712～714条）などは，自然人固有の概念で，法人にはあてはまらない。

　会社の代表者が職務遂行上その会社以外の第三者に加えた損害について，会社は賠償責任を負うが（350条・600条），このことを会社の**不法行為能力**と呼ぶことがある。確かに法人の代表者がなす行為には，自分個人としての行為と代表機関の行為という2つの側面があり，後者の面に着目すれば，代表機関の不法行為が法人自体の不法行為と評価され，法人が不法行為をなす余地も認められるかのようである。しかし，機関の権限とは本来，機関の適法行為の法律効果が法人に及ぶことを説明するためのもので（3-3-1），不法行為をなす権限を考えるのはおかしい。代表者の不法行為に関し会社が責任を負うのは，被用者の不法行為に関する使用者責任（民715条）と同じく，他者の働きを利用する者にはその他者の不法行為による損失を負わせるべきだという報償責任の原理に基づく，他者の行為に関する責任負担の問題と解すれば足りる。

[*1-1-12*]　Step Ahead▷　法人の権利能力については，定款所定の事業目的の範囲内においてのみ権利を有し義務を負う旨の定めが民法にある（民34条）。これは，法人一般の通則であって，会社の権利能力も定款上の事業目的の範囲内に制限されるのか。それとも民法の定めは，もともと公益事業のため主務官庁により設立を特別に許可された公益法人の活動範囲を当該事業だけに制約するという法政策的見地から設けられた規定の名残りで，活動範囲が桁違いに広い会社には適用されないというべきか。

　ここでまず配慮すべきは，定款所定の事業への出資者やその会社の事業取引上の債権者（取引相手）の利益を守るという視点である。これらの者からすれば，

目的外事業に会社が乗り出すことは計算外の行動で，予見していないリスクを生むおそれがある。そこで，目的外の行為に基づく権利・義務は会社の権利能力外で会社に帰属しないと構成し，目的外行為の影響を排除する解釈が生まれる（アメリカ法上の能力外法理：ultra vires doctrine）。補足的に，会社の事業目的は定款の絶対的記載事項で登記により公示されるから（27条1号・576条1項1号・911条3項1号・912条1号・913条1号・914条1号），目的外行為を無効としても取引の安全は害されないと説かれる。判例はほぼ一貫して民法の能力制限規定が会社にも類推適用されると考え，なかでも古い判例は定款所定の目的を字句どおり厳格に解釈する見地から，定款に書いてない行為はすべて無効と解する傾向にあった（大判明36・1・29民録9・102など）。しかし，その後の判例は目的の範囲を弾力的に解する方向をたどり，定款上の目的達成に必要な行為も目的の範囲内にあるし（大判大1・12・25民録18・1078），目的達成に必要かどうかは行為の外形から客観的・抽象的に判断するとの立場（大判昭13・2・7民集17・50，最判昭27・2・15民集6・2・77〔百選1事件〕）をとるようになった。会社の政治献金についても，議会制民主主義を支える政党の健全な発展に協力することは，社会的実在である会社の社会的作用として社会通念上期待ないし要請されるもので，かつ企業体としての円滑な発展を図る上に相当の価値と効果を認めることもできるから，会社の目的遂行上必要であると説かれるに至った（最大判昭45・6・24民集24・6・625〔百選2事件〕）。ここまでくると目的内と解される事業行為の範囲は大幅に拡大し，よほど極端な場合でない限り，目的外の行為だとして無効主張されることはないも同然である。こうして実際上，定款上の目的による権利能力の制限が働かなくなると，取引に際し相手方会社の登記を調べて事業目的を確かめる者もいなくなるし，かえって目的による能力制限は会社の責任逃れの口実になるだけだ，という認識が生まれてくる。企業の異業種への進出が盛んな時代性を反映して，現在では民法の能力制限規定の会社への類推適用を否定し，会社は定款上の事業目的に囚われず柔軟に行動できると解する見解が有力である。ただし，定款所定の目的から外れた行為をすると定款違反になるという問題は依然として残る。株式会社の経営者や持分会社の業務執行社員が負う定款遵守義務（忠実義務の一内容：355条・419条2項・593条2項），ひいてはその義務違反による任務懈怠責任（423条1項・596条），当該行為の差止請求（360条1項・385条1項・399条の6第1項・407条1項・422

条1項）などとの関連では，解釈論上その行為が定款所定の事業目的の範囲を逸脱していないかどうか吟味する必要は失われていない。◁ Step Ahead

(6) 法人格否認の法理

[*1-1-13*]　会社の法人格は，社員・株主との関係上，会社を法的に独立させるものである。その独立性には，会社を権利義務の主体として独立させること（形式的独立性），会社の生活と社員各自の生活とで責任財産を区分し，会社を財産的に社員から独立させること（実質的独立性），という2つの内容がある。しかし，これらの独立性を貫き通すと，かえって正義・衡平の理念に反する場合もある。判例によれば，法人格の付与は社会的に存在する団体についてその価値を評価してなされる立法政策によるものであって，これを権利主体として表すに値すると認めるときに法的技術に基づいて行なわれるものであるから，会社の法人格が全くの形骸にすぎない場合（形骸化事例）や，それが法律の適用を回避するため濫用されるような場合（濫用事例）には，会社の法人格を否認すべきものとされる（最判昭44・2・27民集23・2・511〔百選3事件〕）。

　形骸化事例における法人格否認は，会社の法人格による実質的独立性（社員からの財産的独立性）が不当な結果を招く場合に多く活用される。たとえば，会社とその背後で会社を操る支配社員との間で業務や会計処理の混同が生じ，会社財産が恒常的に流用されているとか，株主総会の不開催が常態化しているなど会社組織の運営手続がずさんで経営監視のしくみが働かない，といった場合がその典型例である。こうした場合に会社をいわば食い物にしている支配株主が会社財産の不足による未払債務につき株主有限責任制度（104条）を理由に免責されるとしたら，それは不当だという評価が生まれる。かくして形骸化事例の法人格否認は，支配株主の有限責任を打破し，会社債務について支配株主個人の弁済責任を認めるという形をとる場合が大半である（いわゆる責任把握の理論）。この考え方を敷衍して，親会社が子会社を現実に管理支配している状況下で，子会社の従業員や子会社による不法行為の被害者などといった「受働的債権者」に対し，親会社の責任を認めた裁判例もある（仙台地判昭45・3・26判時588・38）。

　濫用事例における法人格否認は，会社の形式的独立性（法人格の異別性）が悪用される場合に活用される。たとえば，法律上・契約上の競業避止義務（不作為義務）を負う者が会社を設立して意のままに操り，会社を行為主体とすることで当該義

務の潜脱を図る場合や，債務超過会社の支配株主が新会社を設立して旧会社の財産を移し，旧会社債権者による強制執行の免脱や財産の隠匿をもくろむ債権者詐害の場合などが，法人格濫用の典型例である（詐害的な会社分割の問題性につき，**3-7-25，3-7-26**参照）。こうした濫用事例では，支配社員・株主について，会社を意のままにできる実効的支配の客観的事実（支配要件）と，会社を違法・不当な目的に利用する主観的濫用の意図（目的要件）とが認定されなければならない。濫用事例における法人格否認の効果としては，会社と支配社員の間または新会社と旧会社の間で法人格の異別性を否定し（新旧会社間の法人格否認例として，最判昭48・10・26民集27・9・1240），その双方を義務や財産権の帰属点として一体化させる，という法的処理が導かれる。

　こうした法人格否認の法理は，会社の法人格を全面的に否定するのではなく，あくまで当該事案の紛争当事者間における個別的・相対的な解決策として（当該事案限りで）法人格の機能（会社の形式的・実質的独立性）を停止させる法理である。濫用事例では具体的な濫用行為が特定されるため，個別事案限りの法人格否認という特徴が素直にあてはまる。一方，形骸化事例では，会社と支配社員・株主との間の恒常的な業務・財産の混同などが形骸化の判断基準となるため，当該会社の法律関係全般について形骸化の影響が及び，ともすれば法人格否認の争いが至る所で噴出することにもなりかねない。もともと「濫用」や「形骸化」といった抽象的な要件設定で法人格否認の効果を導く一般条項的性格の法理が安易に援用されたのでは，法律生活の安定は期待できない。こうした見地から，判例上もこの法理の適用には慎重を要するとされ（最判昭49・9・26民集28・6・1306〔百選54事件〕），学説では，具体的な法律・契約条項の弾力的な解釈や契約当事者の合理的認定などで妥当な解決策を探るという姿勢の下，法人格の否認はいわば万策尽きたときの補充的適用にとどめるべきだと考える立場が支配的である。

[**1-1-14**] Step Ahead　法人格否認の法理を使わず，具体的に妥当な解決を図るとはどういうことか。たとえば支配株主の責任追及事例を考えてみよう。いわゆるオーナー経営型の中小企業などで，発行済株式の全部または大半を占める実質一人株主が経営を差配し，自分個人と会社の業務・財産を混同させているとする。大抵その者は取締役として会社の業務執行・代表権を有するが（348条1項・349条1項），取締役になっていなくても事実上は会社業務の主宰者であると認め

られる。そこに不正な会社運営で財政状況が悪化し，会社債務の弁済に困難を来したという事情が加われば，会社債権者に対する取締役の第三者責任（429条1項），あるいは事実上の取締役ないし事実上の主宰者として取締役責任の類推を導く裁判例の考え方（大阪高判平2・7・18判時1378・113，東京地判平2・9・3判時1376・110，**3-3-92**）を援用することは容易である。このように，たとえば取締役責任の適用ないし類推によって支配株主の責任を問えるのであれば，そのための法律要件を着実に吟味すべきであり，要件の未成熟な法人格否認の法理によるべきではない，というように論じられるわけである。⟨ Step Ahead

CHAPTER 2 ——持分会社（合名会社・合資会社・合同会社）

§1——持分会社制度の概要

[**1-2-1**]　　会社法は，歴史的・制度的に最も発展を遂げた株式会社に加えて，合名会社・合資会社・合同会社の３種類をも会社と定め（２条１号），あとの３種類を持分会社と総称している（575条１項カッコ書）。会社法第３編「持分会社」では，合名会社・合資会社または合同会社の特則が若干ある以外は，持分会社とその社員に関する一般的な共通の規定ばかりである。ここでは持分会社の概要を略説することにしよう。なお，株式会社の概要は**3-1-1**以下で扱う。

　持分会社では，会社の組織と活動に関する根本規則（会社内部の自治法）である定款の変更や持分の譲渡（社員の交替）などにつき原則として社員の全員一致を要する（585条１項・637条）。また持分会社の社員は，原則として会社の業務執行権と代表権を有する（590条１項・599条１項本文）。このように団体の秩序ルールやメンバー構成を全員一致で決め，所有と経営の一致モデルを採用する点からして，持分会社は組合と同様の内部組織をもつ団体といえる（**1-1-4**）。いいかえれば，形式的意義の社団（社員関係により間接的に構成員が結びついた団体）という枠組みのなかに，実質的意義の組合という内実を詰め込んだ団体として（**1-1-7**）持分会社を理解することができる。組合と同じく，持分会社では構成員の個性が重視されるため，社員の名前と住所は必ず定款に記載され（576条１項４号），社員構成が変わるときは定款変更の手続（637条以下参照）を要する。

　会社内部の組合的な要素が特徴的な持分会社のなかで，さらに社員の責任がどうなっているかに応じて，合名会社・合資会社・合同会社の区別が設けられる。持分会社のうち，社員全員が人的無限責任を負うものは合名会社，無限責任を負う社員と有限責任のみの社員からなる二元的組織の会社は合資会社，有限責任社員のみの会社は合同会社というわけである（576条１項５号・２～４項）。これら３

種の持分会社は，社員責任のあり方を変更したり新たな責任類型の社員を加入させたりする定款変更の方法によって，相互に振り替わることができる（638条）。

§2——持分会社の社員

🔳 社員の責任

[1-2-2]　持分会社の**無限責任社員**（合名会社の社員と合資会社の無限責任社員）は，会社の完済不能債務につき自己の財産をもって会社債権者に対し直接に弁済すべき連帯責任，すなわち人的・無限・直接・連帯の責任を負う（580条1項1号）。自分の加入前に生じた会社債務についても，無限責任社員は弁済責任を免れない（605条）。組合では組合員らに（合有的に）債務が帰属するため，組合員が第一次的に責任を負うと解されるが（民675条参照），持分会社の社員は，まず本来の債務者である会社が債務を完済できなかったとき，または会社財産への強制執行が不成功だったときに（580条1項2号），初めて責任追及を受ける（二次的責任）。会社債権者がいきなり社員に弁済を求めてきても，その社員はまず会社に請求するよう求め，いったんは自己の弁済を拒絶することができる。

　合資会社には，無限責任社員と並んで，独特の責任を負う**有限責任社員**が存在する。有限責任社員については，各自の出資引受価額が定款に定められ（576条1項6号），その価額から会社に出資履行済みの額を差し引いた残額を限度として，会社の完済不能債務につき（人的・有限・直接の）弁済責任を負うものとされる（580条2項）。ここでは，有限責任というとき，会社への出資履行義務と会社債権者への直接弁済責任とを抱き合わせに考えているわけである。それゆえ有限責任社員については，弁済責任の限度額をどう算定するかが重要な意味をもつ。この責任限度額を知るためには，各自の出資引受価額とそのうちの既履行額とが明確でなければならない。そこで有限責任社員については，評価額が曖昧になりやすい出資（労務出資や信用出資）は排除され（1-1-3），財産出資しか認められない（576条1項6号カッコ書・151条1項柱書カッコ書）。また，一般の会社債権者が責任追及の限度額を算定できるよう，合資会社における有限責任社員の出資引受価額とそのうちの既履行額は登記によって公示される（913条7号）。

[1-2-3]　合同会社は，有限責任社員のみからなる持分会社である。合資会社

と異なり，無限責任社員がいないため，合同会社では会社債務の弁済財源として会社財産がきわめて重要である。そこで会社財産確保のため，合同会社の社員はすべて会社の設立登記（579条）または自己の会社加入に伴う定款変更（604条2項）の前に出資引受価額全部の履行を完了しなければならない（**全額払込主義**：578条・604条3項）。合同会社の社員はその社員たる地位を得る前に出資義務を全部履行済みとなるため，出資引受価額中の未履行残額分を会社債権者への弁済に充てる余地はもはや残っていない。その結果，合同会社における社員の責任は，株式会社の株主と同じく会社に対する出資義務のみとなり，会社債権者に対する直接の弁済責任はもはや生じようがない（**間接有限責任**：580条2項カッコ書）。

❷ 持分の譲渡と社員の加入・退社

[1-2-4]　持分会社では，社員の個性が重視され，各社員の名前と住所が定款に記載される（576条1項4号，*1-2-1*）。そのため，**持分の譲渡**により社員が交替するときは，譲渡当事者間の合意のほか，他の社員全員の承諾を要するとともに（585条1項），総社員の同意による定款変更の手続（637条）も必要とされる。ただし，合資会社の有限責任社員や合同会社の社員で，定款により業務執行権を有しない者（590条1項）が持分を譲渡するときは，手続要件が緩和され，業務執行社員全員の同意で持分譲渡ができるし（585条2項），持分譲渡に伴う定款変更も同じく業務執行社員全員の同意でその効力を生じる（同条3項）。なお，以上のような持分譲渡の手続規整に関しては，会社内部の定款自治を尊重する立場から，たとえば社員（あるいは業務執行社員）の多数決による等，定款で別段の定めをすることも認められる（同条4項）。

　持分会社の社員は，持分を譲渡すると社員の地位を失って会社関係から脱退し，持分の譲受人が社員地位を取得する。持分を譲渡した旧社員は，持分譲渡による変更登記（912条5号・913条5号・914条6号7号・915条）の前に生じた会社債務につき，従前の責任の範囲内で（少なくとも2年間は）なおも責任を負う（586条1項・2項）。なお，持分会社では会社が自己の持分を保有するという自己持分は許されないため（155条対照），持分譲渡の相手方がその会社自体のときは持分譲渡が無効になるし（587条1項），譲渡以外の原因で（たとえば会社の合併などで）持分会社が自己の持分を取得するときは，その取得と同時に当該持分が消滅する（同条2項）。

持分譲渡により譲受人が社員になるという場合以外に，総社員の同意で持分会社に社員が新規加入し（604条1項），その分だけ新たに持分が増える場合もある。こうした社員の加入は，その者を社員として追加する定款変更のときに効力を生じる（同条2項）。ただし，合同会社では出資に関して全額払込主義がとられるため（*1-2-3*），定款変更時に出資の履行が完了していなければ，その完了時まで社員加入の効果は生じない（同条3項）。既存の持分会社に新規加入した者は，自己の加入前に生じた会社債務についても（無限責任社員または有限責任社員としての責任の枠内で）直接弁済責任を負う（605条）。

[*1-2-5*]　　他方，持分会社から社員が脱退する事例も，持分譲渡の場合以外に起こりうる。社員の死亡や除名（859条）など会社法所定の事由に基づく**法定退社**の事例（607条）と，社員自身の意思による**任意退社**の事例（606条）である。退社が起きると同人の出資の種類を問わず**持分の払戻**がなされるため（611条），持分会社の社員にとって任意退社は投下資本の回収策としての意味をもつ。それというのも，持分の譲渡換金は総社員の同意を要する事項であって，時機を得た投資回収には向かないからである。なお，退社による持分払戻を狙って，社員の持分を差し押さえた債権者が，半年前に会社と当該社員に予告した上，事業年度終了時に社員を退社させることも認められる（609条1項）。退社した旧社員の責任（612条）は，持分を譲渡した旧社員の責任（586条，*1-2-4*）と同様である。

§3 ──持分会社の管理・運営

[*1-2-6*]　　持分会社では所有と経営が一致し，持分会社の管理・運営は，出資者たる社員の全員で担当するのが原則である。その際，社員の責任が無限か有限かは問われない。すなわち，定款に別段の定めがない限り，持分会社の社員は会社の業務執行権を有し（590条），それらの業務執行社員は，定款の定めまたは定款授権に基づく社員間の互選で代表社員を決めた場合以外，各々が対外的な代表権を有する（599条1項・3項，代表権の範囲につき同条4項・5項参照）。このように会社企業の実質的所有者たる社員が業務執行・代表権を有しない場合はありうるが，反対に，持分会社の社員でない者に業務執行権を付与することはできない。その意味では，あくまで社員による会社経営という原則が貫かれる。なお，定款

の定めで業務執行権を失った社員は，代わりに会社の業務・財産状況全般の調査権を行使することで（592条），経営を監視し自分の利益を守ることができる。

　持分会社では，自然人も法人も社員になることができる（576条1項4号：社員の氏名「又は名称」とは自然人以外を想定した表現である）。持分会社の法人社員が業務執行権を有するときは，どのようにしてその権限を行使するか。その場合は，当該法人の側で，業務執行社員の職務を行う自然人の**職務執行者**を選任し，同人の氏名と住所を他の社員に通知しなければならない（598条1項）。法人社員が持分会社の業務執行権とともに代表権をも有するときは，上記の職務執行者が対外的に代表権を行使するため，同人の氏名と住所を登記によって社会的に公示しなければならない（912条7号・913条9号・914条8号）。

　持分会社の業務執行社員が複数いるときは，その多数決で業務の決定をするのが原則であるが，特に重要な事項については多数決要件を加重するなど，定款で別段の定めをすることもできる（590条2項・591条1項）。ただし，定款で社員の一部だけを業務執行社員とした場合でも，支配人（**2-2-3**）の選任・解任は，その重要性に応じて（定款に別段の定めがない限り）社員全員の過半数で決定する（591条2項）。他方，持分会社の平常的な業務事項（常務）については，業務執行社員各自の専権でなしうるのが原則であるが，例外的に，当該常務の完了前に他の業務執行社員から異議があれば，業務執行社員全員の多数決を取りつける必要がある（590条3項・591条1項後段）。

　持分会社の業務を執行する社員は，その一般的義務として**善管注意義務**（593条1項）と**忠実義務**（同条2項）を負い，それらに違反すれば会社に対し委任関係（同条4項）上の債務不履行責任を免れない。また業務執行社員は，会社や他の社員から求められれば，いつでも職務執行状況を報告し，職務終了後は遅滞なくその経過と結果を報告しなければならない（同条3項）。業務執行社員と会社の間の利害衝突が定型的に懸念される場合として，業務執行社員が会社の事業と競合する**競業取引**をしたり，同業他社の業務執行を担当する地位に就いたりするときは，他の社員全員の承認を得なければならない（594条1項）。同じく利益衝突規制の一環として，業務執行社員が会社と利益相反する取引をするときは，他の社員の過半数の承認を得る必要がある（595条1項）。ただし，競業取引や**利益相反取引**の承認要件につき定款に別段の定めがあれば，それに従う（各条項但書）。

CHAPTER *3* ──企業法と会社法

§1──企業法の概念と会社法の意義・特色

■ 商法と企業法

[1-3-1]　　企業法という概念は，商法の対象に関する学問的論議から生まれて
きたものである。支配的な見解によれば，商法とは，企業の出資者や取引先（債
権者）など企業をめぐる関係主体相互間の利害調整という観点から，企業の組織・
活動等の生活関係を規律する法規範の総体である，と定義される（企業法説）。し
かし，たとえば国民経済ないし競争経済秩序を維持する観点から企業を規制する
独占禁止法や（独禁1条参照），国家が経済過程に直接介入して経済活動を規制す
る各種の経済統制法，金融・資本市場の機能確保のため企業内容の開示制度を整
備し各種投資取引の公正を図る金融商品取引法（金商1条），ほかにも名称だけあ
げれば消費者法・租税法・労働法・社会保障法等々，企業に適用され企業のあり
方や活動を秩序づける法分野は数多く存在する。商法の対象論という観点から離
れて，字義どおりに上記の法分野を一まとめに企業法とみることもできる。この
ように広義の企業法を考えると，そこでは出資者や取引先以外に顧客・消費者・
従業員・地域住民・自治体・行政機関等々，企業と関連する多種多様な利害関係
主体（英語でステークホルダーという）の利益が意識されるようになる。このよう
に広範に亘る企業法分野のなかで，会社法は果たしてどのような体系的位置を占
めるのか。伝統的には会社の出資者（社員・株主）が実質的に企業所有者であり，
会社は出資者のものだと考えられてきたが，それで本当によいものか。少なくと
も公開資本市場から資金調達している上場会社では，「明日の出資者」となりう
る投資者のための企業内容開示（ディスクロージャー）が最重要課題の1つであり，
会社法と金融商品取引法の融合を視野に入れなければならないことは確かである
（201条5項・203条4項・206条の2第3項・327条の2・440条4項・444条3項等々）。

❷ 会社法の意義と特色

（1）会社法の意義

[*1-3-2*]　　会社法とは何かを考えるとき、まず思い浮かぶのは「会社法」と名付けられた名前の法律（国会制定法）という定義である。すなわち、会社法という名で六法に収録されている平成17年7月26日法律第86号およびその後の改正を経て現在施行されている内容の法律「会社法」がそれであり、講学上、これを**形式的意義の会社法**という。

　　しかし、上記の会社法には、「法務省令で定める○○」（例：2条3号・26条2項・70条1項その他）というように委任立法の親規定が随所にあって、その各々に対応する法務省令の定めをみなければ条文の内容も確定しない場合が多くある。

　　たとえば会計帳簿の作成義務の定め（432条1項、**3-6-3**）にある法務省令はというと、会社法施行規則116条1号へ、さらにそこから会社計算規則4条へとつながる仕掛けになっている。また会社の公告方法（939条1項）の1つである電子公告（**2-4-8**）の調査機関については、会社法（941条）から会社法施行規則（会社則221条1号）を経て電子公告規則の定めに至る。同じく電子公告の登録手数料については、会社法942条2項から政令の会社法施行令3条につながる。このように会社法の委任を受けた政省令や、会社法の特別法令（社債株式振替法・担保付社債信託法・商業登記法その他）、さらにはこれらの法令に関する判例法理など、成文法から不文法まで数多くの法規範が会社の組織や管理運営を規律していることは明らかである。商法の一分野として、会社をめぐる関係主体相互間の利害調整という観点から、会社の組織・活動等を規律する法規範の総体をすべて包摂して、**実質的意義の会社法**という。こうした見地から、改めて形式的意義の会社法を眺め直すと、そこには、特別刑法にあたる罰則規定（960条以下）や民事手続法分野の訴訟・非訟に関する規定（828条以下・868条以下）など、実質的意義の会社法に属さない諸規定も含まれていることがわかる。

（2）会社法の特色と規整目的

[*1-3-3*]　　会社法は、営利社団法人たる会社の組織構成や管理運営を規律する法であり、**組織法**としての特色をもつ。会社の人的・物的組織は社員・株主の出資に基づいて構築され、社員・株主は自己の経済的利益追求のために出資するのであるから、会社法が社員・株主の利益保護を主要な規整目的とすることは当然

の事理である。しかし，出資者の利益は，会社の企業活動（その多くは延払による信用取引）の成果を源泉とするものであるから，出資者利益の前にまずは取引先（会社債権者）への弁済が確保されなければならない。そのため会社債務に関する社員の責任を定め，あるいは会社債務の弁済財源となる会社財産の充実維持を図るといった**会社債権者の保護**が会社法のもう一方の目標となる。会社債務を完済した後に得られる余剰利益が社員・株主の取り分になることからして，社員・株主はいわば残余権者の立場にあるといえる。また取引先にとって，先行きの予見性が保障され，会社企業内容の透明性が確保されるよう，**外観主義**（外観信頼保護の制度）や**公示主義**（登記制度や各種の開示制度）が多く導入されるのも，会社法の特色である（*1-1-1*）。

　会社法は企業組織法の１つであるから，機動的・効率的で健全な企業経営の確保も会社法の重要な目標である。企業としての存続を優先的に考える**企業維持の原則**から始まり，経営の効率性と健全性を両立させる統治機構のしくみ（いわゆる**コーポレート・ガバナンス**）を会社法では特に重視しなければならない（*3-3-37，3-3-111*）。

　会社法は，内部的にも対外的にも多数の利害関係者にかかわる法領域であり，**集団的法律関係の安定**に配慮することが強く求められる。特に企業規模が大きく活動も盛んな株式会社では，その配慮に出た法規整が顕著である。たとえば会社の設立や新株の発行，株主総会の決議などに法令・定款違反の瑕疵などがあった場合に，ただちに当該行為を無効にすることなく，特別の**会社訴訟**を設けて，慎重な手続的ハードルを課すことにより法的安定性を確保しつつ，無効判決を出すときは訴訟当事者以外にも判決効を及ぼすことで（対世的効力：838条）法律関係の画一的確定を図る，といった制度的工夫はその典型である（*3-2-23*など）。

§2──会社法改正の動向

［*1-3-4*］　わが国の株式会社法制は，昭和25年に最低３人以上の取締役からなる合議制の業務執行機関（業務執行に関する意思決定機関：取締役会）と代表取締役の単独執行・代表制が導入され，それに伴って（株主総会ではなく）取締役会で機動的に資金調達のため新株発行を決定できる授権資本制が採用されたことによ

り，それ以前のドイツ法系からアメリカ法系へと大きく方針転換を遂げた。その後，昭和40〜50年代に悪質な粉飾決算による大型倒産事件が続出したのを機に，会社企業の非行防止を図るため監査役制度を強化し株主総会を活性化させる改正などが重ねられた。平成の時代に入ると，いわゆるバブル経済崩壊後の苦境を背景に，折々の企業社会の要望にも対応する形で幾多の重要な法改正が重ねられ，令和の現在に至っている。

　最近の大きな会社法改正は，平成26年改正と令和元年改正である。前者は主に，日本企業における組織統治の体制（コーポレート・ガバナンス）が不十分で日本企業の収益性や株価の低迷につながっているとの認識に端を発する。そこで，内部育ちの経営者から独立した社外取締役の働きによる株式会社経営の適切な監督を期待する見地から，伝統的な監査役監査を柱とする取締役会設置会社と，社外取締役中心の委員会制度によって経営監視の実をあげるアメリカ型の機関設計（**指名委員会等設置会社，*3-3-127***）との中間形態として，監査役の代わりに社外取締役中心の監査等委員会を設置する機関設計が導入され（**監査等委員会設置会社，*3-3-137***），監査役監査か社外取締役中心の業務監督かの選択が端的に迫られることとなった。社外取締役については，社外性の要件が厳格化されるとともに，社外取締役を置かないときは定時株主総会でその相当性の理由を説明すべき義務（いわゆるComply or Explain）が一定の大会社に課せられ，実務上も大きな話題となった。この改正を受けて，金融庁と東京証券取引所が上場会社向けに策定した行動指針「コーポレート・ガバナンス・コード」では，東証の上場規則に盛られた独立役員の判断基準も加味した独立社外取締役の複数選任が求められるなど，社外取締役制度の推進に向けた動きが顕著になる。令和元年の改正はさらにガバナンス強化のため，監査役会設置会社でかつ大会社たる上場企業にはすべて社外取締役の設置を義務づけ（327条の2），また株主総会の運営や取締役の職務執行等につき一層の適正化を期して規律を見直したほか，社債の管理や企業買収手続の合理化に向けた改正（株式交付制度の新設）などを実現した。それらの大半は令和3年4月から施行され，残りの一部も令和4年9月には施行される予定である。

PART2
会社法総則

CHAPTER 1 ── 会社の商号と商号権

1 個人商人の商号と会社の商号

[2-1-1]　　商人が営業上自己を表示するために用いる名称のことを商号という。会社も商人であり（1-1-6），会社の事業活動上，商号は重要な意味をもつ。商号は企業にとって社会的な信用・名声の標的となるものだからである。それゆえ，商号は音読可能で，かつ文字により表記できるものでなければならない（大阪高判昭45・4・10判時620・100）。現在では，ローマ字その他の符号による商号の登記が明文で許容されることから（商業登記規則50条1項），外国文字の商号も使えることに疑いはない。

　自然人である個人商人は，企業生活以外にも市民生活その他の多様な生活関係を有するため，それらの生活局面ごとに商号や戸籍上の氏名（本名）その他の名称を使い分けるのが普通である。また個人でいくつもの営業を行うときは，その各々で異なる商号を使い分けることもある。ただし，1つの営業について複数の商号を併用することは，信用上の混同・誤認を招くおそれがあるため許されない（個人商人における**商号単一の原則**）。このように個人商人の商号は営業と一対一の関係にあるため，その商号を譲渡したければ，営業とともに譲渡するか営業を廃止するしかない（商15条1項）。

[2-1-2]　　会社には企業生活関係しかないため，会社の商号は会社の生活関係全体を覆う名称であり，会社という法人の名称でもある（6条1項）。会社では，商号の譲渡は起こりえない。ちなみに，個人商人が複数の商売を営むときはその各々を営業と呼び，商号単一の原則に基づき営業ごとに別の商号を使えるが，会社ではどれだけ多くの業種を営んでも1個の商号しか使用できない。会社の商号の下に統括される事業分野全部を包摂する概念として，会社法上は（営業ではなく）事業という用語が使われる。

　会社の商号は，設立登記の登記事項であり（911条3項2号・912条2号・913条2号・914条2号），本店の所在地（会社の住所：4条）を同じくする会社が同一の商号を

登記することはできない（商登27条）。会社の商号には，その会社の種類に応じて，株式会社・合名会社・合資会社または合同会社の文字を用いなければならない（6条2項）。会社法制定前からある有限会社で，有限会社法の廃止に伴い会社法上の株式会社として存続するもの（**特例有限会社**，**3-1-5**）は，その商号中に有限会社の文字を用いなければならない（会社法整備法3条1項）。また会社は，その商号中に他の種類の会社と誤認されるような文字を用いてはならない（6条3項，会社法整備法3条2項・3項）。他方，会社でない者が会社と誤認されそうな文字をその名称や商号中に用いることも禁じられる（7条）。以上の禁止に違反した者は過料の制裁を受ける（978条1号・2号，会社法整備法3条4項）。

❷ 商号使用権と商号専用権

[**2-1-3**]　会社を含めて，商人は自ら選んだ商号をその事業活動（個人商人では営業活動）上，自由に（他から妨げられずに）使用できる（商号使用権）。また商人は，自己の商号と誤認されそうな名称または商号を他人が不正な目的のために使用するのを（事後的にも予防的にも）排斥することができる（商12条：商号専用権）。この商号専用権はもちろん会社にも認められ（8条），これを害すれば過料に処せられる（978条3号）。商号専用権の定めは不正競争防止法にもあり，自己の商号と混同・誤認のおそれがある名称・商号の使用に基づき，不正競争による営業上の利益侵害が見込まれるときは，その侵害の停止・予防およびそれに必要な行為を請求できる（不正競争3条）。商法・会社法上の商号専用権と不正競争防止法上のそれとを対比すれば，前者の要件である「不正の目的」の方が広く，たとえば侵害者が商人でないため不正競争のおそれがない場合でも不正の目的は認められることがある，と解される。

❸ 会社による名板貸の責任

[**2-1-4**]　会社が他者に対し自社の商号を使用して事業活動（個人商人なら営業活動：**2-1-2**）を行うことを許した場合，その活動の主体は会社（商号使用の許諾者）ではなく，商号使用を許された他者の方である。その他者は，会社の商号をあくまで自分の商号として使用するのであり，その事業（営業）上の権利義務も当該他者に帰属する。

しかし，事業（営業）活動というのは反復的・継続的・大量であるため，他者の事業（営業）において別の会社の商号が使われると，後者の会社の方があたかも事業主体であるかのような恒常的外観が生じ，取引先がその外観から事業主を当該会社の方だと誤信する事態も起こりがちである。そうなると，会社はその活動主体たる他者に対して自社の商号使用を許し，誤信（誤った外観信頼）の原因を生み出したのであるから，その誤信を抱いた取引先に対し（本来の事業主体たる他者と並んで）事業上の債務の弁済責任を負うべきだと考えられる。帰責性のある態様で（帰責性要件），真実と異なる外観を作出した者は（外観要件），その外観を正当に（重過失なく）信頼して取引上の法律関係に入った善意の第三者に対し（信頼要件），その取引上の弁済責任を負う，という**権利外観法理**の表れである。昔の取引所で，参加資格のある会員の「名板」を非会員に貸与して取引所取引を行わせた場合に，名板を貸した会員の責任が問われたことにちなみ，名板貸人の責任という（9条，個人商人については商14条参照）。

　名板貸人の責任は，事業主（営業主）が本来の取引主体として取引上の債務を負うことを前提として，その債務につき連帯して弁済する責任（講学上いわゆる不真正連帯責任）を負う，という内容のものである。ここで事業主が負う取引上の債務とは，普通は事業上の契約に基づく債務のことであるが，取引上の信頼保護という制度趣旨からすれば，詐欺のような取引的不法行為による損害賠償債務も含むものと解すべきである（最判昭58・1・25判時1072・144）。また責任を負うべき相手方は，外観を正当に信頼した善意者であることを要し，相手方に重過失があれば，その信頼は正当でないため，会社が名板貸人の責任を負うことはない（最判昭41・1・27民集20・1・111）。名板貸人の業種と，商号使用の許諾を得た事業主（名板借人）の業種とが異なるときは，業界の垣根を越えて事業主体の誤認が起きる可能性も低く，名板貸人の責任は生じないとするのが判例の基本的な考え方である（最判昭36・12・5民集15・11・2652，ただし最判昭43・6・13民集22・6・1171参照）。

CHAPTER 2 ──会社の使用人と代理商

§1──企業の人的設備

[2-2-1]　　企業活動の補助者は，特定の企業のために継続してその活動を補助する企業補助者と，不特定多数の企業のために行動する補助者とに分かれる。法律上，前者は特定企業の人的設備として商法総則・会社法総則で規律され（商20～31条，会社10～20条），後者は商行為法上の仲立人・問屋・準問屋・運送取扱人として位置づけられる（商543～564条）。ここでは，企業の人的設備として前者のみを扱うこととする。

　商法総則の定める企業補助者は**商業使用人**と**代理商**であり，会社法総則ではその各々が**会社の使用人**と**会社の代理商**という名称に置き換えられる。商業使用人（会社の使用人）とは，特定の商人（会社）に従属してその内部的な指揮命令に服する補助者であって，当該商人の営業（会社の事業）に関する代理権を有する者のことである。使用人という名称から窺われるとおり，その者は当該商人（会社）と雇用関係にあるのが通常であるが，たとえ正式に雇用契約を結んでいなくても，実際上その商人（会社）の指揮命令に服する関係にあれば，商業使用人（会社の使用人）にあたると解される。法律上は，使用人という会社内部の指揮・服従関係に着目した名称となっているが，規律の本筋は対外的な代理権の方にあり，その意味では商業使用人ではなく商業代理人というべきかもしれない。

　他方，代理商とは，企業組織の外部にいる独立の商人でありながら，特定の商人（会社）のため継続的にその平常的営業（事業）の部類に属する取引の代理または媒介をなす者をいう（商27条，会社16条）。代理商のうち，特定の商人（会社）のために代理人として自ら法律行為をする者は**締約代理商**と呼ばれる。また，商人（会社）がしようとする取引の成立に向けて，取引相手を紹介する等の斡旋行為（媒介という事実行為）をするだけの代理商は**媒介代理商**と呼ばれる。どちらの

代理商も特定の商人（会社）から事務処理の委託を受けているが（代理商契約），締約代理商は，法律行為たる事務の委託を受けた委任契約上の受任者（民643条）であり，媒介代理商は，法律行為でない事務の委託を受けた準委任契約上の受任者（民656条）にあたる。民法上は委任も準委任も各当事者がいつでも解除できるのを原則とするが（民651条1項），代理商契約は当事者相互間でその継続性が期待されるため，やむをえない事由がない限り，2か月前までに予告したうえでなければ解除できないものとされる（商30条，会社19条，東京地判平10・10・30判時1690・153）。

§2——会社の使用人

■ 使用人の種類

［2-2-2］　会社の使用人には，会社法上，㋐会社の本店・支店における事業の主任者として選任された支配人（10条），㋑会社の事業に関する一定種類の事項または特定の事項をその会社から委任された使用人（14条），㋒物品の販売や賃貸等を目的とする店舗の使用人（15条），という3種類がある。これらの使用人はそれぞれ代理権の範囲が大きく異なり，特にその範囲が最も広く内部的・対外的な影響力が大きい支配人については，会社のため，また外部の取引相手のために，周到な規律が設けられている。

■ 会社の支配人

［2-2-3］　会社の支配人は事業所（本店または支店）ごとに選任され，その代理権（**支配権**という）は，当該事業所の事業に関する一切の裁判上・裁判外の行為に及ぶ（11条1項）。また支配人は，同じ事業所に属する他の使用人を選任・解任する権限をもつ（同条2項）。ここにいう**事業所**とは，会社の事業活動上の中心となる場所であり，対外的にそこで会社の主要な事業活動がなされるとともに，内部的にも事業活動に関する指揮命令が発せられる拠点でなければならない。単なる売店や工場・倉庫などは，ここでいう事業所とはいえない。支配人の有する支配権は，こうした意味における事業所ごとに個別化された**包括的な代理権**であって，会社がその範囲を内部的に制限しても善意の第三者にはその制限を対抗でき

ない（11条3項：**不可制限的な代理権**）。なお，支配人がもっぱら自己の利益を図るために代理権を濫用して取引したときは，その背任的意図を知っている取引相手に対し民法の心裡留保規定（民93条1項但書）を類推適用して会社は取引の無効を主張することができる（最判昭54・5・1判時931・112）。ただし，その無効は善意の第三者には対抗できない（同条2項）。

　広範な権限をもつ支配人を誰にするかは，会社にとって重要な問題である。そのため，2人以上の取締役がいる株式会社では，支配人の任免を各取締役に任せてはならず（348条3項1号・362条4項3号・399条の13第4項3号），その任免は取締役の過半数（取締役会設置会社では取締役会決議）をもって決めなければならない。また持分会社では，定款に別段の定めがない限り，（業務執行権のない社員も含めて）社員全員の過半数により支配人の任免が決定される（591条2項）。支配人はその権限が広汎で，誰がその会社の支配人かは取引社会全体にとっても重要事であるから，会社の支配人（その選任や代理権の消滅）は，会社の本店所在地で登記されなければならない（918条）。

　包括的・不可制限的な支配権をもつ支配人が，その地位で得た知識・ノウハウや取引先・仕入先との人間関係を自己または第三者の営業（事業）のために流用したりすれば，会社の利益が害されやすい。また，使用人として会社の指揮命令に服すべき支配人が，他の商人（会社）の企業活動に従事し，精力を分散させる事態も会社には好ましくない。そこで，会社の支配人には，いわゆる**競業避止義務**と**精力分散防止義務**(営業禁止義務)とが重畳的に課せられる（12条1項）。特に，支配人が競業避止義務に違反して，会社の許可なく自己または第三者のため会社事業の部類に属する取引をしたときは，その取引で支配人自身または当該第三者が得た利益の額が損害額と推定され（同条2項），会社は容易に損害賠償を請求できる。こうして競業取引を抑制する効果が計算されているわけである。

[2-2-4]　支配人かどうかは本当に事業所の支配権を有するか否かの実質的な問題であり，たとえ会社の事業所内で事業の主任者らしい肩書を付けられていても，支配権がなければ会社の支配人ではない。しかし，支配人でない者が会社の事業所で事業の主任者にみえる名称（支店長・営業所長など）を名乗っていれば，取引相手がその者を当該事業所の支配人と誤信して取引に臨む可能性は大きい。その場合に会社が当該名称の使用を許していれば，会社には虚偽の外観を惹起さ

せた帰責性がある。そこで名板貸の場合と同じく（**2-1-4**）権利外観法理に基づき，会社は善意（無重過失）の相手方に対し，事業所における事業の主任者らしくみえる名称（肩書等）の使用を許された使用人（**表見支配人**という）の裁判外の行為について，無権代理である旨を主張できないものとされる（13条）。ただし，ここで保護される相手方の信頼は，事業所の実体があること（**2-2-3**）を前提に，そこでの事業の主任者らしい肩書の者には当該事業所単位の包括的代理権があるはずだと誤信したというものである。事業所の実体もないのに支配人らしい名称を名乗ったというときは，相手方の正当な信頼を喚起すべき外観があるとはいえない（最判昭37・5・1民集16・5・1031）。

❸ その他の使用人

［**2-2-5**］　会社の使用人のうち，会社の事業に関する一定種類の事項または特定の事項を会社から委任された者は，客観的にみて当該事項の範囲に属する（と解釈される）一切の裁判外の行為について包括的な代理権をもつ（14条1項）。会社内部の職制でいうと，対外的業務を担当する部門の部長・課長や調査役（最判昭51・6・30判時836・105）など中間管理職の使用人がこれにあたる。これら限られた範囲の事項に関する包括的代理権を会社内部で制限しても，善意の第三者にはその制限を対抗できない（同条2項）。ここでいう善意の第三者には，軽過失のある者も含まれるが，その制限を知らないことにつき重過失のある者は，善意の第三者から除外される（最判平2・2・22商事1209・49）。

　最後に，店舗（商店や貸ビデオ店など）の使用人には，その店舗にある商品の販売や賃貸などをする代理権があると擬制される（15条本文）。この擬制は取引の安全を図るための法技術であるから，その店員が本当は代理権など有しないと知っている悪意の相手方に対しては，会社の方からその使用人の無権限（無権代理の事実）を主張できる（同条但書）。

§3 ── 会社の代理商

❶ 代理商の義務

［**2-2-6**］　会社の代理商は，締約代理商であれ媒介代理商であれ，会社から委

託を受けた受任者として（**2-2-1**），会社に対し善管注意義務を負う（民644条）。また，代理商は会社のため継続的・反復的に多くの代理・媒介行為をすることから，会社の便宜のため，代理商の代理・媒介行為については遅滞なく会社に通知する義務が法定されている（16条）。さらに，代理商は会社外部の独立した商人でありながら，特定の会社企業の人的設備として会社の機密事項を知りうる立場にあるため，会社との関係で**競業避止義務**を負う（17条1項）。支配人の場合と同じく（**2-2-3**），代理商がこの義務に反して競業取引をしたときは，そのため会社がどれだけ取引機会を奪われて損害を被ったかが賠償請求上の争点となる。そこで請求を容易にするため，損害額の推定規定が設けられている（同条2項）。

❷ 代理商の権利と権限

[**2-2-7**]　代理商は，代理商契約に特段の定めがない限り，受任者として費用前払請求権および事後的な費用等償還請求権を有する（民649条・650条）。また代理商は独立の商人であるから（商4条1項・502条11号・12号），商人固有の営利性（**1-1-6**）に基づき，自己の代理・媒介行為について相当額の報酬を会社に請求できる（商512条）。代理商のこれらの債権については，当事者間に別段の意思表示がない限り，弁済期以降その会社（商人）のために占有している物や有価証券を債務の完済時まで（法定の担保として）留置することができる（20条，商31条：**商事留置権**の一種）。

　締約代理商は，会社の代理人として取引を成立させるまでがその本来の業務である。その取引上の法律関係自体は，あくまで会社と相手方（取引先）との間に生じるため，取引の履行に関する通知を受ける権限まで締約代理商に当然あるとはいいがたい。まして媒介代理商の場合には，そもそも代理権がなく，代理人として通知を受ける権限（民99条2項：受動代理の権限）自体がない。しかし，代理商を介して会社から物品を購入した買主が，商法上その物品の検査・通知義務を負う場合に（商526条2項），物品の瑕疵や数量不足を代理商に通知することで会社への通知を済ませられれば便宜である。そこで会社法（商法）上，特に物品の販売やその媒介の委託を受けた代理商については，買主から上記の通知を受ける権限が法定されている（18条，商29条）。

CHAPTER *3* ──会社事業の譲渡

■ 事業の意義と事業譲渡契約の性質

［2-3-1］　　会社の事業というときは，事業活動という意味で事業を語る場合（**主観的意義における事業**：*2-1-1*）と，1個の集合物とみられる事業財産全体，すなわち「一定の事業目的のために組織化された有機的一体としての機能的財産」（最大判昭40・9・22民集19・6・1600〔百選82事件〕）を指す場合（**客観的意義における事業**）とがある。会社の事業を譲渡するというのは後者の意味であり，客観的意義における事業の譲渡のことである。そこでいう事業には，企業財産を構成する動産・不動産などの所有権その他の物権や債権・知的財産権といった法的権利としての**積極財産**と，事業上の債務（負債）である**消極財産**とがもちろん含まれる。しかし，これらの権利と負債を単純に合計しただけでは企業の価値は十分に把握されず，企業の社会的信用やノウハウ，得意先・仕入先関係など「財産的価値ある事実関係」（いわゆる**暖簾**：のれん）をも含めて，初めて客観的意義における事業の価値全体が表される。

［2-3-2］　　客観的意義の事業はこのように多種多様な財産からなるため，それらを一挙に（各財産権の移転という意味で）譲渡することはできない。不動産物権の譲渡と動産物権の譲渡では対抗要件が違うし（民177条・178条），債権の譲渡（民466～468条）や債務引受け（民470～472条の4）による負債の承継にもそれぞれ特有の方式がある。暖簾については秘訣の伝授や取引先への紹介といった事実行為が必要である。それゆえ事業譲渡の契約は，当事者間で譲渡（財産移転）の効果を直接もたらすものではなく，むしろ譲渡会社から譲受人に対して事業の各構成財産を移転すべき債権・債務を発生させる債権契約とならざるをえない。事業譲渡契約でただちに移転するのは，意思表示（諾成契約）により移転する類型の個別財産だけである。それ以外の事業構成財産は，事業譲渡契約に基づく移転債務の履行として，譲渡会社が一つ一つ個別に然るべき移転手続をとることで譲受人に順次移転する。

事業譲渡契約は債権契約であるから，債権の特徴である相対性を反映して，その契約の効果は契約当事者間にしか及ばないのが原則である。たとえば会社が事業譲渡の契約を結んでも，会社の既存債務は，各々の債権者と事業譲受人との間で債務引受けなどがなされない限り，会社が負ったままである。会社の債権者は，事業譲渡契約が結ばれた後も会社に対して弁済を請求できる。事業譲渡契約の後に会社の債務者が弁済をするとしたら，その弁済相手は（事業譲受人ではなく）会社の方である。しかし，事業譲渡契約に基づき粛々と財産移転の手続が進められると，従来の事業所がいつの間にか譲受人のものになってくる。そうした場合に，会社の債権者や債務者が従前の事業所で債権の取立や債務の弁済をしてしまうと，法的には元々の会社ではなく事業譲受人を相手としたことになり，その取立や弁済の効果は会社には及ばない。そのような不測の事態から会社の債権者や債務者を守るには，例外的に事業譲渡の影響がその当事者以外の第三者に及ぶことを認めるしかない。事業譲渡の法的効果として，本来的な当事者間の効果以外に，第三者に対する関係が論じられるゆえんである。

2 会社における事業譲渡の法的効果

(1) 当事者間の効果

[2-3-3]　　　事業譲渡の契約は，その契約当事者（譲渡会社と譲受人）間に，事業を構成する各財産の移転義務とそれに対応する履行請求権を発生させる。移転すべき財産には，取引先との信頼関係や事業上の秘訣などの暖簾も含まれ，その移転には，譲受人を取引先に引き合わせたり秘訣を伝授したりするとともに，譲渡会社がもはや当該事業(主観的意義の事業：**2-3-1**)から撤退することも必要である。譲渡会社が同じ取引先との関係を維持したり，肝心の秘訣を活用し続けたりすれば，暖簾を移転したことにならないからである。その意味で，事業譲渡契約の本旨に則った履行義務の一環として，譲渡会社の競業禁止が理論上当然に導き出される（前掲最大判昭40・9・22）。しかし他方で，譲渡会社の事業活動（憲法で保障された営業の自由）が過度に制約されることも問題である。そこで，事業譲渡に伴う競業禁止の範囲を明確にするため，会社法上，事業を譲渡した会社は，当事者間に別段の意思表示がない限り，同一市町村（東京都と政令指定都市では区）および隣接市町村（区）の域内で，その事業譲渡の日から20年間に亘り，同一の事業

をしてはならないと明定される (21条1項)。たとえ当事者間で特約をしても，この競業禁止期間を30年より長期にすることはできない (同条2項)。ただし，このような地理的・期間的な限界の外だからといって，不正競争の目的で同一事業をすることまで許されるわけではない (同条3項)。

(2) 第三者に対する関係

[2-3-4]　　会社事業の譲渡契約が結ばれても，譲渡会社の債権や債務については，たとえば債権譲渡の対抗要件を具備するとか(民467条)，事業の譲受人と個々の債権者の間で債務引受け (民470条・472条) や弁済の引受け・債務者の交替による更改 (民514条1項) などの手続が踏まれない限り，債権や債務は譲渡会社に未だ帰属したままである。譲渡会社の主要な財産がどんどん移転され，もぬけの殻のようになったとしても，取り残された債権者や債務者は従来どおり譲渡会社との間で債権の取立や債務の弁済をするしかない。その際，会社債務の弁済財源としては事業譲渡の対価に期待すべきであり，その対価が不当に少なければ詐害行為取消権 (民424条以下) で会社財産の回復を図るというのが原則論である。

[2-3-5]　　しかし，譲渡会社の大半の財産が (従業員との労働契約関係も含めて) 譲受人に移転してしまうと (2-3-2)，それまで譲渡会社の事業所だったところが (従業員の顔ぶれも変わらないまま) 譲受人の事業所になっている，という事態を生じる。その場合に，譲受人が譲渡会社の商号まで引き継いでいると，第三者には事業主の交替がわからないことも多い。たとえ会社債権者が事業主の交替を知っていても，譲渡会社の商号まで受け継ぐ譲受人ならば譲渡会社の企業生活関係をすべて承継し，譲渡会社の一切の債務を引き受けたはずだと誤信する可能性が高い。このように，**事業譲渡に伴う商号続用**の事例では，債務者会社の同一性または債務の引受けを窺わせる外観があると解されるため，その外観に対する会社債権者の信頼 (誤信) を保護すべきだという考量が生まれる (最判昭29・10・7民集8・10・1795，商号の続用にあたるかの判断基準につき，最判昭38・3・1民集17・2・280)。そこで，譲渡会社の商号を続用する事業譲受人は，譲渡会社の債権者が抱く外観信頼を保護する趣旨に基づき，譲渡会社の事業上の債務について弁済責任を課せられる (22条1項・24条，商17条1項)。なお，商号を続用する譲受人がこの弁済責任を免れたければ，事業を譲り受けた後，遅滞なく，「譲渡会社の債務の弁済責任を負わない」旨の登記 (商登31条：免責の登記) をするか，または譲渡会

社と譲受人の双方から各債権者に対し同旨の通知をしなければならない（22条2項・24条，商17条2項）。

　同じく商号続用の事例では，譲渡会社の事業上の債権についても，債務者が今や譲受人に帰属する事業所で弁済をしてしまう場合が起こりやすい。弁済相手を間違えた債務者に対し，改めて譲渡会社に弁済せよと二重払を強いるのは酷である。そこで譲渡会社の事業上の債権につき，商号を続用する事業譲受人に対し誤って弁済した債務者が善意・無重過失のときは，例外的に弁済の効力が生じ（22条4項・24条2項），債務者は免責の保護を受けるものとされる。

[2-3-6]　　他方，会社事業の譲受人が譲渡会社の商号を続用しない場合でも，譲渡会社の事業上の債務を引き受ける旨の広告を（本当は債務引受けの事実がないのに）したときは，より直截に債務引受けの外観が生まれる（**債務引受けの広告に**あたるかの判断基準につき，最判昭36・10・13民集15・9・2320）。譲渡会社の債権者がこの外観を信じ，譲受人の弁済に期待する可能性は大きい。そこで，いわゆる権利外観法理に基づき（**2-1-4**），債務引受けの広告をした事業譲受人は，譲渡会社の債権者に対し，弁済責任を負うものとされる（23条1項・24条，商18条1項）。

　以上のようにして，会社事業の譲受人が商号続用の事実または債務引受広告の事実に基づき譲渡会社の債務について責任を負う場合，本来の債務者である譲渡会社と法定責任を負う譲受人とは，不真正連帯責任の関係にある。初めは譲渡会社の債務だったものが，譲受人との連帯責任になり，さらに事業譲渡後2年間が経過すると，その間に譲渡会社へ請求をしなかった債権者との関係上（除斥期間の経過により）譲渡会社の責任は消滅する（22条3項・23条2項）。時の経過とともに，譲渡会社から譲受人へと，責任関係上の主役が交代していくわけである。

[2-3-7]　　さらに最近の法改正により，事業譲渡の対価が不当に低額で，譲渡会社に残る債権者（残存債権者）を害する「**詐害的事業譲渡**」の場合には，その詐害の事実を知っている譲受会社（譲受人）に対し，当該事業譲渡による承継財産の価額を限度として，残存債権者は直接に履行請求できる，という途が認められた（23条の2，商18条の2）。民法改正の重要テーマでもある債権者詐害の問題に対する，もう一つの立法的な手当であり，複数の残存債権者が競合して履行請求する場合の請求限度額をどう解するか等，会社法上，今後の解釈論的な詰めが期待されるところである。

CHAPTER *4* ──会社の登記と公告

§1 ──会社の登記

❶ 会社の登記と登記事項

[*2-4-1*]　会社法は，公示主義に基づき（*1-3-3*），会社の設立による法人格の取得時（49条・579条）から清算結了による会社消滅時（*3-8-8*）までの全体に亘って，会社の重要事項のうち社会的に公示すべき諸項目を選び出し，会社の登記事項と定めている（911条以下）。それらの事項は，当事者の申請または裁判所書記官の嘱託により，**商業登記簿**に登記される（907条）。商業登記簿のうち会社に関する登記簿は，株式会社登記簿・合名会社登記簿・合資会社登記簿・合同会社登記簿・外国会社登記簿の5種類である（商登6条）。会社の登記簿に登記された事項に変更・消滅が生じたときは，その変更・消滅登記を遅滞なく申請する義務が当事者に課せられる（909条）。登記申請については，登記事項の発生・変動を迅速に登記簿に反映させるため，申請期間の定めが多く設けられる。ただし，官庁の許可を要する登記事項については，（当該事項の発生日ではなく）その許可書の到達日から登記申請期間が起算される（910条）。

　会社の登記事項は，会社の住所である本店の所在地（4条）を管轄する登記所（法務局・地方法務局またはそれらの支局・出張所：商登1条の3）で登記される（911～929条）。また支店のある会社では，支店所在地の登記所管轄内にある各支店の所在場所等を支店所在地の登記所で登記することとされてきたが（930条以下），会社法人等番号（商登7条）によるインターネット検索の普及に伴い，令和元年の会社法改正でこの制度は廃止されることとなった（令和4年9月1日施行）。

❷ 会社登記の効力

(1) 登記の一般的効力

[2-4-2]　会社法所定の登記事項については，その事項が発生・変更・消滅した場合でも，その事実を登記して公示しなければ，善意の第三者に対して当該事実を主張できない（908条1項前段：**商業登記の消極的公示力**）。正確にいうと，これは登記前の効力であるから，登記の効力というより登記制度上の効力とみるべきである。制度趣旨としては，登記申請の懈怠による不利益を登記当事者に課すことで，すでに生じた事実の登記簿への反映を速やかに実現するよう，いわば間接的強制の効果を狙ったしくみである。この消極的公示力は，登記事項の当事者（登記申請権者）から第三者に対し未登記事項を主張できない，とするだけである。未登記事項を第三者から当事者に対して主張することや，第三者相互間で未登記事項を主張すること（最判昭29・10・15民集8・10・1898），登記事項の当事者間で未登記事項を主張することなどは，いずれも消極的公示力とは関係なく，すべて可能である。

　なお，吸収合併の効力は合併契約で定めた効力発生日に生じるが（750条1項・752条1項），そのうち吸収合併消滅会社の解散・消滅は，吸収合併の登記（921条）がなされるまで第三者に対抗できない（750条2項・752条2項）。消滅会社の解散を主張できるか否かは，第三者の善意・悪意を問わず，画一的に登記の有無で決まるため，ここにいう対抗力は一般的な消極的公示力の特則であると解される。

[2-4-3]　登記事項とされた事実の登記申請を済ませた後は，その事実を知らない善意の第三者に対しても，当該事実を対抗できるのが原則である（**商業登記の積極的公示力**）。例外的に，善意の第三者が登記済みの事実を対抗されないのは，正当な事由によって当該事実を知らない場合だけである（908条1項後段）。ここにいう正当な事由とは，大地震による交通途絶とか，災害による登記簿の滅失などの客観的障碍のみを指し，個人的な事故や病気などの主観的事由はどれほど重大でも正当事由に含まれない，と解するのが定説である。

[2-4-4]　Step Ahead　消極的公示力の反対解釈として，登記事項である事実は，その事実を承知している悪意の第三者には（登記前でも）当然に主張できることがわかる。悪意者には既成事実をそのまま主張できることから，登記の積極的公示力は登記済みの事実について第三者の悪意を擬制する制度だと解する学説

もある。しかし，たとえば会社の支配人が退職して代理権消滅の登記（商登44条・45条2項）を経由したとしよう。その元支配人が社内の了解を得て支店長と名乗り続けていたとする。悪意擬制説では，善意の第三者を表見支配人の制度（13条，2-2-4）で救済する余地がなくなってしまう。むしろ積極的公示力は，現に起きた事実を（消極的公示力の束縛から解き放ち）ありのままの事実として主張できるようにするだけで，上の例でいえば，退職の事実が主張可能になるというにすぎない。そのことと元支配人が支店長名で取引したというのは別の事実なのであるから，後者の事実に基づく外観信頼の保護は（退職の登記後でも）可能と考えるべきである。◁ Step Ahead

(2) 不実登記の公信力

[2-4-5]　商業登記の制度は，登記事項である事実が有効に生じたことを前提として，それを登記簿に反映させ，公示する制度である。登記の対象である事実が存在しないときは，不実の登記であり，登記としての効力は生じない。たとえ不実の事項を登記しても，その事項が存在することにはならない。

　しかし，商業登記は企業内容の公示制度であるから，一般公衆が登記簿を閲覧して得た企業情報は信頼できて当然と考えるはずである。登記簿はもともと一般公衆が信頼を寄せるべき技巧的な外観として創設された制度だともいえる。不実事項の登記は無効だといって放置したのでは，登記への社会的信頼は崩れてしまう。一方，不実登記の多くは登記当事者の故意・過失による虚偽申請で生まれる。このように考えてくれば，帰責的に惹起された外観に対する正当な信頼の保護という権利外観法理（2-1-4）の考え方が，ここでも自然にあてはまる。すなわち，登記申請者の故意または過失によって不実の事項が登記された場合，その登記申請者は善意の第三者に対し，当該事項が不実である旨を主張できないものとされる（908条2項：不実登記の公信力という）。登記は普通の外観とは異なり，初めから信頼の対象として制度化された技巧的外観であるため，その外観としての強度に照らして，第三者の信頼は当然に保護される方向へと傾く。ここでの第三者は単に善意であれば足り，過失があっても保護されると解すべきである。

[2-4-6]　Step Ahead ▷　不実登記の公信力は権利外観法理の表れであるが，そこでの帰責性要件は拡張して解釈される傾向にある。まず法文上は，不実登記の申請行為が要件となっているところ，無権限者の申請による不実登記の存在を知り

ながら登記申請権者が何ら是正措置をとらずに放置したときも同じ扱いを受けるべきだと解される（最判昭55・9・11民集34・5・717）。このように不実登記を申請していない者にも帰責性を認めることになれば，登記申請権のない者でも帰責性を充たす余地が生まれる。たとえば，株式会社の取締役に就任していない者が取締役登記（911条3項13号）を承諾し，代表権者による不実の登記申請に協力したときは，自ら不実登記の出現に加功したものとして，その者も善意の第三者に対し自分は取締役でない旨を主張できないという解釈が導かれる。その結果，単なる登記簿上のみの取締役も，善意の第三者との関係では取締役の地位にあるものとして対第三者責任（429条）を免れない（最判昭47・6・15民集26・5・984）。さらに転じて，取締役を辞任した者が代表取締役（登記申請者）に対し，登記簿上は退任の登記をせず取締役としての登記を残すことにつき明示的承諾を与えていた等の特段の事情があれば，その者も未だ取締役の地位にあるものとして善意の第三者に対し取締役責任を負うことがある（最判昭62・4・16判時1248・127〔百選68事件〕）。法的に取締役の地位にない**表見的取締役**の責任論（**3-3-92**参照）は，不実登記の公信力に支えられるところが大きい。⟨ Step Ahead ⟩

(3) 登記の特殊的効力

[2-4-7]　商業登記には，公示制度としての本来的な機能のほかに，登記が明確な外形的基準となることを利用した特殊の効力がいくつかある。それらを総称して，**商業登記の特殊的効力**という。

　商業登記は，登記事項である事実の発生を受けて，その事実を登記簿に反映させるのが本来の姿である。しかし，時として，登記により初めて法律関係の変動を生じる場合がある。たとえば会社の設立登記による法人格の取得（49条・579条）がその典型例である。ほかにも，新設合併（754条1項・756条1項）・新設分割（764条1項・766条1項）および株式移転（774条1項）の各登記で新会社が設立されるとともに権利義務の承継や株式全部の取得という新たな法律関係の変動を生じる場合がある。このように登記があると新たな法律事実ないし法律関係が創設されることを，**商業登記の創設的効力**という。

　商業登記のなかには，登記前なら主張できた瑕疵が登記によって治癒され，登記後はもはや主張できなくなるという効果を伴うものがある。たとえば株式会社の設立登記後は，株式引受の意思表示について錯誤無効の主張（民95条）や詐欺・

強迫による取消（民96条）ができなくなる（51条2項・102条6項）。このことを，登記により瑕疵が補完されたとみて**商業登記の補完的効力**という。

　また登記事項によっては，登記を基準として一定の行為が許容されたり，登記から一定期間が経過すると免責の効果が生じたりすることもある。たとえば，株式会社の社員たる地位は，設立登記前は**権利株**と呼ばれ譲渡できないが（35条），設立登記によって会社が成立すると同時に株式となり，譲渡性を生じる（127条）。また株券発行会社（117条7項）では，設立登記によって会社（ひいては株式）が成立するまで株券の発行はできない（215条1項）。免責に関していうと，持分会社の社員は，持分譲渡による変更の登記（**1-2-4**）または退社の登記から2年，解散の登記（926条）から5年を経過すれば，原則として免責される（586条2項・612条2項・673条1項）。登記がこのように行為の許容または免責の基準となることを，**商業登記の付随的効力**という。

§2——会社の公告方法

[**2-4-8**]　　会社が出資者や会社債権者などの関係者に重要な事項を開示しようとする場合，特に公開の資本市場で出資を募る大規模会社では，開示すべき相手方は多数に上ることが多い。多数の相手に情報を伝えるのに，個別の通知方法しかないのでは面倒すぎる。情報を一気に周知させる方法として，会社が公告の方法を定款で指定しておき，関係者もそのつもりで公告から情報を得ることにすれば，お互いに便宜である。

　会社法上，個別通知と代替または併用される公告方法には，官報または時事に関する日刊新聞紙に掲載する方法と，電磁的方法により不特定多数人に対しインターネット上の情報提供を行う電子公告の方法（2条34号）とがある。会社はそのいずれを自社の公告方法（2条33号）とするか，定款で定めることができる（939条1項・2項）。公告方法の定めをしなければ，官報に掲載する方法が会社の公告方法とされる（同条4項）。電子公告の方法を定めたときは，プロバイダにおける公告サーバの故障その他やむをえない事由で電子公告ができない事態に備えて，予備的に官報か日刊新聞紙への掲載による方法を定めることもできる（同条3項）。定款で電子公告の方法を選んだ会社は，その旨と公告ページ（ウェブサイト）

のアドレス等を登記しておかなければならない（911条3項27号28号・912条8号9号・913条10号11号・914条9号10号，会社則220条）。

　官報や日刊新聞紙への公告は1回の掲載で足りるが，電子公告によるときはインターネット上の公告ページに一定期間継続して情報を載せなければならない。電子公告の継続期間については会社法に定めがある（940条1項・2項）。その期間中に回線事故等で公告の中断が起きると公告の効力はどうなるか。⑦その中断につき会社が善意・無重過失であるか会社に正当事由（公告サーバの保守点検など）があり，④中断時間が公告期間の1割を超えず，⑤中断を知った会社が速やかに中断の事実とその時間・内容を当該公告に付して公告したときは，公告の効力に何ら影響しない（同条3項）。なお，以上のような電子公告手続の適正さを確保するため，電子公告を使おうとする会社は，いわゆる決算公告の場合（440条1項，**3-6-9**）を除いて，法務大臣の登録を経た調査機関に電子公告調査を求めなければならない（941条，会社則221条1号，電子公告規則3条）。電子公告調査を求められた調査機関は，正当な理由がない限り調査を拒否できず（調査義務），調査を求めた会社（調査委託者）の商号等を法務大臣に報告しなければならない（946条1項・3項）。電子公告調査は，公告開始から公告期間満了までの間，定期的に公告ページを調査して正常な掲載の状況や改ざんがないことを確認するなど，公正に実施され，調査終了後は遅滞なく，調査委託者に対して電子公告調査の結果が通知される（同条2項・4項）。この調査結果通知は，電子公告の方法により適法な公告が行われたことの客観的な証拠資料として役立てられる。

PART 3

株式会社

CHAPTER 1 ——株式会社法総論

§1 ——株式会社制度の概要

■ 株式会社の物的会社性

[*3-1-1*]　　株式会社は巨大企業向けの組織モデルとして発展してきた経緯がある。大規模事業に必要な巨額資金の結集に向けて，出資者である株主には，会社への出資義務さえ果たせば足りるという**間接有限責任**の特権が付与される（104条：**株主有限責任の原則**）。株主の出資により会社の財産的基礎が築かれれば，あとは会社財産を財源として会社債務が弁済されるだけで，株主の弁済責任は何ら問われない（ただし*1-1-13*参照）。他方，株主は会社の経営に直接参加できず（**所有と経営の分離**：331条2項本文），経営者たる取締役を株主総会で選任・解任すること（329条1項・339条1項）で間接的に経営をコントロールするのみである。株主には弁済責任も経営能力も期待されないため，株主が誰か（株主の個性）はあまり重視されず，株式譲渡による株主の交替も自由というのが株式会社の原則的なしくみである（127条：**株式譲渡自由の原則**）。このようにして株主の人的要素が重視されない反面，会社債務の唯一の弁済財源となる会社財産の充実・確保は，株式会社の最重要テーマである。そこから，株式会社は財産的要素が中心の**物的会社**であるともいわれる。これと対比して，所有と経営が一致し（*1-2-1*）社員の直接責任（*1-2-2*）も問われる持分会社は人的会社と称される。なお，株式会社では，会社が維持すべき財産額の最低限を示す計算上の数額（数値目標）として資本金の制度が設けられ（*3-6-11*），資本金に相当する財産の確保が厳格に図られるため，株式会社を特に**資本会社**と呼ぶこともある。

■ 株式制度の特徴

[*3-1-2*]　　株式とは，株式会社の社団構成員（株主）たる地位を表す言葉であ

る。株式の特徴は，均等に細分化された割合的単位の形をとるところにある。ちなみに，持分会社では社員の地位を持分といい（**1-1-5**），持分は各社員ごとに1個で（持分単数主義），その内容は各社員の出資価額（576条1項6号）に応じてさまざまである。これに対し，株式は原則として全部が均一の内容を有し（**株式の均一性**），1株を単位として株主権の内容が定まる。株主総会の議決権は1株につき1個で（308条1項：**1株1議決権の原則**），剰余金の配当額は1株あたり〇〇円というようになる。株主としての権利を増やしたければ何株でも取得・保有でき（**持分複数主義**），株主はその持株数に応じて比例的に（多ければ多い分だけという意味で）平等の取り扱いを受ける（109条1項・454条3項：**株主平等の原則**）。なお，株式は1株がその最小単位であって，株式を1株未満に細分化することはできない（**株式の不可分性**，**3-4-1**）。

❸ 株式会社の機関体制

[**3-1-3**]　　株式会社は会社の一種であり（2条1号），会社の営利性に基づき（**1-1-6**），株主の最大利益を図ることがその大きな目的となる。利益極大化に向けて会社の事業を何にするか，経営陣はどう配置するか，年次利益を株主への配当に回すか，それとも社内に留保して次年度の活動原資に回すか等々，会社における究極の利益主体たる株主の意向で決めるべき事柄が多数ある。これら会社の基本的事項その他に関する意思決定機関として，株式会社では株主総会が必置の機関とされる（**3-3-3**）。株主総会は株主民主主義に基づく多数決制の会議体機関である。そこでは，普通の（頭数による）多数決と異なり，1株1議決権として出資の多寡に応じた**資本多数決**のしくみがとられる（**3-3-16**）。

　　株式会社にはまた，経営者として必ず取締役を置かなければならない（326条1項）。その上で，（1人または複数の）取締役に業務執行をすべて託するか（348条1項：かつての有限会社的なしくみ），それとも3人以上の取締役からなる取締役会と代表取締役とで決定と執行を分担させるか（取締役会設置会社：2条7号・362条・363条1項1号），経営監視体制をどう構築するか（取締役会に監督を任せるか監査役も設置するか：2条9号）等々，株式会社の管理・運営体制は定款で自治的に定められる（326条2項）。定款の定めは株主総会の権限事項であるため，ここでも要するに株主総会決議で形成される株主の総意がものをいう（**3-3-2**，**3-3-3**）。

❹ 株主の投資回収と株式市場

［*3-1-4*］　　会社への出資は典型的な投資行為であるから，投資効率が悪化すれば，社員・株主は出資の引き上げ（投資回収）を考えるのが当然である。持分会社の社員は，退社による持分の払戻を通じて投資を回収する（*1-2-5*）。しかし，株式会社では会社財産の維持確保に向けて（*3-1-1*），株主に対する出資の払戻が禁じられる。出資財産を確保した上で，その運用（事業経営）により剰余金が出れば株主配当を受けられるだけである。株主が出資財産の運用益に参加するだけでなく，投資元本を回収するにはどうしたらよいか。

　株主の主要な投資回収策は，株式の自由譲渡性に基づき，株式を売却して代金を回収するというやり方である。株式の譲渡換金は，その譲渡時点での企業価値（ひいては１株あたりの持分価値）に応じた投資回収となるため，譲渡株主にとっては，過去の出資時以降に企業価値が増えた分まで回収できるという利点がある。しかし，株式の時価売却を実現するには，一方で，株式のあるべき時価が算定可能であるとともに，他方で，その売却に応じてくれる購入者と出会えなければならない。これら２つの前提条件をともに満たしてくれるのが，株式市場（東京・名古屋・福岡・札幌の各証券取引所）の機能である。

　株式市場（株式の流通市場）では，上場株式の銘柄ごとに，売り注文と買い注文をいずれも証券会社経由で特定の証券取引所（法律上の正式名称は金融商品取引所：金商２条16項）に取り次ぐことで，株式の売買情報が１ヶ所に集約される。世界中の投資家たちの読みが売買注文の形をとって株式市場に流れ込み，時々刻々と株式の需給状況を変化させ，株式の相場（市場価格）を変動させる。こうしてその時々の株式価格（時価）が形成され，その株価に合わせて売り買いの注文を出した相手も容易にみつかる。おまけに，株式の流通市場で形成される株価（時価）は，会社が新株を発行して資金調達しようとする株式発行市場でも，発行価額（株式の払込金額：199条１項２号）を何円にすべきかの客観的な目安となって，資金調達計画の円滑な実現に役立つ（*3-5-10*）。このように株式会社制度の基本的なしくみと，株式市場の働きとの間には，きわめて親和的な関係がある。

［*3-1-5*］　　しかし，わが国に実在する株式会社の多くは，現状維持型の中小企業で成長志向に乏しく，株式市場からの資金調達と無縁の会社である。いわゆる同族会社をみれば，親類縁者ばかりが株主でいるなかに，株式の譲渡や新株発行

を受けて一般投資家（赤の他人）が入ってくる事態など，考えもしないのが実情である。証券取引所で売買される株式の発行会社（上場会社）では，詳しく正確な企業情報（会社内容）の適時開示や，高度のコンプライアンス（法令遵守）体制，経営監視機能の強化などが重要な課題となるが，株式市場と無縁の閉鎖的な会社ではいずれも無用の長物に近い。公開的な株式会社と閉鎖的な株式会社とでは法的規律の内容も自ずと異なってくる。平成17年成立の会社法は，株式会社の基本型を閉鎖的・非公開的な会社に求める見地から，必要的な機関を株主総会と取締役のみに限定し，株式の譲渡促進手段である株券も不発行を原則とする（214条参照）など，旧有限会社的な規律を株式会社の出発点とした。その上に公開会社の特則を追加することで，たとえば公開会社には慎重・適正な審議を期して取締役会の設置を義務づけるとともに（327条1項1号），株主総会の権限事項を縮小して（295条2項）広く取締役会の活用を図る等々，公開会社の需要にも応じる用意がある。かくして株式会社法制のなかには旧有限会社法的な規律も盛り込まれた結果，条文経済の見地から，有限会社法は会社法制定時に廃止された（会社法整備法1条3号）。従来の有限会社は会社法上の株式会社として存続することとなったが（同法2条1項），多数の有限会社がすべて株式会社に商号変更するのは（6条2項），不経済きわまりない。そこで，有限会社の商号を使い続ける**特例有限会社**が認められ（会社法整備法3条1項，**2-1-2**），法的には株式会社でありながら例外的に，旧有限会社法とほぼ同様の規律に服することとなった（同法5～44条）。ただし，特例有限会社は定款を変更して株式会社の商号に改めれば，いつでも名実ともに株式会社となることができる（同法45条・46条）。

§2──株式会社の諸類型

■ 公開会社と非公開会社

[3-1-6]　　公開会社という言葉には，その使われる場面に応じて多様な意味がある。たとえば，出資者が親しい間柄で第三者に持分（株式）を譲渡しにくい会社は，人間関係が閉鎖的だという意味で閉鎖的会社と呼ばれ，その対極にある会社を公開的な会社ということがある。会社法上の会社でいえば，前者は人的会社ともいう持分会社，後者は物的会社と称される株式会社と構造的になじみやすい

（*3-1-1*）。また証券業界では，証券取引所に株式を上場して自由な市場取引の対象とすることを「**株式の公開**」と呼ぶところから，未だ株式を公開していない会社を未公開会社，それに対して株式の上場会社を公開会社ということがある。他方，株式会社のなかに公開会社とそうでない会社（いわば閉鎖会社）の区分を設けることもできる。実態的・社会学的な見地から，同族会社など株主の交替に消極的な（株式の流通性に乏しい）閉鎖的体質の株式会社と，株式譲渡や新株発行による投資家の参入も視野に入れた公開的体質の株式会社とを区分するわけである（*3-1-5*）。ただし，実態的にみて，どこまで株式に流通性があれば公開的と考えるか次第で，閉鎖的会社と公開的会社の境界線はかなり動く余地がある。

［*3-1-7*］　会社法上の**公開会社**も株式会社のなかの一類型である。会社法の定義では，株式の譲渡による取得について会社の承認を要する旨が当該株式の内容として定款に定められている株式を譲渡制限株式というところ（2条17号），発行する株式の全部または一部が譲渡制限株式でない会社のことを公開会社という（2条5号）。発行する株式（定款で発行を認めた株式）のなかに，譲渡制限株式でない株式（定款による譲渡制限のない株式）が一部でもあれば，会社法上その会社は公開会社である。裏返していうと，発行する株式の全部が譲渡制限株式である会社（全株式譲渡制限会社）は，「公開会社でない株式会社」（会社法上の用語：109条2項・331条2項但書・828条1項2号カッコ書等々），略して「**非公開会社**」（学説・判例上の用語：最判平24・4・24民集66・6・2908〔百選26事件〕）とされる。

　会社法には，公開会社の特則規定があることから（たとえば201条・206条の2・240条・244条の2等々），非公開会社の規律が原則型であるとわかる。非公開会社の方が，公開会社に比べて利害関係者の範囲も狭く社会的影響度も定型的に低いと解されるため，当事者自治に委ねる余地が大きく，法的規律の内容も簡素で済むからである。こうした非公開会社の特徴は，会社統治機構（ガバナンス機構）の柔軟性として如実に表れる。たとえば，公開会社では経営監視体制がかなり厳重で，原則的に取締役会と監査役の設置が強制され（327条1項1号・2項），経営に対して取締役会の業務監督（362条2項2号）と監査役の業務監査（381条1項）が二重に行われる。これに対し，非公開会社では取締役会も監査役も設置するか否かは自由で，しかも監査役の権限を会計事項のみに限定し（389条），業務監査はさせないという選択肢まである。非公開会社では，株主の取締役に対する信任の

機会をさほど頻繁に設けなくてもいいとの見地から，原則２年の取締役任期を定款で10年まで伸長することが許される（332条２項）。経営者権限の抑制という点でも，新株発行により株主構成を変える権限は発行済株式総数の４倍までとする発行可能株式総数（株主からの「授権資本」枠）の規制は公開会社にしかなく（113条３項），非公開会社ではこれも自由とされる，等々。

❷ 大会社

[3-1-8]　会社法上，直近の貸借対照表を基準として資本金額５億円以上または負債総額200億円以上のいずれかに該当する株式会社は，**大会社**と呼ばれる（２条６号）。資本金額とは，会社に現実に確保すべき財産の最低金額を示す指標であるから（*3-1-1*, *3-6-11*），資本金額の方は会社の財産規模を表す数値基準である。一方，企業の取引は（現金取引は稀で）大半が延払式の信用取引であって，事業取引をすれば決済のための債務を負うのが普通であるから，負債総額の方は会社の事業規模を表す数値基準とみることができる。もちろん端的に，負債が多ければそれだけ破綻による社会的影響も大きいという意味で，より厳重かつ慎重な規制を加えるべき対象として大会社を定義したとみることもできる。

　大会社は，機関設計その他に関して一般の株式会社よりも厳しい特則の適用を受ける。たとえば大会社は原則として，組織的監査のための監査役会（390条以下）と，公認会計士資格のある会計監査人（337条）を設置しなければならない。大会社がこれらの設置義務を免れるのは，非公開会社の場合か，監査等委員会設置会社（２条11号の２・399条の２以下）または指名委員会等設置会社（２条12号・400条以下）の形態を選択した場合だけである（328条１項）。たとえ非公開会社でも，会計監査人の方は大会社には必置である（同条２項）。また大会社では，コンプライアンス（法令遵守）体制やリスクマネージメント（危機管理）体制を確立するため，内部統制システム（会社則98条）の整備が義務づけられる。すなわち，一般の大会社では取締役の過半数で（348条３項４号・４項），また取締役会を設置した大会社では取締役会決議により（362条４項６号・５項），内部通報制度や情報セキュリティ管理，効率的な経営管理体制など，自社に適合する内部統制システムを構築しなければならない。会計面からも，金融商品取引法上の有価証券報告書提出義務（金商24条１項）を負う大会社は，企業集団としての財産・損益状況を示す連

結計算書類の作成義務を負う（444条3項）。また会社解散などによる清算の局面でも、多くの関係者の利害が錯綜することに配慮して、清算人への監視を強化するため、大会社は公開会社とともに監査役の設置を強制される（477条4項）。

❸ 親会社と子会社

[3-1-9]　　現実の社会では、何社もの企業が相互に支配・従属関係にあったり、複数の企業が1社を共同支配したり、また逆に1社の支配下に何社もの企業が従属していたりして、企業グループが形作られることもある。緩いものは企業間の業務提携や系列的な取引関係、役員派遣などから始まって、より固定的・硬直的な結合関係として株式保有を通じた議決権支配に至るまで、企業グループ内部における企業結合の形はさまざまである（3-7-1）。企業を適切に規整するためには、単体企業への規整に加えて、企業グループも視野に入れながら、企業組織・活動を規整し、出資者・債権者・投資者等の利害調整に臨む必要がある。

[3-1-10]　　現在こうした視点に基づく企業グループ規整の中核にあるのが、親子会社の概念である。会社法上、ある株式会社の総株主の議決権の過半数を保有している等、当該株式会社の経営を支配している法人として会社法施行規則で定められた会社等を**親会社**という（2条4号）。この定義からわかるように、親会社は必ずしも株式会社に限られず、持分会社や外国会社（2条2号）も親会社となりうるが、親会社であるためには、その支配する相手方が株式会社でなければならない。たとえば持分会社を完全支配しても親会社にはならない。なお、法人でない者が株式会社の経営を支配しているという定義に該当するときは、親会社と一括して「**親会社等**」と呼ばれる（2条4号の2、会社則3条の2）。

　親会社の定義の特徴は、「経営を支配している」という実質的基準をとることである。その実質支配基準は、より具体的に「財務及び事業の方針の決定をしていること」という基準に置き換えられ（会社則3条2項）、後者はさらに、自己の計算で相手方会社の総議決権の過半数を保有する場合（ここは形式的基準である）や、自己の計算で相手方の総議決権の40％以上を保有し、かつ一定の追加的な支配要素を充たす場合等々、かなり複雑な判断基準へと細分化されている（会社則3条3項1〜3号）。その規定内容は、金融商品取引法に基づき内閣総理大臣に提出される財務諸表の記載方法を定めた内閣府令（財務諸表規則）8条3項・4項

の定義とほぼ同じであり，ここに会社法と金商法の緊密な連携を垣間見ることができる（*1-3-1*）。

[*3-1-11*]　「経営を支配している」という実質的基準は，**子会社**の定義にも活用される。すなわち，ある株式会社の総株主の議決権の過半数を別の会社（株式会社または持分会社）が保有している等，ある法人の経営を支配している会社がある場合に，その実質支配基準に基づく被支配法人として会社法施行規則で定められた会社等を「子会社」という（2条3号，会社則3条1項）。この子会社の定義と親会社の定義を併せ読むと，親会社が子会社の経営を支配していると正確にいえるのは子会社が株式会社形態のときだけで，子会社が株式会社でない場合は，その子会社を支配している会社を「親会社」と呼ぶことはできない。その場合は子会社がいるだけで親会社はいない。また会社により経営を支配されることが子会社の要件であるから，会社以外の者に経営を支配される法人は，子会社と一括して「**子会社等**」と呼ばれる（2条3号の2，会社則3条の2）。

[*3-1-12*]　子会社と親会社がともにいて，子会社の発行済株式全部を親会社が保有しているときは，その子会社を**完全子会社**，親会社を**完全親会社**（847条の2第1項但書，会社則218条の3）という（*1-1-9*）。ここでは議決権ではなく株式の完全保有（いわゆる100％持株支配）が形式的基準として用いられる。実務上は完全子会社を100％子会社ということも多い。なお，会社法の条文上，完全子会社は「株式交換完全子会社」（768条1項1号）・「株式移転完全子会社」（773条1項5号）・「株式交換等完全子会社」（847条の2第1項本文カッコ書）などとして表現されるのみで，完全子会社の定義それ自体は存在しない。

　完全親子会社の関係は株式会社どうしの間にしか成立しないため，株式会社が持分会社の持分全部を有する場合の当該持分会社は，完全子会社と一括して「**完全子会社等**」と呼ばれる（847条の3第2項2号カッコ書）。他方，この意味の完全子会社等が単独で，またはその100％支配会社の保有分と合算して，ある株式会社の発行済株式全部を保有している場合に，その100％支配会社を呼び表すため，完全親会社と一括して「**完全親会社等**」という呼称が用いられる（847条の3第2項・第3項）。また完全親子会社ないし完全親子会社等の関係が二重・三重に重なっていき，多重的な支配従属関係が生まれる場合を考慮して，その頂点にある完全親会社等を特に「**最終完全親会社等**」という（同条1項）。

CHAPTER *2* ── 設　立

§1 ──設立の概要と会社設立の法律関係

❶ 設立の意義と方法

［3-2-1］　　株式会社の設立とは，その設立企画から始まって，社団組織の実体を整え，設立登記によって会社が成立する（49条）までのプロセス全体の総称である。わが国の会社法は，会社の設立に関する立法主義として，法定の設立手続がすべて遵守されたことを設立登記申請の添付書類（商登47条2項）によって登記官が確認すれば，当然に法人格の取得を認めるという**準則主義**をとっている。この準則主義は，法定の手続さえ踏めば行政府の裁量の余地なく確実に会社の成立を見込めるという意味で予見性に優れ，起業のタイミングも遅れずに済むという利点がある。

　株式会社の設立方法には，発起設立と募集設立とがある（25条1項）。**発起設立**とは，設立を企画して設立事務を進める発起人が設立時発行株式（同項1号）の全部を引き受け，発起人だけが会社成立時の原始株主になる，というやり方である。会社の財産的基礎となる出資の履行まで含めて発起人のみが設立を進めるため，発起人以外の関係者への配慮を余り必要としない簡易な方法である。他方，**募集設立**とは，発起人が設立時発行株式の一部のみを引き受け，残部について別に引受人を募集する，というやり方である。発起人の出資と，募集に応じた引受人の出資とを結集できるため，会社の財産規模を大きくしやすい反面，出資者が2グループに分かれるため，その双方が一堂に会して，従前の設立経緯を検証し今後の運営体制を整える会議（創立総会）が必要になる等，募集設立の手続は面倒になることを覚悟する必要がある。

❷ 発起人・発起人組合・設立中の会社

(1) 発起人と発起人組合

[3-2-2]　発起人には2つの定義がある。実質的な任務でいうと，発起人とは株式会社の設立を企画立案し，その設立事務を行う者のことである（**実質的意義の発起人**）。発起人の企画から初めて会社の設立が始まる。発起人の員数は何人でもよく，発起人が1人だけの**一人設立**も可能である。一人設立で発起設立のときは一人会社が生まれる（**1-1-9**）。発起人が複数のときは，その相互間で株式会社の設立を目的事業とする組合契約（民667条，**1-1-4**）が結ばれ，組合の業務執行（組合契約の履行）として設立手続が進められる（**発起人組合**）。それゆえ設立段階で決定すべき事項は，発起人全員の同意を要する基本的事項を除いて，発起人の多数決で決められる（民670条1項，最判昭35・12・9民集14・13・2994〔百選A1事件〕）。それらの決定事項を発起人がどう分担して実行するか（対外的には発起人総代に任せる等）も発起人組合で決める。発起人組合は，会社が成立するか会社の成立不能が確定したときに，目的事業の成功または成功不能によって解散する（民682条1号）。

　実質的にみた発起人の定義は実感しやすい反面，設立の企画進行にどこまで関与すれば発起人になるのかの境界線を曖昧にするという欠点がある。たとえば，設立の相談に乗ったり何か有益なアイデアを出したりしたら全員が発起人になるのか。会社法上，発起人は設立に関して重要な職務権限を有し，相当に厳重な責任も負うため（52~56条・103条），誰が発起人かは明確でなければならない。そこで，定款に発起人として名前・住所を記載または記録され（27条5号），特に書面定款ならそこに発起人として署名（自署または記名押印）した者（26条1項）を発起人とするという，形式的な基準に基づく発起人の概念が生まれる（**形式的意義の発起人**）。実質的に会社の設立を企画・推進していても，定款上の発起人でない者は会社法上の発起人ではない（大判明41・1・29民録14・22）。ただし，発起人らしくみえる一定の外観に基づき（外観信頼の保護：**2-1-4**），発起人ではないのに発起人と同じ責任を問われることがある（103条2項：疑似発起人，**3-2-20**）。

(2) 設立中の会社

[3-2-3]　会社は，法的には設立登記の法律効果として法人格を取得するが（商業登記の創設的効力：**2-4-7**），突然「無から有を生じる」わけではない。会社成立前に社団の実体が整い，すでに一定の法主体性があったところへ，正式に法人格

が付与されたものと考えられる。この会社成立前に存在する社団の実体を「**設立中の会社**」といい，その法的性質は**権利能力のない社団**（ないし法人格のない社団）であると説明される（大阪地判昭32・12・24下民集8・12・2459）。設立中の会社は，法人格こそないものの実質的権利能力はあり，会社法上の発起人または発起人となるべき者（実質的意義の発起人）がその執行機関になる，というわけである（東京地判昭46・12・24判時658・77）。

　設立中の会社を認める結果，発起人がその権限内でした行為に基づく権利義務は，実質的には設立中の会社に帰属し，ただ正式には法人格がないため形式上は発起人の権利義務として扱われる。その後，会社が法人として成立すると，この形式的障碍がなくなり，名実ともに成立後の会社の権利義務となる。設立中の会社と成立後の会社は実質的に同一だからというわけで，このような実質的同一性論を根拠に，発起人が適法になした行為の法律効果（権利義務）は成立後の会社に当然（何ら移転手続なしに）帰属するという結論が導かれる（同一性説）。たとえば発起人が払込取扱銀行に払い込んだ出資金（34条2項）は会社成立時に会社の預金となり，会社はその預金債権を有する。設立時発行株式を引き受けて設立中の会社に加入した者（発起人または設立時募集株式の引受人）は，会社成立時に株主となる（設立時株主：65条1項・50条1項・102条2項）。

[3-2-4]　Step Ahead　設立中の会社は，社団の実体が備わると誕生する。その実体を構成する要素は，㋐社団の組織秩序を整える定款，㋑社団の構成員（社員），㋒執行機関（発起人），㋓財産的基礎である。㋐と㋒は定款の作成で固まるし，発起人が1株以上を引き受ければ（25条2項）㋑も整う。あとは㋓であるが，株式の引受で出資義務（裏返していえば金銭の払込みまたは現物の給付を求める債権：34条1項）が生ずれば財産的基礎になるのか，それとも出資の履行により現実の財産が確保されて初めて社団の実体が備わるのか，議論の余地がある。会社法の下では，出資の原則をなす金銭出資はすべて払込取扱銀行に払い込まれ，金銭の所有権は銀行にあるから，設立中の会社に実質的に帰属するのは預金債権のみである。いずれにせよ債権しか財産的基礎がないのであれば，出資義務が確定した段階で㋓も備わると解してよいのではないか。　Step Ahead

(3) 発起人の権限

[3-2-5]　設立事務の担当者として，発起人は会社設立に必要な行為をする権

限を有する。問題は，その設立に必要な行為（設立行為）とは何かである。異論の余地なく発起人の権限内と解されるのは，準則主義の下で（**3-2-1**）会社が成立するために必要不可欠な行為，すなわち会社法所定の成立要件的行為である。たとえば定款の作成（26条）や，設立時役員等の任免（38〜44条），創立総会の招集（65〜71条）などがそれにあたる。これらは会社の設立を直接に目的とする行為で，株式会社を設立するのに法律上必要な行為といえる。

会社の設立に法律上必要な行為は，実際上それらのための環境作りを必要とする。たとえば，定款をきちんと書面に印刷して作成するには印刷会社に委託する必要があるし，設立事務を滞りなく進めるためには，設立事務所やそこで働く設立事務員がいないと困る。そこで，定款書面の印刷契約や設立事務所の借受け，設立事務員の雇用，事務用品の購入等も会社設立にとって実際上・経済上必要な行為で，発起人の権限に属すると解すべきである。

他方，会社の設立とは，営利社団法人の組織を形作ると同時に，その会社が営む事業の準備を整えることでもある，という考え方がある。事業を始めるには，事業所の確保や従業員の雇用，事業設備の導入や地域社会への宣伝広告等々，さまざまな準備作業を要する。これらを総称して**開業準備行為**というが，これも発起人の権限に含まれるのかどうかが問われる。これを肯定すれば，会社の創業が早まり，企業の特徴である迅速性（**1-1-1**）にかなう。また営まれる事業の中身を抜きにして，事業目的や商号など定款の記載内容を定めたり（27条），会社の資本規模につながる設立時発行株式の数や払込金額・資本金額等を決めたり（32条）できるはずもない。そう考えれば，営利社団法人の組織形成と事業実体の創設とを引っくるめて発起人の権限事項と解する立場にも，相当の説得力がある。しかし，開業準備行為の範囲はきわめて広く，これを発起人の権限に含めるとその濫用によって会社の財産的基礎が害される危険もかなり大きい。通説・判例はこの危険性を重視して，物的会社たる株式会社の財産的基礎を確保する見地から（**3-1-1**），開業準備行為を発起人の権限外と解している（最判昭33・10・24民集12・14・3228〔百選4事件〕）。発起人は会社の設立に法律上（または経済上）必要な行為のみをなし，開業の準備は会社成立後の経営陣に任せればよいと考えるわけである。

[**3-2-6**] Step Ahead　個人企業が順調に成長すると，節税目的や社会的信用のために改組して会社を設立することも多い（個人企業の**法人成り**）。法人成りの間

も従来からの事業は続いていて，会社が成立したら既存の事業上の法律関係をすべて会社に引き継ぎたいというのが事業主の願いである。個人事業主が発起人として会社設立に尽力する際，事業行為も発起人の権限内でできれば，設立中の事業行為から生じる権利義務は設立中の会社に実質的に帰属し，同一性説の下で当然に（**3-2-3**），成立後の会社の権利義務となる。しかし，事業行為は開業準備行為以上にリスクを伴うし，会社成立前の会社名義による事業行為は過料の対象となるため（979条1項），発起人の権限をここまで広げるのは到底無理である。会社成立以前の事業行為から生じた権利義務を成立後の会社が引き継ぐには，個別的な移転手続を踏むしかない（**2-3-2**）。⟵ Step Ahead

§2——株式会社の設立手続

❶ 定款の作成

（1）定款の意義と定款の記載事項

［**3-2-7**］　会社の定款には，会社の組織・活動に関する根本規則（いわば会社内部の自治法：**実質的意義の定款**）という意味と，その根本規則を書面または電磁的記録の形にしたもの（**形式的意義の定款**）という意味とがある。それに応じて，**定款の作成**というときも，会社内の根本規則である定款（ルール定款）を，設立企画者たる発起人全員の同意で定めるという意味と（**実質的意義における定款作成**），その根本規則を書面ないし電磁的記録の形に整えるという意味（**形式的意義における定款作成**）とがある。発起人は必ず全員でこの2つの意味における定款の作成を行い，その証として書面定款には全員で署名しなければならない（26条1項）。こうして作成された定款は，公証人の認証により初めてその効力を生じる（30条1項）。公証人による**定款の認証**を受けた後は，もはや原則として定款の内容を変更できない（同条2項）。なお，会社の成立後は定款を変更できるようになるが，**定款の変更**は株主総会の特別決議により（定款の書面または電磁的記録の変更を待たずに）効力を生じるため（466条・309条2項11号），定款変更というときの定款は実質的意義の定款を指すと解される。

［**3-2-8**］　定款の記載（または記録：以下同じ）事項には，まず第一に，どんな場合にも必ず（例外なく絶対に）定めるべき最低限の事項として**絶対的記載事項**（必

要的記載事項）がある。それには，㋐会社の事業目的，㋑商号，㋒本店の所在地，㋓設立時の出資財産価額またはその最低額，㋔発起人の名前と住所があり（27条），そのいずれを欠いても定款全体が無効とされる。発起人の名前については，法文上「氏名又は名称」と表現され，ここから自然人（「氏名」を有する者）以外でも発起人になれることがわかる（法人発起人等）。

第二に，特定の事項があれば必ず定款にそれを記載しなければならないという意味で，定款の**相対的記載事項**と呼ばれる事項がある（28条各号・29条前段・107条2項など多数）。それらの記載を欠くと，（定款自体の効力には影響しないものの）当該事項の効力は生じないという扱いを受ける。とりわけ設立の際に定款への記載を強いる事項の根拠は，それらが定款上で利害関係者に開示しなければならないほど危険だからという点にあり，その意味でこれらは**危険な約束**ともいわれる。その危険性に応じて，定款上の開示のほか裁判所の介入まで要求され，自由経済を旨とする会社法には異例の厳重な手続規制に服するため，**変態設立事項**ともいう。その具体的内容については次項で述べる。

第三に，違法な事柄でない限り，定款には任意にいろいろな事項を記載でき，それらを総称して**任意的記載事項**という（29条後段）。株主総会の議長（315条）や役員の員数など，定款に記載しておけば当該事項の扱いが明確になるとともに，その記載と異なる扱いをするには定款変更の手続を要するため，記載の拘束力に期待するという意味もある。また任意的記載事項のなかには，会社法の明文で定款による別段の定めを授権された事項なども広く含まれる（32条1項カッコ書・38条4項・109条2項など多数）。

(2) 変態設立事項

[3-2-9]　変態設立事項とされるのは，㋐現物出資，㋑財産引受，㋒発起人の報酬その他の特別利益，㋓設立費用，の4種類である（28条）。危険な約束の呼び名どおり，その各々に伴う危険性を概観してみよう。

㋐**現物出資**とは，金銭以外の財産による出資のことである。額面どおりの純粋な価値がある金銭と異なり，現物財産の価値を計るには評価作業が不可欠で，そこには過大評価の危険がつきまとう。現物財産が過大評価されると，現物出資者（発起人に限る：34条1項・63条1項対照）が不当に多くの株式を得て株主間の不公平を招くし，会社債権者にとっては，実在する会社財産（会社債務のための責任財

産：*1-1-10*，*3-1-1*）の不足という懸念を生じる。④**財産引受**とは，発起人が会社の成立を条件として特定の財産を会社のため第三者から譲り受ける旨を約する契約のことである。財産引受は，現物出資と違って取引法的行為であるが，ここにも過大評価の危険がある。目的財産が過大評価されると，成立後の会社財産から不当に多額の代金が支払われ，会社の財産的基礎を害してしまう。⑰**発起人の報酬その他の特別利益**（鉄道会社の無料乗車証や会社施設の継続的利用権など）は，発起人の功労に報いる趣旨のものであるが，それを決めるのは発起人自身である。発起人のお手盛りで過剰な財産的利益が約束され，成立後の会社に不当な負担を継続的に及ぼすおそれがある。㊀**設立費用**とは，発起人が会社の設立に必要な行為をした場合にかかる経費のことである。発起人がその経費をすでに支出していれば，会社への求償問題を生じる。会社成立後も未払の設立費用については，対外的な費用債務が発起人と会社のどちらに帰属するかという「設立費用債務の帰属問題」を生じる（大判昭2・7・4民集6・428〔百選6事件〕）。どちらの場合でも，設立費用の過大な負担で会社の財産的基礎を害する危険は容易に予想できる。逆にこうした危険のない定型的な費用，たとえば定款の認証手数料や設立登記申請にかかる税金（いわゆる登録免許税）などは，設立費用の範囲には含まれない（28条4号カッコ書，会社則5条）。

　変態設立事項には各々特有の危険があるため，定款の相対的記載事項として開示するほか，募集設立では株式申込人に各事項を通知して（59条1項2号），警戒を促す必要がある。また変態設立事項は原則的に，裁判所が選任する検査役の調査対象とされ（例外につき33条10項・11項参照），その調査結果の報告を受けた裁判所には，不当と認めた事項の変更を決定する権限がある（同条1～7項）。発起人もその報告の写しを入手し，裁判所の変更決定を受けて対応措置をとることができる（同条8項・9項）。募集設立の場合は，発起人が検査役の調査結果を創立総会に提出し（87条2項1号），創立総会の判断で定款を変更して不当な事項を是正することもできる（96条）。

❷ 設立時株主の確定と出資の履行

（1）設立時発行株式に関する事項の決定

[3-2-10]　　　設立時発行株式に関する諸事項のうち，株式の払込金額に応じて定

まる設立時出資財産の価額またはその最低額だけは，定款の絶対的記載事項である（27条4号）。その他の発行事項は，定款作成後の情勢変化に柔軟に対応できるよう，定款に記載せず発起人の決定に委ねることができる。ただし，発起人が割当てを受ける設立時発行株式の数や払込金額，会社の資本金や資本準備金の額などは，定款所定事項と同等の重要性があるため，発起人全員の同意で決めなければならない（32条1項）。発行可能株式総数も当初の定款に盛り込む必要はないが，設立登記の申請までには，発起人全員の同意で発行可能株式総数を定款に明記しなければならない（37条1項）。変態設立事項の変更とともに，公証人の認証を経た定款の変更が認められる例外事例の1つである（**3-2-7**）。

　設立時発行株式の全部を発起人に割り当てないときは，残部の引受人を募集するため，発起人全員の同意で募集設立の手続に入り（57条），同じく全員の同意で設立時募集株式の数と払込金額・払込期日または払込期間を定めなければならない（58条1項・2項）。何回かに分けて募集をするときは，その都度これらの決定を行い，しかも払込金額その他の募集条件は各募集ごとに均等に定めなければならない（同条3項）。

(2) 設立時発行株式の引受け

[**3-2-11**] 　発起人は，法律上の義務および発起人組合契約上の債務として（25条2項，民667条1項）株式の引受義務を負う。具体的には，各発起人に割り当てる設立時発行株式の数を全員で決めたとおりに（32条1項1号）引き受けなければならない。募集設立の際は，発起人が引き受けなかった残部について引受人が募集される。募集の方法は公募でも縁故募集でもよいが，いずれの方法でも，発起人は申込みをしようとする者に対し，発起人の出資履行後に，定款の絶対的記載事項と変態設立事項，設立時発行株式に関する法定事項，発起人の出資財産価額，払込取扱銀行の場所などを通知しなければならない（59条1項・2項，会社則8条，なお59条5〜7項参照）。この通知を受けて申し込む者は，自己の名前・住所と引受株式数を書面に記載して発起人に交付するか，または発起人の承諾を得てそれらの情報を電磁的記録で提供しなければならない（同条3項・4項）。後日の紛争に備えて確実に証拠を残すためである。

　申込みを受けた発起人は，申込人のなかから設立時募集株式を割り当てる相手を選び出し，各自に割り当てる株式数を定めなければならない（60条1項前段）。

その際，どんな基準や方針で割り当てるかは発起人の自由であり（**割当自由の原則**），申込人が伝えてきた引受株式数より少ない数の株式を割り当てることもできる（同項後段）。こうして申込みに対する割当てがあると株式の引受けが成立し，申込人は割り当てられた数の設立時募集株式の引受人となって（62条1号）払込義務を負う。なお，以上の募集手続は，1人または複数の者で設立時募集株式の総数を引き受ける旨の契約（**総数引受契約**）が結ばれるときは適用されない（61条）。総数引受けの場合も含めて，株式引受けをなるべく有効に保つため，設立時発行株式の引受契約については，意思表示の瑕疵による無効・取消の制限が設けられている（51条1項2項・102条5項6項，**2-4-7**（商業登記の補完的効力）参照）。

（3）出資の履行

[**3-2-12**]　発起人は設立時発行株式の引受後遅滞なく，その払込金額全額を払い込み，または現物出資財産の全部を給付しなければならない（34条1項本文）。また設立時募集株式の引受人は，払込期日または払込期間内に（58条1項3号）払込金全額を払い込まなければならない（63条1項）。どちらの場合も，金銭の払込みは所定の払込取扱銀行店舗で行う（34条2項・63条1項，会社則7条）。払込みを受けた銀行は，設立登記の添付書類請求に応じて，発起設立なら払込みの事実を証する書面（払込金受入証明書や発起人名義の預金通帳の写し等）を，募集設立なら払込金保管証明書を発起人に交付しなければならない（64条1項，商登47条2項5号）。発起設立の際に交付される書面は，払込みがあった事実を証明するだけで，その交付を得た後，発起人は払込金をいつでも引き出せる。他方，保管証明書は払込金の保管状態を証明するもので，それを交付した払込取扱銀行は，成立後の会社に対し証明内容どおりの責任（払込金全額の払戻責任：**保管証明責任**）を負う（64条2項）。保管証明書のおかげで，募集設立の場合には，設立時募集株式の引受人の出資分を含む払込金全額が銀行預金として会社成立時まで確保される。

　発起人の現物出資に関しては，その現物財産の種類次第で，不動産の登記（民177条）や特許権・著作権の移転登録（特許98条1項1号，著作77条1号），株式の名義書換（130条）など，対抗要件の具備手続を要する場合がある。会社が設立登記により法人となるまでは，会社名義での登記・登録等が不可能なため（**1-1-10**），現物出資給付の対抗要件を具備するには発起人の名義によるしかない。しかし，それでは会社成立後に改めて会社名義に移す手間と二重の経費がかかる。そこ

で，現物出資の対抗要件については，発起人全員の同意でそれを会社成立後まで先延ばしする便法が許される（34条1項但書）。

[3-2-13] 　Step Ahead　 手続的には払込取扱銀行への払込みが済んでいても，実質的には成立後の会社が自由に払い出せる預金を欠く場合がある。いわゆる**仮装払込み**の問題であり，その最悪の手口は，発起人等と払込取扱銀行が通謀して帳簿操作のみにより（現金の移動なく）銀行から発起人等への貸付と発起人等から銀行への払込みを仮装する**預合**である（最判昭42・12・14民集21・10・1369〔百選A44事件〕）。これは刑事犯罪であり（965条），銀行は貸金の返済がない限り払込金の返還に応じない旨の特約をしておくのが常である。しかし，この特約は募集設立の場合の保管証明責任で無力化されたため（64条2項），もはや預合に応じる銀行はない。それに代わるのが**見せ金**の手口である。預合と異なり，発起人等が他から借金して払込取扱銀行に実際に払い込み，会社成立後すぐに代表者がそれを引き出して発起人等に貸し付け，借金の返済に充てさせることで，一連の偽装工作が完結する。結局，会社に残るのは発起人等への貸付債権だけである。実質的には，払込前の出資請求権（金銭債権）しかなかった段階と同じく，金銭債権のみという状況になる。資本金額に相当する会社財産の充実は欠いたままである。払込仮装の意図という不法な動機さえ認定できれば，形ばかりの払込みを無効とするのは自然な考え方である。そこで，会社成立から借金返済までの期間の長短，払込金が会社の運用資金とされた事実の有無，発起人への貸付が会社の資金関係に及ぼす影響等々，間接事実の積み重ねで仮装の意図を推認し，払込みを無効と解するのが判例の立場である（最判昭38・12・6民集17・12・1633〔百選7事件〕）。　Step Ahead

❸ その後の手続

（1）発起設立の場合

[3-2-14] 　発起設立では，発起人の出資履行完了後，遅滞なく**設立時役員等**の選任手続に進む。ここでの設立時役員等とは，設立時取締役・設立時会計参与・設立時監査役・設立時会計監査人をいう（39条4項）。選任される設立時役員等の構成は当該株式会社の機関設計によって異なるが（38条2項・3項，なお設立時役員等の人数につき39条1～3項参照），設立時取締役は必ず選任しなければならない（38条1項）。設立時役員等の具体的な顔ぶれを定款で定めてあれば（誰々が取締役

になる等：定款の任意的記載事項），出資履行の完了後その定めどおりに設立時役員等が就任し（同条4項），個別の選任手続を要しない。選任された設立時取締役は（監査役設置会社では設立時監査役も），選任後遅滞なく法定事項その他の設立手続を調査し，法令定款違反や不当な事項があれば発起人に通知すべき義務を負う（46条1項・2項，なお指名委員会等設置会社につき同条3項参照）。

　設立時役員等の選任は，発起人の出資が済んだ設立時株式1株につき1議決権として，その過半数をもって行うのが原則である（40条）。発起人は会議体機関ではなく，集まって協議せずに持ち回り方式で決定することもできる。発起人は設立時役員等を会社成立時までいつでも解任できるが（42条），そのうち特に設立時監査役の解任には，議決権の過半数ではなく3分の2以上の多数による決定が必要である（43条：監査役の地位の独立性強化，他の特則につき44条参照）。

(2) 募集設立の場合

[3-2-15]　募集設立では，払込期日または払込期間（58条1項3号）末日のうち最も遅い日以後，遅滞なく**創立総会**を開催しなければならない（65条1項，3-2-1）。創立総会は，発起人と設立時募集株式の引受人からなる設立時株主（3-2-3）の会議体であり，いわば株主総会の前身にあたる。その権限事項は定款変更や設立の廃止その他の設立に関する基本的事項に限られ（66条・73条4項），その意味で，創立総会は設立中の会社における最高かつ非万能の意思決定機関である。なお，種類株式発行会社（2条13号）の設立では，特定種類の設立時発行株式の引受人からなる種類創立総会の決議を要することもある（84〜86条，会社則17条）。

　創立総会の招集権は発起人にある。発起人は創立総会の日時・場所・議題（会議の目的事項）等を招集決定の一環として定め（67条，会社則9条），原則として開催日の2週間前までに，それらの事項を記した書面または電磁的方法により，設立時株主に対し招集通知を発しなければならない（68条）。ただし，招集決定の際に書面投票も電子投票（67条1項3号・4号）も認めておらず，かつ設立時株主全員の同意があれば，招集手続を省略して創立総会を開くこともできる（69条）。創立総会では，設立時発行株式1株につき1議決権という原則に従い（72条，会社則12条），資本多数決制がとられる（3-1-3）。創立総会の決議は，株主総会の特別決議（309条2項）相当の厳重な多数決要件に服する（73条1項）。株主総会の特殊決議（309条3項，3-3-29）に相当する場合や（73条2項），設立時株主全員の同

意を要する場合もある（同条3項）。

　創立総会ではまず発起人から，設立に関する諸事項が報告される（87条）。次に，創立総会は設立時役員等を選任し（88条，なお89条・会社則18条参照），設立時取締役（設立時監査役も：以下この段落で同じ）が設立手続を調査した後，その調査結果の報告を受ける（93条1項・2項）。議場で設立時株主から調査事項の説明を求められれば，設立時取締役は必要な追加説明をしなければならない（同条3項）。設立時取締役中に発起人がいるときは，調査の実効性を期して，創立総会は別に調査の担当者を選任し調査・報告させることもできる（94条）。また設立時株主から特定事項の質問があれば，発起人も創立総会の場で当該事項につき必要な説明の義務を負う（78条，会社則15条）。これらの報告や説明に基づき，創立総会は不当な変態設立事項の変更や設立廃止の決議など（73条4項但書）その権限を適正に行使することが期待される。

(3) 代表者の選定と設立登記

[3-2-16]　取締役会非設置会社では，原則として取締役に会社の業務執行権と代表権があるため（348条1項・349条1項），取締役会非設置会社を設立するときは設立時取締役さえ選任すれば，その者が会社成立と同時に会社の代表権者となる。これに対し，取締役会設置会社を設立するときは，発起設立なら発起人の多数決で，また募集設立なら創立総会の決議で，いずれも3人以上の設立時取締役を選任した後（39条1項），さらに代表権者となるべき者を選ぶ手続が進められる。すなわち，設立時取締役の過半数をもって，㋐監査役設置会社と監査等委員会設置会社では設立時代表取締役を選定し（47条），㋑指名委員会等設置会社では設立時委員の選定および設立時執行役の選任を行い，後者のなかから設立時代表執行役を選定しなければならない（48条）。それらの選定または選任された者は，会社成立時までいつでも設立時取締役の過半数をもって解職または解任することができる（47条2項3項・48条2項3項）。

[3-2-17]　設立時取締役等が設立手続を調査して何も問題がなければ，社団の実体も整い，あとは設立登記を申請して会社を成立させるばかりである。設立登記は，会社を代表すべき者，すなわち取締役会非設置会社では原則として設立時取締役，指名委員会等設置会社では設立時代表執行役，その他の取締役会設置会社では設立時代表取締役が申請する（商登47条1項）。その申請には，登録免許税

の納付と法定の必要書類の添付を要し（同法47条2項），そのいずれかを欠けば申請は却下される（同法24条7号・15号）。

　株式会社の設立登記は，本店所在地の登記所で（**2-4-1**），発起設立なら調査終了の日か発起人の定めた日のうち遅い方から2週間以内に，また募集設立なら創立総会の終結日等のうち最も遅い日から2週間以内に，しなければならない（911条1項・2項）。会社の設立登記には，商業登記一般の公示力（908条，**2-4-2**，**2-4-3**）はない一方，創設的効力・補完的効力等の特殊な効力がある（**2-4-7**）。

§3 ── 設立関与者の民事責任

❶ 資本充実責任

[**3-2-18**]　　資本会社である株式会社には（**3-1-1**），資本金額（445条1項）に相当する財産が出資の履行によって拠出されなければならない（**資本充実の原則**）。それを欠けば**資本の空洞化**が生じると表現される。現物出資の過大評価（**3-2-9**）や仮装払込み（**3-2-13**）があると，まさに資本の空洞化となり資本充実が害される。成立する会社の財産的基礎を確保し，取引社会全体の安全を図るには，発起人らに**資本充実責任**として無過失責任を課すのも一策ではある。しかし，それでは過酷だとして，責任追及には過失の立証を要しないが，反対に無過失を立証すれば免責される，という「立証責任の転換された過失責任」が導入されている。

　第一に，現物出資や財産引受の定款記載額（28条1号・2号）と比べて目的財産の実価が著しく不足するとき，発起人と設立時取締役は連帯してその不足額を支払わなければならない（52条1項）。**不足額填補責任**（財産価額填補責任）と呼ばれるが，これには免責事由の定めがある。1つは変態設立事項として検査役調査（33条）を経たことであり（同条2項1号），もう1つは発起人らが職務上の無過失を立証できたことである（同項2号）。ただし，募集設立のときは，設立時募集株式の引受人を保護する趣旨にもとづき，たとえ発起人らが自己の無過失を立証しても免責されない（103条1項）。また現物出資者または財産引受の譲渡人である発起人には，どちらの免責事由も適用されない（52条2項カッコ書）。なお，現物出資や財産引受に関する検査役調査の例外事由として（33条10項3号），定款記載額が相当である旨を証明した専門家も同じく不足額填補責任を負うが，ここでも

当該証明につき無過失を立証すれば免責される（52条3項）。

　第二に，発起人または設立時募集株式の引受人が出資の履行を仮装したことに伴う関与者（発起人・設立時取締役）の出資全額支払義務（52条の2第2項本文・103条2項本文，会社則7条の2・18条の2）も，性質上は資本充実責任といえる。この場合，出資履行を仮装した当人は，たとえば見せ金による払込みを無効とする判例法理の下で，既存の出資義務を負ったままである（52条の2第1項・102条の2第1項，*3-2-13*）。そして，この本来の出資義務と連帯して負わされるのが，仮装に関与した発起人らの支払義務である。この支払義務にも免責事由があり，関与者が職務上の無過失を立証すれば支払を免れる（52条の2第2項但書・103条2項但書）。なお，本来の出資義務または関与者の支払義務が履行されない間は，設立時株主としての権利も，会社成立後の株主としての権利も行使できない（52条の2第4項，102条3項：全額払込主義の現れ，*1-2-3*参照）。

❷ 任務懈怠責任

[*3-2-19*]　　発起人は，設立中の会社の執行機関として法定の任務を有する。また設立時取締役と設立時監査役には設立手続の調査機関としての任務があり（46条・93条），設立時取締役はさらに（設立される会社の機関設計次第で）設立時代表取締役・設立時執行役・設立時代表執行役の選定・選任（解職・解任）など法律・定款所定の任務を負う（*3-2-16*）。これらの者が自己の任務を怠ったときは，その任務懈怠と会社の損害との間に相当因果関係がある限り，会社に対して損害賠償責任を負う（53条1項）。これは任務を「怠った」ことによる過失責任であるが，その任務懈怠について悪意・重過失があれば，それと相当因果関係のある第三者の損害についても賠償責任を負う（同条2項）。これらの責任を負う者が複数いるときは，連帯責任を負うものとして（54条），被害者救済の強化が図られる。

❸ 疑似発起人の責任

[*3-2-20*]　　会社法上，発起人の職務や責任を担うのは，定款に発起人として明記された者（形式的意義の発起人：*3-2-2*）だけである。ところが，定款上は発起人でないのに，募集設立の株式募集広告などに設立賛助者として自己の氏名が載るのを承諾した者は，外観上あたかも発起人として責任を負うようにみえる。そ

こで，真実と異なる外観への信頼を保護する法理（権利外観法理，**2-1-4**）に基づき，上記の承諾を与えた者（**疑似発起人**）に対しては，発起人の民事責任に関する諸規定がすべて適用される（103条4項）。ただし，疑似発起人には発起人としての任務がないため，果たして発起人の任務懈怠責任まで負わせる余地があるのかどうか，理論的には疑問が残る。

❹ 責任の追及と免除

［3-2-21］　発起人や設立時取締役・設立時監査役が負う民事責任に関しては，責任追及のための**株主代表訴訟**が認められる（847条）。この代表訴訟を提起する権利は，持株が1株でも行使可能な単独株主権（**3-4-4**）である。株式保有期間の定めはあるが（同条1項・2項），それさえ充たせばどの株主でも代表訴訟を提起できる。各株主に責任追及訴訟の提起権が認められることの反面において，発起人・設立時取締役・設立時監査役の責任を免除するには総株主の同意が必要である(55条)。

§4 ──設立の瑕疵

❶ 会社の不成立

［3-2-22］　会社の設立手続が途中で終わり，設立登記にまで至らない場合を**会社の不成立**という。たとえば創立総会が設立廃止の決議をすると（66条・73条4項但書），会社の不成立が確定する。会社が不成立で法人格を欠くことは，誰でも・いつでも・どんな方法でも（裁判外でも訴訟上の抗弁としてでも）主張できる。その場合，会社設立のために支出された経費や，設立に必要な行為に基づく未払債務は，すべて発起人全員が連帯して負担する（56条）。募集設立のときは，設立時募集株式の引受人も出資者であるが，設立経費は発起人のみが負担し，引受人には払込金全額を返還しなければならない。

❷ 設立無効の訴え

［3-2-23］　会社の設立過程に瑕疵があって，会社成立後にその瑕疵が主張されるとどうなるか。設立の際に遵守すべき手続を法定した準則主義（**3-2-1**）の見地からは，法定手続に反する会社設立は当然無効となりそうである。しかし他方

で，設立途上において発起人が幾多の行為を重ね，また会社成立後も反復的・継続的に企業活動が展開されるため，会社をめぐる集団的法律関係の安定にも配慮する必要がある。そこで会社法は，設立登記でいったん有効に成立した会社を解散に準じて清算に追い込む**設立無効の訴え**という制度を設け，その制度の枠内で上記2つの考量を調整することとした。設立無効は別名「**準解散**」とも呼ばれる。

設立無効の判決は，その確定時から将来に向けて効力を生じ（828条1項1号・839条），会社の清算開始事由となる（475条2号・644条2号）。性質上は形成判決に属する。設立無効の訴えには手続的制約があり，会社成立の日から2年以内に（提訴期間の制限：828条1項1号），株主・取締役・監査役・執行役・清算人のみが提訴できる（提訴権者の制限：828条2項1号）。また設立無効の主張は訴訟提起の方法でしか行えず（主張方法の制限：828条1項柱書），裁判外での主張も訴訟上の抗弁としての主張も何ら効果がない。提訴期間や提訴権者の制限に反するときは，訴訟要件を欠くため訴えは却下され（民訴140条），設立手続に法的瑕疵があっても設立は有効なままである。これらの手続的制約により，設立無効の事例は相当に制限される。また，この訴えを含む「**会社の組織に関する訴え**」（834条1項）については，株主の濫訴を防ぐため，裁判所が原告株主に**担保提供命令**を出すこともある（836条1項）。

設立無効の請求認容判決が確定すると，その判決の効力は訴訟当事者以外の第三者にも広く及ぶ（**対世的効力**：838条）。会社をめぐる法律関係の集団性・大量性に鑑み，法律関係の画一的確定を図るための工夫である。また設立無効判決には将来効しかなく（839条），遡及効がないため**既往関係の尊重**も図られる。

設立無効の原因（瑕疵の種類）については，法律に具体的な定めがなく，解釈で個々に判断するしかない。社員の人的要素が重要な持分会社では，社員による出資引受けの取消等の「主観的事由」による設立取消の訴えも認められるが（832条），物的要素中心の株式会社では（*3-1-1*），株主個々の主観的事由を会社設立全体の無効原因と解することはできない。株式会社の設立無効原因は客観的事由に限られるし，法的安定性の見地を加味すれば，相当重大な瑕疵のみが無効原因になると解すべきである。たとえば，定款の絶対的記載事項を欠くとき，公証人の定款認証を欠くとき，発起人全員の同意なく設立時発行株式に関する事項を決めたとき，出資財産の総額が定款所定（最低額）に満たないとき，発起人が1株も引き受けていないとき，募集設立に不可欠な創立総会が不開催のときなどが無効原因にあたる。

CHAPTER *3* ──機 関

§1──機関総論

■ 法人と機関

［*3-3-1*］　会社は法人であるため（3条），その構成員である社員（株式会社の場合には株主）から独立して法律関係を処理することができる（*1-1-10*）。しかし，会社は，自然人のように頭脳や肉体を持っているわけではないので，自分で意思決定や行為をすることができない。そこで，会社の意思決定や行為は，ある一定の地位にある自然人が行う必要があり，そのような地位にある者またはそれらの自然人から成る会議体のことを**会社の機関**という。そして，機関を構成する者がその権限の範囲内でした行為の効果は，会社に帰属することになる。機関の種類は，担当する任務によって異なり，具体的には，意思決定・執行・代表・監督・監査などを行う機関がある。

■ 機関の分化

［*3-3-2*］　規模の大きな会社では株主が多数に上るため，一般の株主たちは，会社経営に直接関与することよりも，むしろ剰余金の配当や株価の値上がりによる株式の売却益に対して関心を強くもつようになる。そのため，会社経営については，株主ではなく経営の専門家である取締役に任せることは合理的であり，その方が所有者たる株主たちの利益にも適うといえる。その一方で，このように**所有と経営が分離**（*3-1-1*）している会社においては，取締役が自身の利益を追求するなど，株主利益の最大化以外の目標を追求する危険がある。そこで，従来，株主総会の他に，取締役の行為を監視するものとしての取締役会や監査役は，会社における必置の機関とされていた。しかし，わが国の現実としては，同族的な規模の小さい会社が圧倒的に多いため，平成17年改正法により**機関設置の柔軟化**

が図られ，**非公開会社**(*3-1-6*，*3-1-7*)においては，必置の機関は株主総会と取締役で足りることになり，それ以外の機関を設置するか否かは各会社の自治に委ねられることになった（*3-1-3*・§7参照）。これに対して，**公開会社**（2条5号，*3-1-6*，*3-1-7*）は，規模が大きくなることが想定されているため，経営の効率化および監視の強化という観点から，取締役会を設置しなければならない（327条1項1号）。**取締役会設置会社**（2条7号）は，経営者の監視体制をどのように構築するかによって，**監査役設置会社**（同条9号），**監査等委員会設置会社**（同条11号の2），そして，**指名委員会等設置会社**（同条12号）に大きく分かれている（§3，§8〜§10参照）。また，公開会社が**大会社**（同条6号）である場合には，事業が複雑多岐に分かれており，また，その社会的影響力が大きいことに鑑み，経営者に対する監視体制はさらに強化されている（328条，*3-1-8*）。

§2——株主総会

■ 本節で取り扱う株主総会

　本節（§2）では，取締役会設置会社および取締役会非設置会社の株主総会に共通する事項についても取り扱うが，基本的には，取締役会設置会社の株主総会を念頭に置き，取締役会非設置会社の株主総会に特有な事項については，本章第7節（§7）で取り扱うことにする。

■ 株主総会の意義・権限

[3-3-3]　　株主総会は，会社に出資した株主によって構成され，会社としての意思を決定するための必要的機関である。会社の構成員である株主たちが会社の意思を決定するのが本来の姿であるといえるが，会社の規模が大きくなると，すべての事項を株主総会で決定することは合理的・効率的ではない。そこで，取締役会設置会社においては，株主総会は，会社法に規定する事項および定款で定めた事項に限って決議することができるとされている（295条2項）。判例の中には，非公開会社における代表取締役の選定（*3-3-100*）については，取締役会決議によるほか，株主総会決議によっても定めることができる旨の定款規定を有効としたものがある（最決平29・2・21民集71・2・195〔百選41事件〕）。

株主総会の決議事項として定められているのは，㋐会社の機関（取締役，監査役等）の選任・解任に関する事項（329条1項・339条1項），㋑会社の基礎的変更（定款変更，合併，解散等）に関する事項（466条・783条1項・795条1項・804条1項・471条3号），㋒剰余金配当や株式併合等のように株主の重要な利益に関する事項（454条1項・180条2項），㋓取締役の報酬決定等のように会社経営者による専横の防止に関する事項（361条1項）などである。

　上記㋐で示したように，経営者たる取締役を選任するのは株主総会であることから，その意味において，株主総会は**最高の意思決定機関**であるといえる。そこで，上記㋐～㋓のような株主総会の法定決議事項については，取締役・執行役・取締役会その他の株主総会以外の下位機関が決定することができる旨を定款に定めたとしても，そのような定款規定は無効である（295条3項）。

　また，取締役会設置会社における株主は，会社との関係が希薄であることが想定されるため，株主総会の目的（議題）について日頃から熟知しているとは考えにくい。そこで，株主総会では，招集権者が議題を定めて株主に通知した事項以外について，原則として決議することができない（309条5項）

❸ 株主総会の招集
（1）招集手続の意義

［**3-3-4**］　会社の意思決定を行うための会議が開催されることを明確にするために，法は株主総会の招集手続について定めている。もっとも，株主総会の招集手続の実質的な意義は，その構成員である株主に出席の機会と準備の時間を与えることにある。そのため，株主が1人しか存在しないいわゆる**一人会社**では，その株主が出席すれば招集手続がとられなくても，株主総会の成立が認められている（最判昭46・6・24民集25・4・596）。

　また，株主全員が開催に同意して出席した場合には，招集手続がなされなくても，株主が準備時間の確保という利益を自ら放棄することは差し支えないので，そのようないわゆる**全員出席総会**による決議も有効に成立すると解されている（最判昭60・12・20民集39・8・1869〔百選27事件〕）。法は，このような判例の趣旨に従い，株主全員の同意があれば招集手続を経ることなく，株主総会を開催することを認めている（300条）。

(2) 招集時期

[3-3-5]　　株主総会は招集時期によって定時株主総会と臨時株主総会とに分かれている。**定時株主総会**は，毎事業年度終了後一定の時期（決算期日を基準日に定めた場合には，その日から3か月以内（124条2項））に招集しなければならない（296条1項）。定時株主総会では，取締役は計算書類および事業報告を提出し，計算書類についてはその承認を受け(438条2項。報告で足りる場合もある(439条参照)。)，事業報告についてはその内容を報告しなければならないが（438条3項，**3-6-5**），それら以外の事項（たとえば，取締役の選任，定款変更，合併等）を定時株主総会の議題とすることはできる。また，必要がある場合には，株主総会はいつでも招集することができるが（296条2項），これを**臨時株主総会**という。

(3) 招集手続

[3-3-6]　　株主総会を招集するためには，取締役会は，株主総会の招集事項，すなわち，日時・場所，株主総会の目的（議題），書面等による議決権行使を認める場合にはその旨等を決定しなければならない（298条1項・4項）。取締役会設置会社の株主総会においては，取締役会で決定された議題以外の事項について決議することができないので（309条5項，**3-3-3**），議題を必ず決める必要がある。代表取締役が取締役会の決定を執行する形で総会を招集するが，経営に関与していない株主が多数に上ることが想定される取締役会設置会社では，通知漏れを防ぐとともに株主の準備の機会を確保するために，招集通知は招集事項を記載した書面により株主総会の日の2週間前までに株主に対して発しなければならない（299条1項・2項2号・4項）。

　取締役の選任が議題となる場合，株主は選任される取締役の数によって累積投票を会社に請求するかどうかを決めるため（342条，**3-3-44**），招集通知の記載からその数が分かるようにしておくことが必要である（最判平10・11・26金判1066・18〔百選A8事件〕）。また，取締役の解任が議題となる場合には，必然的に特定の取締役についての決議になるため，あらかじめ対象となる取締役を招集通知に明示しておくことが必要である（名古屋高判平25・6・10判時2216・117）。

　なお，取締役は，書面による通知の発出に代えて，株主の承諾を得て，電磁的方法により通知を発することができる（299条3項）。この点につき多くの会社では，メールで招集事項を通知してもらうことを希望する株主は，会社のホーム

ページにアクセスし，自分の氏名やメールアドレス等の必要事項を登録するという仕組みをとっている。

(4) 総会資料の電子提供制度

[**3-3-7**]　令和元年会社法改正により，総会資料の電子提供制度が新設された。この制度をとる旨を定款で定めた会社の株主は，総会の日の3週間前の日または総会招集通知を発した日のいずれか早い日（電子提供措置開始日）から，その会社のホームページ等にアクセスすることにより，株主総会招集時の決定事項，株主総会参考書類の記載事項，議決権行使書面の記載事項等（電子提供措置事項）の提供を受けることができる（325条の2，325条の3）。この制度により，株主は早期に総会情報の提供を受けることができるようになるが，会社としても総会資料の印刷・郵送にかかる作業負担や費用を軽減することができる。

　なお，この制度を採用した会社は，電子提供措置開始日から株主総会の日の後3か月を経過するまでの間（電子提供措置期間），継続して電子提供措置をとらなければならないが（325条の3第1項），この期間中にこの措置の中断が生じれば，原則として電子提供措置は不適法ということになる。しかし，そのような場合に常に電子提供措置を無効とし，総会招集手続の法令違反（831条1項1号，**3-3-35**）とすることは，会社にとって酷であり，また，株主を無用に混乱させることになる。そこで，電子公告制度（940条3項，**2-4-8**）と同様に，一定の要件を満たした場合には，電子提供措置の効力に影響を及ぼさないこととする救済措置が設けられている（325条の6）。

(5) 少数株主による招集請求

[**3-3-8**]　一定の要件を満たした株主は，取締役に対して，議題および招集の理由を示して，株主総会の招集を請求することができる（297条）。この権利は，主に，会社側が株主総会の開催を怠っているような場合に行使されることが想定されているが，会社運営に大きな影響を与え得るこのような権利が濫用的に行使されることを防止するために，**少数株主権**（**3-4-4**）とされている。すなわち，招集請求できる株主は，総株主の議決権の100分の3以上の議決権を有していなければならず，さらに，株式を保有している期間が短い場合には，株主が濫用的に権利行使する危険が少なくないため，公開会社では，6か月以上の株式保有期間の要件が課されている（297条1項）。なお，このような要件を満たした株主が

招集請求をしたにもかかわらず，一定期間内に招集通知が発せられないときは，請求をした株主は，裁判所の許可を得て自ら株主総会を招集することができる（同条4項）。

❹ 株主提案権

（1）意　義

[3-3-9]　　株主総会でどのような事項を議題とするかは，取締役会が決定する（298条1項2号・4項）。取締役選任決議の場合には，「取締役選任の件」が議題であるが，その議題に関する具体的な提案（議案）—たとえば，「Aを取締役の候補者とする」—についても，基本的には取締役会が決定することになる。そのため，株主が自ら望む事項を株主総会の議題とするためには，少数株主による株主総会の招集請求権（297条，3-3-8）を行使するという方法もあるが，緊急にそれを決議する必要がないのであれば，そのためだけにわざわざ株主総会を招集することは煩雑である。そこで，株主の目的が単に株主総会における議題または議案の提出にある場合には，より緩和された少数株主権の要件の下で，代表取締役が招集する株主総会において，その目的を達成することを可能とする株主提案権という制度が認められている。

（2）議題提案権

[3-3-10]　　定款で要件を緩和することはできるが，会日の8週間前までに，総株主の議決権の100分の1以上もしくは300個以上の議決権を6か月前から引き続き有する株主は，取締役に対して一定の事項を株主総会の議題とすることを請求することができる（303条2項）。このような権利を広く認めると濫用のおそれもあるため，**少数株主権**（3-4-4）とされている。なお，適法な株主の提案を会社が無視したときには，その議題についての決議がない以上，総会決議の取消しの問題は生じないが（東京地判昭60・10・29金判734・23），取締役等に対して過料の制裁が科される（976条18号の2）。

（3）議案提出権・議案通知請求権

[3-3-11]　　議決権を行使することができる株主であれば誰でも，株主総会の場で議題とされている事項について自らの議案を提出することができる（304条）。これは一般的に**動議**と呼ばれている。また，株主は取締役に対して，自己が株主

総会に提案しようとする議案の要領を株主に通知することを請求することができる（305条1項）。株主としては，会社の費用負担で会日前に自己の提案を他の株主に知ってもらうことができる点がメリットである。この権利も少数株主権（**3-4-4**）であり，その持株要件や保有要件については，上記(2)議題提案権（**3-3-10**）で述べたことがここでも当てはまる（同項但書）。なお，議案が法令もしくは定款に違反する場合，または，実質的に同一の議案につき株主総会において総株主の議決権の10分の1以上の賛成を得られなかった日から3年を経過していない場合，株主は議案提出権および議案通知請求権を行使することができない（304条但書・305条6項）。

　近年，1人の株主により膨大な数の議案が提案されたり，会社を困惑させる目的で議案が提案されたりするなど，株主提案権が濫用的に行使される事例がみられた。そこで，令和元年会社法改正により，取締役会設置会社における株主が議案通知請求権を行使して同一の株主総会に提出しようとする議案の数が10を超えるときは，会社は10を超える部分の議案に関する議案通知請求権の行使を拒絶することができるようになった（305条4項前段）。この場合における議案の数え方については，役員等の選任・解任に関する議案，会計監査人の不再任に関する議案は，それぞれ当該議案に関する役員等の数にかかわらず，1つの議案とみなされる（同項1号～3号）。また，定款変更に関する議案が複数提出されている場合，議決の内容により相互に矛盾する可能性のある議案については，1つの議案とみなされる（同項4号）。

⑤ 株主総会の議事運営

（1）議　長

[**3-3-12**]　　会議体としての性質上，株主総会には議長が必要である。実務においては，定款で，「株主総会の議長には社長があたり，社長に事故あるときはあらかじめ取締役会で定めた順序に従い他の取締役がこれに代わる」旨を定めているのが一般的である。定款にそのような定めがなければ，株主総会で議長を選出することになる。議長は議事を円滑に進める必要があるため，総会の秩序を維持し整理する権限（**議事整理権**）を有するとともに（315条1項），その命令に従わない者やそのほか総会の秩序を乱す者を退場させる権限（**秩序維持権**）を有してい

る（同条2項）。

　株主総会の議事運営については，会社法上特に規定は置かれていないため，定款で定めるか，会議に関する一般の慣行に従うことになる。通常，株主総会は，冒頭で議長が出席株主の資格や決議に必要な定足数が満たされている旨を報告して，開会を宣言する。そして，審議については，議案の提案者が提案理由等を説明した後に質疑応答がなされる形で進行するのが慣行である。株主総会の議事運営については，基本的に会社の裁量に任されているが，会社は，同じ株主総会に出席する株主に対しては，合理的な理由のない限り，同一の取扱いをしなければならない（最判平8・11・12判時1598・152参照〔百選A11事件〕）。

　株主から，休憩や質疑打切りの動議が提出された場合には，これらは議長の議事整理権の範囲内の事柄であるので，議長自ら判断することができる。これに対して，総会資料の調査者の選任（316条），会計監査人の出席要求（398条），総会の延期・続行（317条）の動議が提出された場合には，議長は必ず総会に諮らなければならない。このような議事進行動議は，議場の出席議決権の過半数をもって行われる。

（2）延期または続行

[**3-3-13**]　　株主総会が紛糾したり，あるいは会場の都合や自然災害などにより，審議が終了しないこともあり得る。そのような場合には，株主総会において延期または続行の決議をすることができる（317条）。**延期**とは，議事に入ることなく，株主総会の会日を後日に変更することをいい，**続行**とは，議事には入ったが，審議が終了しないために後日に審議を継続することをいう。これらの決議は，議事の運営に関するものであるから，招集通知に議題として記載されることはないが，必要に応じて行うことができる。なお，後日開催される総会（一般に，延期の場合には延会，続行の場合には継続会と呼ばれている。）は前の総会と一体のものとみなされているため，会社法上の招集手続（298条・299条，**3-3-6**）を再度とる必要はない（317条）。

（3）取締役等の説明義務

[**3-3-14**]　　取締役，会計参与，監査役および執行役は，株主総会において，株主から特定事項についての説明を求められた場合，その事項について必要な説明をしなければならない（314条本文）。会議体の構成員が議題に関して質問するこ

とができるのは当然であるが，このような質問権をいわば裏から保障することを目的として，**取締役等の説明義務**が定められている。ただし，㋐株主総会の目的事項に関しない場合，㋑説明することにより株主共同の利益を著しく害する場合，㋒その他の正当な理由がある場合（会社則71条参照）には，説明を拒絶することができる（314条但書）。

　実務では，株主が株主総会の日より相当期間前に説明を求める事項を会社に対して通知すること（**事前質問書の提出**）が，しばしば見受けられる。しかし，取締役等の説明義務は，株主総会において株主から説明を求められた場合に初めて生ずるものであり（314条），事前質問書は，その質問事項について，「調査をすることが必要である」ことを理由に説明を拒絶することができなくなるという効果を生じさせるにすぎない（会社則71条1号イ）。この点に関して実務では，質疑応答に入る前に事前質問事項についてあらかじめ一括して回答することがあるが，説明の方法については特に規定が設けられていないため，**一括回答**をすること自体が違法となるわけではない（東京高判昭61・2・19判時1207・120〔百選32事件〕，最判昭61・9・25金法1140・23）。もっとも，質問を待たずになされるこのような一括回答を，314条における説明義務の履行と全く同一視することはできないが，これに関する質問が総会でなされたときに，すでに行った一括回答のとおりである旨を説明すれば，取締役等はこの義務に違反したとまではいえない。

　なお，取締役等が，株主の質問に対して正当な理由なく説明を拒絶した場合，または，十分な説明がなされなかった場合には，説明義務違反として決議方法の法令違反に該当し，**総会決議の取消事由**となる（831条1項1号，**3-3-35**）。これに関して，取締役等はどの程度の説明をすればよいのかが問題となるが，平均的な株主が議決権行使の前提として，合理的な理解および判断を行い得る程度の説明をすればよい（東京地判平16・5・13金判1198・18）。

(4) 株主総会における報告の省略

[**3-3-15**]　　　株主総会の議題の中に，たとえば事業報告（438条3項，**3-6-7**）のような報告事項がある場合に，取締役が株主全員に対してその事項を通知し，総会への報告は不要であることにつき株主全員が書面または電磁的記録により同意の意思表示をしたときは，その事項の株主総会への報告があったものとみなされる（320条）。

❻ 株主総会の決議

（1） 総　説

[3-3-16]　　　株主の議決権とは，株主総会の決議に参加して，提出されている議案につき賛否の意思を表明する権利である。各株主は1株につき1個の議決権を有しており（308条1項），これを**1株1議決権の原則**という。この原則は**株主平等原則**（109条1項，**3-1-2**，**3-4-3**）の具体的な1つの現れであるが，これにより，株主総会の決議は，賛成した株主の人数ではなく，賛成した株主が保有している株の数によって決まることになる（**資本多数決**，**3-1-3**）。株主総会は，経営者たる取締役を選任することができる会社の最高意思決定機関である。株主は，総会の議決権を多数握ることにより，ある者を会社の取締役に据え，その取締役たちを通じて会社を支配することができる。したがって，1株1議決権の原則は，**会社の支配**に関わる重要な原則である（**3-3-23**）。

　　株主による議決権の行使方法については，議長の合理的な裁量に委ねられているが，議決権は，通常，株主が自ら株主総会に参加し，提出された議案について挙手，拍手などの方法により行使される。なお，取締役または株主が議題について提案をした場合（**3-3-6**，**3-3-10**），その提案に株主全員が書面等で同意の意思表示をしたときは，その提案を可決する旨の株主総会の決議があったものとみなされる（319条1項）。

（2） 書面投票制度

[3-3-17]　　　株主数の多い会社では，株主は地理的に分散しているなどの理由から総会に出席できない場合が多い。そこで，株主総会において議決権を行使できる株主が1000人以上である会社では，できるだけ多くの株主の意思を反映させるために，いわゆる**書面投票制度**を採用しなければならない（298条2項参照）。この制度を採用した場合，招集権者は，招集通知に際して株主に対し，**株主総会参考書類**および**議決権行使書面**を交付しなければならない（301条1項）。そして，株主は，議案の詳細が記載された株主総会参考書類（会社則65条1項・73条〜94条参照）を見ながら，必要事項を議決権行使書面に記載し，これを総会の会日の前日までに会社に提出することによって，株主総会に出席せずに議決権を行使することができる（311条，会社則69条）。このような議決権行使書面によって行使された議決権数は，出席株主の議決権数に算入される（311条2項）。

このような書面投票は株主総会に出席しない株主のための制度であることから（298条1項3号），株主が議決権行使書面を会社に提出した後に株主総会に出席し，議決権を行使した場合には，事前の書面投票は撤回されたものとみなされる。ただし，法人がある会社の株主となっているケースでは，議決権行使書面を事前に提出した法人株主が議決権行使に関して権限を有していない従業員を傍聴のために総会に参加させることがあるが，その場合には，議決権の代理行使（**3-3-19**）を認めることはできず，事前の書面投票を有効なものとして扱うことになる（東京高判令1・10・17金判1582・30〔百選A9事件〕）。

　会社に提出された議決権行使書面は株主総会終結の日から3か月間本店に備えられ（311条3項），株主は理由を明らかにしたうえで会社に対して議決権行使書面の閲覧または謄写を請求することができる（同条4項）。令和元年会社法改正により，株主から議決権行使書面の閲覧・謄写請求された会社は，株主がその権利の確保または行使に関する調査以外の目的で請求を行ったなど，一定の場合には，当該請求を拒むことができるようになった（同条5項）。なお，議決権の電子投票制度（**3-3-18**）・代理行使制度（**3-3-19**）においても，同様の規律が設けられている（312条5項・6項，310条7項・8項）。

(3) 電子投票制度

[**3-3-18**]　　また，株主総会に出席しない株主の意思を反映させるためのものとしては，いわゆる**電子投票制度**も存在する。この制度の採用については，書面投票制度とは異なり，どのタイプの会社においても強制されておらず，完全に任意である（この制度を採用するには，取締役会の決議が必要である（298条1項4号・4項））。この制度を採用した場合，招集権者は，招集通知に際して，株主に対し株主総会参考書類を交付しなければならないが（302条1項），それに際して，電磁的方法により総会の招集通知を発することを承諾した株主に対しては，株主総会参考書類に記載すべき事項（同条2項）および議決権行使書面に記載すべき事項を電磁的方法により提供しなければならない（同条3項）。それ以外の株主から，総会の会日の1週間前までに，議決権行使書面に記載すべき事項の電磁的方法による提供の請求があったときは，できるだけ電子投票を可能とするために，直ちにその株主に対し当該事項を電磁的方法により提供しなければならない（同条4項）。株主は，会社の承諾を得て，議決権行使書面に記載すべき事項を会日の前日までに

電磁的方法により会社に提供する（312条１項，会社則70条）。この点について実務では，株主は，招集権者が設置するウェブサイト（議決権行使サイト）を使用することにより提供しているのが一般的である。このような電子投票によって行使された議決権数は，出席株主の議決権数に算入される（312条３項）。

(4) 議決権の代理行使

[3-3-19]　議決権については，必ずしも株主自らがそれを行使する必要はなく，代理人によって行使することもできるが，その場合，その株主または代理人は代理権を証明する書面（委任状）を会社に提出しなければならない（310条１項，3-3-23）。このような**議決権の代理行使**という制度は，株主総会に出席できない株主に対して，議決権行使の機会を保障するために認められている。

　そのため，定款の定めをもってしても，株主自身による議決権行使を強制したり，代理人の資格を不当に制限したりすることはできない。この点に関して，実務では，代理人の資格をその会社の株主に限る旨を定款で定めていることが多いが，このような定款の定めは有効であるか否かが問題となる。判例は，このような定款の規定は，株主総会が株主以外の第三者によって撹乱されることを防止し，会社の利益を保護するために設けられたものであるから，合理的な理由による相当程度の制限であるとして有効という立場をとっている（最判昭43・11・１民集22・12・2402〔百選29事件〕）。

　法人がある会社の株主となっているケースでは，その法人の代表者が多忙であるような場合，実務上，その職員や従業員に代理人として総会に出席してもらわざるを得ない。このような場合に，代理人がその会社の株主でないことを理由に議決権の代理行使が認められないのであれば，法人株主の議決権行使は著しく制限されることになる。そこで，判例は，代理人（従業員）が組織の一員として法人株主の意図に反するような行動を取ることができない場合には，株主でない者に議決権の代理行使をさせても，その定款規定に反しないと解している（最判昭51・12・24民集30・11・1076参照〔百選34事件〕）。なお，会社の株主ではない弁護士に議決権の代理行使を認めるべきか否かについては見解が対立している（神戸地尼崎支判平12・３・28判タ1028・288，宮崎地判平14・４・25金判1159・43，札幌高判令１・７・12金判1598・30参照）。

(5) 議決権の不統一行使

[**3-3-20**] 　株主が複数の議決権を有する場合，その全部を賛成または反対に投ずるのが一般的である。しかし，その一部を賛成に投じ，残部を反対に投ずることも認められており（313条1項），これを**議決権の不統一行使**という。この制度が活用される典型例としては，株式が信託されている場合を挙げることができる。つまり，信託会社がある会社の株式を複数の委託者のために保有している場合，その会社の株主名簿上の株主である信託会社は，実質上の株主である委託者の指図に従って議決権を行使することになるため，それぞれの委託者からの指図が異なれば，議決権を不統一に行使せざるを得ない。

　ただし，議決権の不統一行使は，このような合理的な理由が存在することを前提としているため，株主が他人のために株式を有する者でないときは，会社は議決権の不統一行使を拒むことができる（313条3項）。

(6) 総会検査役

[**3-3-21**] 　会社の経営状況が悪化したり，不祥事が発覚したりすると，その後に開催される株主総会が紛糾することがある。そして，総会が終了した後，そこで行使された株主提案権や提出された委任状に関する取扱いについて(**3-3-23**)，あるいは，株主からの質問に対する取締役の説明などが適法であるかをめぐり(**3-3-14**)，総会決議取消しの訴えが提起されることがある(**3-3-35**)。そのような場合に備え，事前に証拠を保全するために活用されるのが，**総会検査役**という制度である。すなわち，株主総会が紛糾することが事前に予想されるような場合，会社または総株主の議決権の100分の1以上の議決権を有する株主は，株主総会の招集手続や決議方法を調査させるため，その総会に先立ち，裁判所に対して，検査役の選任の申立てをすることができる（306条1項）。

(7) 議事録

[**3-3-22**] 　株主総会の議事については，**議事録**を作成しなければならない（318条1項）。議事録は書面または電磁的記録をもって作成し（会社則72条2項），そこには，株主総会の日時・場所，議事の経過の要領・結果，出席した取締役等の氏名，議長の氏名等が記載される（同条3項）。会社は，株主総会の日から10年間議事録をその本店に備え置き（318条2項），株主総会の日から5年間議事録の写しを支店に備え置かなければならない（同条3項）。株主および債権者は，会社の営

業時間内であればいつでも，**議事録の閲覧・謄写**を請求することができる（同条4項）。

[**3-3-23**]　会社の支配権争いと株主総会参与権

Step Ahead　　　経営状況が悪化すると，その会社の現経営陣と株主との間で対立が起きやすくなる。そして，両者の対立がエスカレートすると，現経営陣に反対する株主は，株主提案権を行使して現経営陣の解任および新取締役の選任という議題・議案を総会に提出することがある（**3-3-10**，**3-3-11**）。総会でこれらの案が可決すれば会社の経営者は交代することになるが，このような場合に活用されるのが**委任状勧誘**という制度である。

　委任状勧誘とは，会社またはそれ以外の者が，株主に対し，株主総会における議決権を自己または第三者に代理行使させることを勧誘することをいう。このような勧誘は，通常，勧誘者が被勧誘者である株主に対し，委任状用紙を交付し，それに必要事項を記載して，勧誘者に送付するよう求める方法によって行われる。株主提案を行った株主が委任状勧誘を行う場合，会社側がこれに対抗して，現経営陣が提出した会社側提案の可決または株主提案の否決を企図した委任状勧誘を行い，お互いに委任状の獲得を競い合うことがあるが，これは「**委任状合戦**（プロキシー・ファイト）」と呼ばれている。

　また，現経営陣に反対する株主は，取締役の選任権・解任権を通じて会社を支配するために，**株式の公開買付け**という制度を利用することがある。この制度は，金融商品取引法の規制に従って，不特定多数の株主から株式市場外で株式を取得することをいい，一定数の株式を取得する場合には公開買付けによらなければならない（金商27条の2参照）。公開買付けがなされると，それまでの株主構成に変動が生じ，会社支配に大きな影響を及ぼすことになる。そして，この場合，経営者としての地位の喪失を望まない現経営陣が，そのような公開買付けによって大株主となる者の株主総会における持株比率を低下させるために，募集株式（新株）や新株予約権を第三者に対して発行することがある（**3-5-20**，**3-5-38**）。

Step Ahead

7　利益供与の禁止

[3-3-24]　　会社は何人に対しても，株主・適格旧株主（847条の2第9項，**3-3-78**，**3-3-79**）・最終完全親会社等（847条の3第1項，**3-3-85**，**3-3-86**）の株主の権利の行使に関し，財産上の利益の供与（会社またはその子会社の計算においてするものに限る。）をしてはならない（120条1項）。このような**利益供与の禁止**制度の趣旨は，会社財産の不適切な使用（浪費）を抑制し，会社経営の健全化を図ることにある。

　「株主の権利」については，特に限定されてはいないが，通常，議決権などの共益権が中心となる。「権利の行使に関して」とは，株主の権利行使に影響を与える趣旨でという意味であり，典型的には，総会に提出する議案に賛成してもらうために利益を供与する場合が挙げられるが，この規定の趣旨から，権利の行使・不行使・行使の態様・方法等を問わず広く問題になる（東京地判平7・12・27判時1560・140，最判平18・4・10民集60・4・1273〔百選12事件〕参照）。「財産上の利益」とは，金銭に見積もることができる経済的利益のことであり，その種類は問わない。

　120条で禁止されている利益供与に当たるか否かは供与者の主観によって決まる。つまり，利益を受けた者が，権利の行使に影響を与える趣旨で利益供与がなされたということを知らなくても，会社側がそのつもりで利益を供与した場合には，ここにいう利益供与に当たることになる。しかし，会社側のそのような主観的意図を立証することは必ずしも容易なことではない。そこで，ある特定の株主に対して無償で財産上の利益を供与した場合，あるいは，有償で財産上の利益を供与した場合で，会社の受けた利益が供与した利益に比べて著しく少ないときは，株主の権利行使に関して利益を供与したものと推定される（120条2項）。

　なお，株主の権利の行使に関して行われる財産上の利益の供与は原則として禁止されるが，120条1項の趣旨に照らし，当該利益が株主の権利行使に影響を及ぼすおそれのない正当な目的に基づき供与される場合であって，かつ，個々の株主に供与される額が社会通念上許容される範囲のものであり，株主全体に供与される総額も会社の財産的基礎に影響を及ぼすものでないときには，例外的に違法性を有しないものとして許容される場合がある（東京地判平19・12・6金判1281・37〔百選31事件〕）。

8 株主総会決議の成立

(1) 決議方法

[3-3-25] 　　株主総会の決議は，定款に別段の定めがない限り，賛成の議決権数が決議に必要な数に達したことが明白になったときに成立する。それを明白にするためには，株主に挙手や起立などを求め採決を行うのが通常である。

(2) 決議要件

　株主総会の決議は原則として多数決によって成立するが，その要件は決議事項によって異なっている。これについては次の３つに大きく分かれているが，株主の利害に大きな影響がある事項ほど重い要件が課されている。

① 普通決議

[3-3-26] 　　**普通決議**は，以下の②特別決議または③特殊決議の要件が課されていない事項について決議する場合に行われるものであり，３つの中では最も軽い要件が課されているものである。すなわち，普通決議は，議決権を行使することができる株主の議決権の過半数を有する株主が出席し（定足数），出席した株主の議決権の過半数（決議要件）をもって行う（309条１項）。定款で，決議要件を加重したり緩和したりすることができ，また，定足数を排除することもできる。実際には，多くの会社で定款により定足数を排除し，出席株主の議決権の過半数をもって決議が成立するという取扱いをしている。

② 特別決議

[3-3-27] 　　これに対して，309条２項に列挙されている重要な事項について決議する場合には，決議要件が加重されており，一般にこの決議は**特別決議**と呼ばれている。具体的には，特別決議は，議決権を行使することができる株主の議決権の過半数を有する株主が出席し，出席した株主の議決権の３分の２以上の多数をもって行う（309条２項）。この決議は，株主の利益に大きな影響を与える事項を対象としているため，定足数についても普通決議とは異なる取扱いをしている。すなわち，普通決議の場合には，基本的に，定足数につき下限が設けられていないので，定足数を排除することができるが，特別決議の場合には，定足数を，議決権を行使することができる株主の議決権の３分の１未満に引き下げることはできない（同項カッコ書）。

③　特殊決議

[3-3-28]　　**特殊決議**は，株主の利害にきわめて重大な影響を及ぼす事項について決議する場合に行われるものであり，定足数についての要件はないが，決議要件が上記②の特別決議よりもさらに加重されている。すなわち，会社が発行する株式の全部に譲渡制限を設ける旨の定款変更をする場合，または，合併・株式交換・株式移転において公開会社の株主であった者に譲渡制限株式（*3-4-23*）が交付される場合には，議決権を行使できる株主の半数以上であって，その株主の議決権の３分の２以上の多数をもって行う（309条３項）。

　　また，非公開会社において，**剰余金配当請求権**（*3-6-17*），**残余財産分配請求権**（*3-8-13*），株主総会における議決権（*3-3-16*）に関する事項について株主ごとに異なる取扱いを行う旨の定款の定め（109条２項）を新たに設けたり，変更したりする場合には，総株主の半数以上であって，総株主の議決権の４分の３以上の多数をもって行う（309条４項）。

9 種類株主総会

（1）総　説

[3-3-29]　　**種類株主総会**とは，種類株式発行会社（２条13号）におけるある種類の株式の株主（種類株主）による総会のことをいう（同条14号）。種類株主間の利害を調整する必要があるときに，種類株主総会の決議がなされる。種類株主総会は，取締役会設置会社の株主総会と同様に（295条２項，*3-3-3*），会社法に規定する事項および定款で定めた事項に限って決議することができる。

（2）法定決議事項

[3-3-30]　　会社が，ある種類の株式の種類株主に損害を及ぼすおそれがある行為をする場合には，その種類株主を構成員とする種類株主総会の決議が必要である（322条１項）。たとえば，剰余金の**配当優先株式**（*3-4-13*）を有する株主に対する配当額を減らすような定款変更決議を行う場合には，その優先株式を有する種類株主を構成員とする種類株主総会の決議が必要となる（同項１号ロ）。

　　その他に，法が種類株主総会の決議を要求している場合としては，㋐ある種類の株式に譲渡制限または**全部取得条項**（*3-4-15*）を付ける場合における定款変更（111条２項），㋑**譲渡制限株式**（*3-4-23*）（またはそれを目的とする新株予約権）の募

集をする場合における募集事項の決定・委任（199条4項・200条4項・238条4項・239条4項），⑦合併等の組織再編行為において当該組織再編の対価が譲渡制限株式等（783条3項，会社則186条）である場合等における合併契約等の承認（783条3項・795条4項・804条3項），㋑**取締役・監査役を選任・解任できる株式**（**3-4-18**）を有する種類株主による種類株主総会（108条1項9号・2項9号・347条），㋺いわゆる**拒否権付種類株式**（**3-4-17**）を有する種類株主による種類株主総会（108条1項8号・2項8号・323条）である。

(3) 手続・決議要件等

　種類株主総会については，原則として株主総会に関する規定が準用されるので（325条），取締役会が開催日時・場所などの招集事項を決定し，その決定を代表取締役が執行する形で招集する（**3-3-6**。なお，種類株主総会に株主総会に関する規定が準用されない事項としては325条カッコ書参照）。種類株主総会の決議要件は，株主総会の決議と同様に（**3-3-26～3-3-28**），以下の3つに分かれている。

① 普通決議

[**3-3-31**]　　**普通決議**は，その種類の株式の総株主の議決権の過半数を有する株主が出席し，出席した株主の議決権の過半数をもって行う（324条1項）。普通決議を要するのは，㋐定款で定めた事項（321条），そしてその他に，㋑いわゆる拒否権付種類株式を有する種類株主による種類株主総会（323条），㋒取締役・監査役を選任・解任できる株式を有する種類株主による種類株主総会（347条）。

② 特別決議

[**3-3-32**]　　**特別決議**は，種類株主総会において議決権を行使できる株主の議決権の過半数を有する株主が出席し，出席した株主の議決権の3分の2以上の多数をもって行う（324条2項）。特別決議を要するのは，㋐ある種類の株式の種類株主に損害を及ぼすおそれがある場合（同項4号），㋑ある種類の株式に全部取得条項を付ける場合における定款変更（同項1号），㋒譲渡制限株式（またはそれを目的とする新株予約権）の募集をする場合における募集事項の決定・委任（同項2号・3号），㋓合併等の組織再編行為に際して譲渡制限株式を交付する場合における譲渡制限株式を有する種類株主による合併契約等の承認（同項6号），㋔監査役を解任できる株式を有する種類株主による種類株主総会（同項5号）である。

③　特殊決議

[**3-3-33**]　　**特殊決議**は，種類株主総会において議決権を行使できる株主の半数
以上で，その株主の議決権の3分の2以上の多数をもって行う（324条3項）。特
殊決議を要するのは，⑦ある種類の株式を譲渡制限株式とする定款変更を行う場
合（同項1号），⑦合併等の組織再編行為に際して譲渡制限株式を割り当てられる
場合における譲渡制限株式を有していない種類株主による合併契約等の承認の場
合（同項2号）である。

⓾ 株主総会決議の瑕疵

(1)　総　説

[**3-3-34**]　　　本来，株主総会の決議が有効であるというためには，適法な手続
により総会が開催され，適法な方法で決議が成立し，その決議内容も適法なもので
なければならず，それらに違法な点があれば当然に無効となるはずである。しか
し，会社には内外多数の利害関係人が関与しているところ，会社では総会決議が
なされると，その決議を前提にそれらの者との法律関係が進展していくため，仮
に総会決議に何らかの瑕疵があった場合に当然に無効とすると，多くの人たちに
無用な混乱を招くおそれがある。そのため，瑕疵のある総会決議の効力について
は，法的安定性にも配慮する必要がある。もっとも，一口に総会決議の瑕疵とは
いっても程度の軽いものもあれば重いものもあるため，それぞれの場合において
法的安定性に配慮する必要や程度についても異なり得る。そこで，法は瑕疵の程
度の軽重に応じた処理と**法律関係の画一的確定**を図るため，特別に以下の3つの
訴えの制度を設けている。

(2)　総会決議取消しの訴え

[**3-3-35**]　　　**総会決議取消しの訴え**は，⑦総会の手続または決議の方法が法令も
しくは定款に違反し，または著しく不公正である場合（831条1項1号），⑦決議
の内容が定款に違反する場合（同項2号），⑦決議について特別の利害関係を有す
る株主が議決権を行使したことにより著しく不当な決議がされた場合に（同項3
号），裁判所に対して決議の取消しを求めることができるという制度である。

　　株主は自己に対する招集手続に瑕疵はなくても，他の株主に対する招集手続に
瑕疵がある場合には，それを理由として訴えを提起することができる（最判昭

42・9・28民集21・7・1970〔百選33事件〕）。なぜなら，招集手続の瑕疵が取消事由とされているのは，その瑕疵により公正な決議の成立が妨げられるおそれがあるためであるところ，決議が公正になされることについてはすべての株主が利害関係を有しているからである。

上記㋐〜㋒の**取消事由**は，後述する総会決議の**不存在事由**や**無効事由**などと比べると重大な瑕疵ではないため，決議の法的安定性により配慮した制度となっている。すなわち，総会決議取消しの訴えは，総会決議の日から3か月以内に，株主等（828条2項1号）の会社内部者に限って提起することができる（831条1項参照）。ただし，この3か月という提訴期間が経過した後に新たな取消事由を追加主張することは許されない（最判昭51・12・24民集30・11・1076〔百選34事件〕）。それを認めると，瑕疵のある総会決議の効力を早期に明確にさせるという831条1項の趣旨が没却されてしまうからである。もっとも，決議の日から3か月以内に提起された決議無効確認の訴え（830条2項，**3-3-36**）において，決議無効事由として主張された瑕疵が決議取消事由に該当する場合には，提訴期間経過後に決議取消の主張をすることは認められる（最判昭54・11・16民集33・7・709〔百選40事件〕）。

また，原告が勝訴して，総会決議取消しの判決が確定したときは，その判決は訴訟当事者以外の第三者に対してもその効力（いわゆる**対世的効力**）を有し（838条），法律関係の画一的確定の要請が満たされている。

決議取消事由が存在していても，それが招集手続または決議方法の法令・定款違反という手続上の瑕疵の場合には，裁判所は，その違反する事実が重大でなく，かつ，決議に影響を及ぼさないと認めるときは，決議取消しの請求を棄却することができる（831条2項）。このような**裁判所の裁量棄却**という制度も，法的安定性に配慮したものであり，新たに株主総会をやり直して決議をしても同じ結果になるようなときにまで，決議を取り消すのは合理的ではないという趣旨に基づくものである。なお，招集通知期間の不足（最判昭46・3・18民集25・2・183〔百選38事件〕）や定足数の不足（京都地判平20・9・24判時2020・155）などの瑕疵があった場合には，裁量棄却の対象とはならない。

決議取消しの訴えの法的性質は**形成の訴え**であるので，この訴えを提起するために必要な会社法上の要件を充たしていれば，原則として**訴えの利益**は存在する。しかし，形成訴訟においても，訴え提起後の事情の変更により形成判決をし

ても実益がないというような場合には，例外的に訴えの利益を欠くことになる（最判昭58・6・7民集37・5・517〔百選37事件〕）。たとえば，取締役選任決議取消しの訴えの係属中に，当該決議（先行決議）で選任された取締役が任期満了により全員退任し，新たに取締役選任決議（後行決議）がなされた場合には，特別の事情がない限り，訴えの利益は失われる（最判昭45・4・2民集24・4・223〔百選36事件〕）。ただし，先行決議の瑕疵が後行決議に連鎖して現在の取締役の地位に影響を及ぼすケースにおいて，先行決議取消しの訴えに後行決議の効力を争う訴えが併合されている場合には，先行決議の取消しを求める訴えの利益は失われない（最判令2・9・3裁時1751・1）。なお，ある議案を否決した総会決議の取消しを請求する訴えは，取消しの対象を欠くため不適法である（最判平28・3・4民集70・3・827）。

(3) 決議無効確認の訴え・決議不存在確認の訴え

[3-3-36]　株主総会の決議の内容が法令に違反する場合，またはその決議が存在しない場合には，一般原則に従い，誰でも・いつでも・どのような方法によっても，その決議の無効または不存在を主張することができるが，**決議無効確認の訴え**（830条2項）および**決議不存在確認の訴え**（同条1項）は，主張方法として訴訟が選択された場合に備えるものである。これらは**確認の訴え**ではあるが，法律関係の画一性を図るために，上記の総会決議取消しの訴えと同様，その判決は対世的効力を有するものとしている（838条）。ただし，総会決議取消しの訴えにおける取消事由と比較すると，決議内容が法令に違反したり，その決議が存在しなかったりするのは，著しく重大な瑕疵であると認められる。そこで，決議無効確認の訴えおよび決議不存在確認の訴えに関しては，提訴権者および提訴期間が定められておらず，訴えの利益がある限り，誰でも訴えを提起することができる。

　株主総会の決議が存在しない場合の典型例としては，株主総会が全く開催されていないにもかかわらず，**総会議事録**（3-3-22）だけが作成されているというような物理的不存在の場合を挙げることができる。ただし，外形的には株主総会らしい会議が開催され，その決議らしいものが存在していても，手続的瑕疵が著しい場合には，株主総会は法律上不存在と評価されることもある。たとえば，一部の株主だけで集まって決議をしたような場合（最判昭33・10・3民集12・14・3053）や，

取締役会決議を経ないで代表取締役以外の取締役が招集した場合（最判昭45・8・20判時607・79）などである。なお，株主総会決議不存在・無効確認の訴えの法的性質は確認訴訟であるため，訴えの利益（確認の利益）が認められることが必要である。取締役選任決議（先行決議）が不存在であった場合，そこで選任された取締役で構成される取締役会で選定された代表取締役により招集された新たな取締役選任決議（後行決議）は原則として連鎖的に不存在となるが（最判平2・4・17民集44・3・526〔百選39事件〕），先行決議の不存在確認を求める訴えに後行決議の不存在確認を求める訴えが併合されているときは，前者についても確認の利益が認められる（最判平11・3・25民集53・3・580）。

§3──株式会社の経営・監視体制

❶ 総　説

[3-3-37]　**業務執行**とは，会社の目的たる事業を遂行するために生じる事務を処理することであり，会社を経営する行為のことである。業務執行は，意思決定とその執行とに一応区別することができるが，それらが同一の機関によってなされる場合には，両者を区別する意義はない。業務執行には，物を購入したり資金を借り入れたりするという法律行為だけでなく，帳簿を作成したり商品を管理したりするという事実行為も含まれる。

　近時，会社の経営者（業務執行者）を監視するための仕組としてどのようなものを設けるべきかが，**コーポレート・ガバナンス**（1-3-3，1-3-4）の重要な問題として議論されており，それに伴い，株式会社の類型も多様化してきている。以下では，取締役会非設置会社，監査役設置会社，指名委員会等設置会社，監査等委員会設置会社という4類型の会社を取り上げて，各会社の経営体制・監視体制について簡単に整理する（詳細については，取締役会非設置会社は§7，監査役設置会社は§8，指名委員会等設置会社は§9，監査等委員会設置会社は§10を参照）。

　なお，取締役会設置会社が，指名委員会等設置会社および監査等委員会設置会社となることを選択しない場合には，監査役を設置しなければならないが（327条2項），このように法により監査役を置くことが強制されている会社のことを監査役設置会社という（2条9号）。これに対して，非公開会社においては，取締

役会を設置せずに監査役だけを設置することも可能であり（326条2項参照），このような会社も監査役設置会社であるが（2条9号），本節（§3）では，取締役会を設置している監査役設置会社を前提とする。

2 各会社における経営・監視体制

（1）取締役会非設置会社

[3-3-38]　この会社では，比較的小規模であることが多いという実態に合わせて，取締役は最低1人いれば足りるとされている（326条1項）。取締役が複数いる場合でも，各取締役が，原則として，会社の業務執行を行い，会社を代表する（348条1項・349条1項）。各取締役は，業務執行を行うに際して，他の取締役の職務執行を是正または防止する義務がある（**3-3-106**）。また，株主と取締役とが緊密な関係にあることが想定されるため，株主には取締役の行為を広く監視することが期待されている（**3-3-105**）。

（2）監査役設置会社

[3-3-39]　この会社の業務執行については，その決定機関と執行機関とが異なることがある。すなわち，重要な業務執行の決定は取締役会でなされ（362条4項，**3-3-107**），その執行は**業務執行取締役**（2条15号イ参照）によってなされる。換言すると，重要でない業務執行については，その決定を業務執行取締役に委任することができる。業務執行取締役には，代表取締役の他に選定業執行取締役が含まれるが（363条1項1号・2号），会社が他社と取引を行う（契約を交わす）などの対外的な業務執行については，会社を代表する代表取締役（**3-3-99**）が行う。この会社では，取締役会が取締役（特に業務執行取締役）の職務執行を監督し（362条2項2号，**3-3-107**），監査役がそれを監査する（381条1項，**3-3-112**）。

（3）監査等委員会設置会社

[3-3-40]　この会社は取締役会の設置が法により強制されている（327条1項3号）。この会社の業務執行および代表については，上記(2)監査役設置会社の場合と同様である（**3-3-39**）。しかし，業務執行者に対する監視体制が監査役設置会社とは異なっている。すなわち，監査等委員会設置会社は，監査役を置くことができず（同条4項），業務執行者に対する監督については取締役会が行うが（362条2項2号），取締役会の中には，3人以上の取締役（その過半数が社外取締役）から構

成される監査等委員会を置かなければならない（2条11号の2・331条6項，**3-3-138**）。

（4）指名委員会等設置会社

[**3-3-41**]　この会社も取締役会を設置しなければならない（327条1項4号）。会社の業務執行の決定は取締役会によってなされると定められているが（416条1項1号），重要な業務執行に関するものも含め広くその決定を執行役に委任することが認められており（同条4項），その執行についても執行役により行われる（418条2号）。会社を代表するのは代表執行役である（420条1項）。この会社においては，監査役や監査等委員会を置くことができず（327条4項・6項），取締役会が執行役の職務執行を監督する（416条1項2号）。取締役会の中には，指名委員会・監査委員会・報酬委員会という3つの委員会を置かなければならないが（2条12号），各委員会は3人以上の取締役で構成され（400条1項），各委員会のメンバーの過半数は社外取締役でなければならない（同条3項，**3-3-133**）。

§4——取締役

❶ 本節で取り扱う取締役

　本節（§4）においては，取締役会設置会社および取締役会非設置会社の取締役に共通する事項についても取り扱うが，基本的に，取締役会設置会社の取締役を念頭に置き，取締役会非設置会社の取締役に特有な事項については，§7で取り扱う。なお，説明の便宜上，監査役設置会社に特有な事項についても言及するが，詳細は§8で取り扱う。

❷ 取締役の資格・任期・選任・終任等

（1）資　格

[**3-3-42**]　取締役となるための資格要件が法により定められているわけではない。ただし，取締役になることができるのは，その職務の性質上，自然人に限られており，法人は取締役になることができない（331条1項1号）。また，**株主有限責任の原則**（104条，**3-1-1**）をとっている株式会社においては，その業務を執行し財産を管理する取締役の地位はとても重要である。そこで，一定の罪を犯し

た者は一定期間，取締役になることができない（331条1項3号・4号参照）。このような欠格事由に該当する者を株主総会で取締役に選任しても，そのような総会決議は無効である（830条2項，**3-3-36**）。なお，公開会社は，定款の定めによっても取締役が株主でなければならないと定めることはできない（331項2項：**所有と経営の分離**，**3-1-1**）。これは，取締役としての人材を広く求める余地を確保するためである。

(2) 員数・任期

[**3-3-43**]　取締役会設置会社では，取締役会という会議を開催する必要上，取締役は3人以上であることが求められている（331条5項）。取締役の任期は原則として2年（選任後2年以内に終了する事業年度のうち最終のものに関する定時株主総会の終結の時まで）であるが（332条1項本文），定款または株主総会の決議によって，その任期を短縮することは可能である（同項但書）。なお，非公開会社においては，定款によって，取締役の任期を最長10年まで（選任後10年以内に終了する事業年度のうち最終のものに関する定時株主総会の終結の時まで）伸ばすことが認められている（同条2項）。これは，このような会社においては，所有と経営が一致している場合が多く，また，株主の移動もほとんどないので，頻繁に株主の信認を問う必要がないからである。

(3) 選　任

[**3-3-44**]　取締役は，株主総会の決議によって選任される（329条1項）。取締役を選任するための総会決議は普通決議ではあるが（341条，**3-3-26**），決議内容の重要性に鑑みて，309条1項とは異なり，定足数を定款で引き下げることができるのは株主の議決権数の3分の1を限度としている（同条カッコ書）。

　同じ総会で2人以上の取締役を選任する場合には，取締役の選任につき議決権を行使できる株主は，定款に別段の定めがあるときを除き，会社に対して**累積投票**の方法により選任すべきことを請求することができる（342条1項）。この選任方法によるときには，各株主は1株または1単元株につき選任する取締役の数と同数の議決権を有し，株主はその議決権の全部を1人の候補者に集中して投ずることもできるし，またそれらを分散して数人に投ずることもできる（同条3項）。そして，投票の最多数を得た者から順次，取締役に選任される（同条4項）。このような累積投票制度の趣旨は，少数派株主に支持されている者が取締役として選

任されることによって，その取締役を通じて少数派株主の意見が会社経営に反映される可能性を高めることにある。

(4) 終　任

① 委任の終了事由等

[**3-3-45**]　　会社と取締役との関係は，委任に関する規定に従う（330条）。そのため，取締役はいつでも辞任することができ（民651条1項），また，委任の一般的終了事由により終任する（民653条）。なお，会社の破産も委任の終了事由とされているが（同条2号），破産手続開始の決定後においても，取締役の選任または解任のような会社の組織に関する行為については，破産管財人の権限に属するものではなく会社自ら行うことができるため，直ちに会社と取締役との委任関係が終了するわけではない（最判平16・6・10民集58・5・1178，最判平21・4・17判時2044・74〔百選A15事件〕）。そのほか，取締役の任期満了（332条1項参照）や欠格事由の発生（331条1項参照）により終任する。

② 解　任

[**3-3-46**]　　取締役は，いつでも株主総会の決議によって解任することができる（339条1項）。これは，原則として，総会の普通決議によってなされるが（341条。なお，累積投票制度によって選任された取締役を解任する場合には，例外として総会の特別決議を要する（309条2項7号）），選任するための総会決議と同様に，定款の定めによっても，議決権を行使することができる株主の議決権の3分の1未満に定足数を引き下げることはできない（341条カッコ書，**3-3-44**）。取締役を解任するための理由については特に明記されていないが，正当な理由なく解任された取締役は，会社に対して損害賠償を請求することができる（339条2項）。ここにいう正当な理由とは，たとえば，持病が悪化したため取締役の職務執行に支障があること（最判昭57・1・21判時1037・129〔百選42事件〕），法令違反または不適正な職務執行をしたこと（東京地判平30・3・29金判1547・42）などである。なお，ここにいう損害とは，通常，残存期間で得られたはずの報酬等である。

　取締役の職務の執行に関し，不正の行為または法令もしくは定款に違反する重大な事実があったにもかかわらず，その取締役を解任する旨の議案が株主総会において否決されたときは，6か月前から引き続き総株主の議決権の100分の3以上の議決権または発行済株式の100分の3以上の数の株式を有する株主は，株主

総会の日から30日以内に，訴えをもってその取締役の解任を請求することができる（854条1項・2項）。このような解任の訴えは，多数派株主による解任決議が成立しない場合に，裁判所による**多数決原理の修正**を認めたものである（*3-1-3，3-3-16*）。

(5) 取締役に欠員が生じた場合の措置

［*3-3-47*］　ある取締役が退任したからといって，常に，その後任を補充しなければならないわけではない。しかし，ある取締役が退任したことにより，取締役が欠けたり，法または定款所定の員数を欠くことになったりした場合には，遅滞なく株主総会を招集して後任の取締役を選任しなければならない（976条22号参照）。ただし，それには若干の日時を要する。そこで，任期満了または辞任によって退任した取締役は，新たに選任された取締役が就任するまで，なお取締役としての権利義務を有することとされている（346条1項）。このような**取締役権利義務者**は，取締役の解任の訴え（854条，*3-3-46*）の対象とはならない（最判平20・2・26民集62・2・638〔百選43事件〕）。

　その他にも，必要があると認めるときは，裁判所は，利害関係人の申立てにより，**一時取締役**を選任することができる（346条2項）。また，取締役が欠けたり，法または定款所定の員数を欠くことになるときに備えて，**補欠の取締役**を株主総会で選任することができる（329条3項）。このような補欠の取締役の選任に関する総会決議が効力を有する期間は，定款に別段の定めがある場合を除き，その決議後最初に開催する定時株主総会の開始の時までである（会社則96条3項）。

(6) 取締役の職務代行者

［*3-3-48*］　取締役を選任した株主総会の決議取消しの訴え（831条，*3-3-35*）や，取締役を解任する訴え（854条，*3-3-46*）などが提起された場合，その判決が確定するまで，その取締役は職務を執行することができる。しかし，そうすると，判決によって取締役でないことが確定する可能性のある者や不正行為を行っている可能性のある者が取締役としての職務を行うことになり，そのような者に職務を執行させることが適当でない場合がある。そのため，民事保全法上の仮処分制度（民保23条・24条）に基づき，訴えを提起した当事者の申立てにより，裁判所は，取締役の職務執行を停止し，さらにその職務を代行する者を選任することができる（民保56条）。ただし，このような**職務代行者**については，あくまでも，

その取締役をめぐる判決が確定するまでの暫定的な地位を有するにすぎない。そこで，職務代行者は，仮処分命令に別段の定めがある場合を除き，会社の常務に属しない行為をするには，裁判所の許可を得なければならない（352条1項）。判例の中には，取締役の解任を目的とする臨時株主総会の招集はここにいう「常務」に属さないとしたものがある（最判昭50・6・27民集29・6・879〔百選45事件〕）。

(7) 社外取締役

[3-3-49]　　社外取締役は，経営陣に対して独立した客観的な立場から実効性の高い監督を行うことが期待されている。そのため，業務執行取締役（3-3-39）は社外取締役になることはできず，また，過去に業務執行取締役であった者あるいは業務執行取締役の指揮命令系統に属したことがある者は，一定期間が経過するまでは独立性が不十分であるため，社外取締役になることはできない（2条15号イ・ロ参照）。また，その会社の親会社等（2条4号の2参照）の関係者は，親会社等の利益を当該会社よりも優先させるおそれがあるため，社外取締役になることはできない（同号ハ・ニ参照）。令和元年会社法改正により，監査役会設置会社（公開会社でかつ大会社であるものに限る）であって有価証券報告書提出会社（金商24条1項）は社外取締役を置くことが強制されたが（327条の2），これは，このような会社では株主構成が頻繁に変動するため，社外取締役が業務執行取締役を監督する必要が高いと考えられたからである。

　なお，会社と業務執行取締役との間に利益相反の問題が生じた場合に，少数株主を含むすべての株主の利益に配慮してその問題を監督することは，社外取締役の重要な役割の1つである。たとえば，実務上，MBOの場面では，社外取締役が，取引の公正さを担保するためにMBOの諸条件を検討したり買収者との間で交渉等を行っている（3-7-9）。社外取締役がこのような交渉等を行うことはその役割上望ましいことであるが，これが社外取締役による会社の業務執行に該当するのであれば，社外取締役は社外性を失ってしまうことになる。そこで，令和元年改正法は，会社と取締役の利益が相反する状況にあるときなどにおいて，会社は，取締役の決定（取締役会設置会社では取締役会の決議）により当該会社の業務執行を社外取締役に委託することができることとした（348条の2）。

❸ 取締役の会社に対する一般的義務

(1) 会社・取締役間の法律関係

[**3-3-50**] 　会社と取締役との関係は委任に関する規定に従うため（330条），取締役は，善良なる管理者の注意をもって委任事務を処理する義務を負っている（民644条）。つまり，取締役は，取引界の通念に従い，その会社の規模・状況等に応じて，取締役一般に要求される注意をもって合理的に職務を行わなければならない。具体的には，取締役会は会社の業務執行の決定（362条2項1号）および取締役の職務執行の監督（同項2号）をすることをその職務としているために，取締役は取締役会のメンバーの一員として，経営に関する意思決定に加わり，他の取締役を監督しなければならないが（**3-3-107**），それに際しては，上記の注意をもって職務を行う必要がある。

(2) 善管注意義務と忠実義務との関係

[**3-3-51**] 　取締役は，このような**善管注意義務**とともに一般的な義務として，**忠実義務**を負う。すなわち，取締役は，法令および定款ならびに株主総会の決議を遵守し，会社のために忠実にその職務を行わなければならない（355条）。善管注意義務と忠実義務の関係については争いがあるが，判例および多数説は，忠実義務は善管注意義務と同内容・同性質のものであって，別個のものではなく，単に善管注意義務を会社との関係において具体的・注意的に規定したもの，あるいは善管注意義務を敷衍し，その内容の明確化を図ったものにすぎないと解している（最大判昭45・6・24民集24・6・625〔百選2事件〕）。

❹ 会社と取締役との利益相反

(1) 競業取引規制

① 意　義

[**3-3-52**] 　取締役は，自己または第三者のために会社の事業の部類に属する取引をしようとするときは，取締役会においてその取引に関する重要な事実を開示して，承認を得なければならない（356条1項1号・365条1項）。取締役は，会社の企業機密に精通していることから，その地位を利用して会社の取引先を奪うなどの危険があるため，それを取締役会にチェックさせることより会社の利益が害されることを事前に防止しているのである。

ここで開示すべき「重要な事実」とは，競業取引が会社に及ぼす影響を他の取締役たちが判断するために必要な事実のことである。たとえば，単発の取引であれば，その目的物・数量・価格・履行期などである。また，他社の代表取締役に就任するような場合，「重要な事実」には，その会社の事業の種類・規模・取引範囲などが含まれる。なお，競業取引を行った取締役は，取引後遅滞なく，取締役会に重要な事実を報告しなければならない（365条2項）。これは，現実に行われた競業取引が，事前に承認を与えた範囲内で行われているかどうかを，事後的にチェックするためである。

② 競業取引の範囲

[3-3-53]　　自己または第三者の「ために」するの意義については，名をもってなすと解する見解と計算においてなすと解する見解とが対立している。形式的には同業他社の代表取締役になっているわけではないが，実質的にその会社の代表取締役として行動している者についても，**競業避止義務**の法的規制を及ぼすべきであることから，この点については，競業取引を行う際の名称に関係なく，その行為の経済上の効果が自己または第三者に帰属することをいう（計算においてなす）と解すべきである（東京地判昭56・3・26判時1015・27〔百選53事件〕）。

　また，ここにいう「会社の事業の部類に属する取引」の会社の事業とは，必ずしも定款に記載されている事業目的（27条1号）をいうのではなく，会社が実際に行っている事業を指す。というのも，この競業避止義務は，会社が実際に不利益を被る危険性が高いことを前提として，取締役に課されたものであるので，会社が実際に行っている事業が基準となるからである。

③ 違反の効果等

[3-3-54]　　取締役が競業避止義務に違反して，取締役会の承認を得ずに，競業取引をなしても，相手方が違反事実を知っているか否かを問わず，その効力は有効である。なぜならば，競業取引は，取締役が自己のためにするにせよ，第三者のためにするにせよ，その相手方との間でなされるものであって，この取引を無効とすると，この規制の対象とされていない相手方が不利益を被ることになり，不都合であるからである。また，競業取引規制は会社の利益保護を目的としているために，取引を無効とすることが会社の利益に適うのであれば，無効と解釈することにも意義がないわけではない。しかし，無効としても会社は何らの権利を

得るわけではないので，無効とすることに意義は認められない。

(2) 利益相反取引規制

① 意　義

[**3-3-55**]　　取締役は，自己または第三者のために会社と取引（**直接取引**）をしようとするときは，取締役会において，その取引につき重要な事実を開示し，承認を得なければならない（356条1項2号・365条1項）。ここでも，「自己または第三者のために」の意義が問題となるが，通説的見解によると，自己または第三者の「名をもって」という意味であると解されている。また，会社が取締役の債務を保証することその他取締役以外の者との間において会社と取締役との利益が相反する取引（**間接取引**）をしようとするときにおいても，直接取引の場合と同様に，取締役会で承認を得なければならない（356条1項3号・365条1項）。取締役がこれらの利益相反取引をする場合には，とかく取締役としての忠実義務（**3-3-51**）に違反し，会社の利益を害してしまう危険性が高いということが類型的に認められる。そこで，それを事前に防止するために，取締役会にチェックさせているのである。

② 利益相反取引の範囲

[**3-3-56**]　　間接取引の典型例としては，上記のように，会社が取締役個人の債務を保証する契約を第三者との間で締結するという場合である。このような場合とは異なり，たとえば，Y社が同社のAという取締役個人の債務ではなく，Z社の債務を保証するという場合で，AがZ社の取締役を兼任しているときには，ここにいう間接取引に該当するのかが問題となる。この点につき，判例（最判昭45・4・23民集24・4・364）によると，AがZ社の代表取締役を兼ねている場合には，Y社がZ社の債務を保証することは間接取引に該当すると解されている。このような場合には，AがZ社の利益を図りY社の利益を害する危険が類型的に認められるからである。

③ 違反の効果等

[**3-3-57**]　　取締役会の承認を受けずになされた利益相反取引の効果について，通説・判例は，取引の安全に配慮して相対的無効説をとっている。この立場によると，たとえば，取締役会の承認を受けることなく会社が取締役に対して約束手形を振り出した場合，会社は，その取締役に対し，取締役会の承認を受けなかっ

たことを理由として，その手形の振出しの無効を主張することができる。しかし，いったんその手形が第三者に対して裏書譲渡されたときは，会社は取締役会の承認がなかったことにつきその第三者が悪意であったことを立証するのでなければ，その振出しの無効を主張して手形上の責任を免れることはできない（最大判昭46・10・13民集25・7・900〔百選55事件〕）。また，判例は，同様に，会社が取締役会の承認を得ずに取締役以外の者（相手方）と間接取引をした場合にも，相手方を保護するために，会社は相手方が悪意であることを立証しなければ，取引の無効を主張することはできないとしている（最大判昭43・12・25民集22・13・3511〔百選56事件〕）。なお，**利益相反取引規制**は，会社の利益を保護するための規定であるので，取締役の側からは無効を主張することはできない（最判昭48・12・11民集27・11・1529）。

(3) 報酬規制

① 意　義

[3-3-58]　取締役の報酬額の決定については，業務執行の決定の一場面であるため，本来，その意思決定機関である取締役会ないし取締役会から一任された代表取締役が決定すべきである（*3-3-107*）。しかし，取締役に自分たちがもらうべき報酬額を決定させると，いわゆるお手盛りが生じる危険がある。そこで，取締役の報酬，賞与その他の職務執行の対価として会社から受ける財産上の利益（報酬等）については，定款で定めていなければ，株主総会の決議によって定めることとされている（361条1項）。そこでは，㋐報酬等のうち額が確定しているものについては，その額，㋑報酬等のうち額が確定していないものについては，その具体的な算定方法，㋒その会社の募集株式・募集新株予約権（またはそれらの払込みに充てられる金銭）については，当該募集株式・募集新株予約権の数の上限等（同項3〜5号参照），㋓㋒以外の非金銭的報酬については，その具体的な内容が定められる。

　上記㋐の額が確定している報酬については，実務上，月額が定められることが多い。そして，上記㋑の額が確定していない報酬については，業績連動型報酬のように，ある一定時点の会社の利益や株価を基準に報酬額を決めるという場合を挙げることができる。また，上記㋒については，取締役に対して企業価値を増加させるような経営を行うインセンティブを与えるために，株式報酬やストック・

オプション（**3-5-31**）を付与する場合である。なお，令和元年改正会社法は，この場合における募集株式および募集新株予約権の発行手続について特則を設けている（202条の2第1項・236条3項参照）。上記㋑については，会社が取締役に対して社宅を無料で提供するような場合である。

　上記㋐の額が確定している報酬に関して，株主総会では，個々の取締役についての支給額を個別に定める必要はなく，取締役全員に対する報酬の総額または最高限度額を定めることで足りる。つまり，個々の取締役に対する配分を取締役会に一任する総会決議は有効なものとして認められている（最判昭60・3・26判時1159・150）。これは，総額または最高限度額を決定すれば，お手盛りは防止でき，会社ひいては株主の利益は害されないからである。さらに取締役会はその決議で個々の取締役に対する配分の決定を代表取締役に一任できると解されている（最判昭31・10・5裁判集民23・409）。

　その一方で，取締役の報酬等は適切に職務を執行するインセンティブを取締役に付与するための手段でもあるため，この観点からは，取締役に対してどのような内容の報酬等を支払い，どのようなインセンティブを付与するかといった方針が重要である。また，株主にとっても，取締役に与えられる報酬の金額だけでなくその内容や条件が妥当であるのかどうかも重大な関心事である。そこで，令和元年改正会社法により，監査役会設置会社（公開会社であり，かつ，大会社であるものに限る）であって，有価証券報告書提出会社（金商24条1項）および監査等委員会設置会社の取締役会は，原則として，取締役の個人別の報酬内容に関する決定方針を決定しなければならないこととされた（361条7項。ただし，監査等委員である取締役は除く。）。具体的には，業績連動型報酬の算定に用いる指標の内容や，取締役の個人別の報酬等の内容についての決定方法等が考えられる。

　なお，株主総会の決議を経ずに取締役の報酬が支払われていたとしても，株主総会決議に代わる全株主の同意があった場合（東京地判平25・8・5金判1437・54），事後的に当該報酬の支払を承認する株主総会決議があった場合（最判平17・2・15判時1890・143）には，361条の趣旨は達せられるので，決議の内容等に照らして同規定の趣旨を没却するような特段の事情がない限り，そのような報酬の支払は適法有効である。

② 使用人兼務取締役の報酬

[3-3-59] **使用人兼務取締役**の報酬に関して，使用人としての資格で受ける報酬が361条１項の「報酬等」に含まれるか否かについて見解の対立があるが，含まれないと解すべきである。ここにいう報酬等とは，あくまでも取締役の資格で行う職務執行の対価であり，雇用契約の対価である使用人の給料とは異なるからである。ただし，使用人の給料については，業務執行の一環として，取締役会から一任された代表取締役が自由に決定することができるとしても，代表取締役が，使用人兼務取締役の使用人分の給料を不当に多額にし，取締役分の報酬を少額にする可能性は否定できない。このようなことが行われると，同条のお手盛り防止という趣旨が没却されることになる。そこで，使用人兼務取締役の取締役としての報酬額を株主総会で決定する際には，その取締役が使用人として受ける給料の額を明示すべきである。しかし，実務では，就業規則等によって，使用人の職務内容・勤続年数などに応じて自動的に額が定まるといった給与体系が設けられていることが多い。このような場合には，お手盛りの危険がないので，総会で使用人としての給料の額を明示しなかったとしても，同条の趣旨に反することにはならない（前掲最判昭60・３・26）。

③ 退職慰労金

[3-3-60] 退職慰労金については，取締役の在職中の職務執行の対価であるため361条１項が適用されるが，実務では，株主総会で総額または最高限度額を定めることをせずに，その具体的金額・支給時期・支払等を取締役会に一任する旨の総会決議がされることがある。このような決議が無条件で取締役会に決定を一任するという趣旨であれば無効である（830条２項，**3-3-36**）。しかし，そうではなく，内規で退職慰労金の支給基準が定められているところ，株主たちはそれを知り得る状況にあり，そしてその基準に従って支給するという趣旨であれば，総会決議は無効とまではいえない（最判昭39・12・11民集18・10・2143〔百選59事件〕）。また，株主総会の決議を経て，内規に従い支給されることとなった退職慰労金については，内規が廃止されたことの効力をすでに退職した取締役に対して及ぼすことはできない（最判平22・３・16判時2078・155）。

④ 報酬の減額等

[3-3-61] 取締役の報酬額が株主総会等で具体的に定められたら，それは会社

と取締役との間の任用契約の内容となるので，その取締役の同意がない限り，会社が一方的に減額したり，無報酬としたりすることはできない（最判平4・12・18民集46・9・3006〔百選A23事件〕参照）。ここにいう取締役の同意には，明示的なものだけでなく，黙示的な同意も含まれる。すなわち，規模の大きい会社においては，内規等により，取締役の役職ごとに報酬が定められていることが少なくないが，その場合，任期中に役職が変われば報酬額が変わることになっており，このような報酬の定め方および慣行を知ったうえで取締役就任に応じた場合には，役職の変更に伴い報酬額が減額されることについて，黙示的に同意したものと考えられる。ただし，そのような内規等が存在していても，正当な理由なく役職の変更がされた場合には，正当な理由なく解任された取締役の経済的利益を保障するという339条2項の趣旨に鑑みて，その取締役の明示の同意がない限り，報酬の減額は認められないと解すべきである。

5 取締役の会社に対する任務懈怠責任

（1）総　説

[3-3-62]　　　取締役は，その任務を怠った（任務懈怠）ときは，これにより会社に生じた損害を賠償する責任を負う（423条1項）。ここにいう**任務懈怠**とは，善管注意義務（**3-3-50**）を含む取締役の法定義務に取締役が違反することをいう。実際上，任務懈怠責任については，他の取締役に対する監督を怠ったことが取締役の善管注意義務違反であるとして，争われるケースが多い。また，取締役は善管注意義務を尽くして**内部統制システム**（**3-1-8**, **3-3-111**）を整備しなければならず，それを怠った場合にも，取締役は任務懈怠責任を負わされることになるが（大阪地判平12・9・20判時1721・3），どのような内容のシステムを整備するかについては取締役に広い裁量が認められている（最判平21・7・9判時2055・147〔百選50事件〕，東京地判平30・3・29判時2426・66参照）。

　なお，取締役が会社法以外の法令に違反した場合にも，ここにいう任務懈怠になるのか否かという問題があるが，会社を名宛人とする法令に違反した場合にも任務懈怠となると解すべきである。というのも，会社が法令を遵守しなければならないことは当然であるところ，会社の業務執行に携わる立場にある取締役は，会社に法令違反をさせないために，会社を名宛人とする法令を遵守することも取

締役の任務であるといえるからである（最判平12・7・7民集54・6・1767〔百選47事件〕）。

このような423条1項の責任が認められるためには、㋐取締役の任務懈怠、㋑会社における損害の発生、㋒任務懈怠と損害との間に因果関係があること、そして、㋓任務懈怠が取締役の責めに帰することができない事由によるものでないこと（**帰責事由**の存在：428条1項参照）が必要である。取締役と会社との関係は委任に関する規定に従うところ（330条）、この任務懈怠責任は債務不履行責任の性質を有していると考えられ、上記㋐～㋒については取締役の責任を追及する側が証明責任を負い、上記㋓についてはその不存在を取締役の側で証明する責任を負うことになる。つまり、取締役に任務懈怠があることが証明されても、取締役の側で故意・過失がなかったこと、あるいは、他の行為をとることの期待可能性がなかったことを証明すれば、この責任を免れる余地がある（前掲最判平12・7・7、最判平18・4・10民集60・4・1273〔百選12事件〕参照）。

(2) 経営判断の原則

[3-3-63]　取締役がある経営上の判断・決定を行い、それを実行したが、結果としては失敗に終わり会社に損害が生じたとする。このような場合、後述するように、会社またはその株主から、経営判断を誤った取締役に対して、善管注意義務違反(3-3-50)という任務懈怠に基づく損害賠償責任が追及されることがある(3-3-75)。しかし、経営判断を誤ったことを理由に、直ちに責任を負わせるのは妥当ではない。なぜならば、将来予測を正確に行うことは困難であるにもかかわらず、裁判所が経営判断を誤った取締役の善管注意義務違反を容易に認めると、取締役が委縮してしまったり、取締役のなり手不足が生じたりすることが考えられるが、それは会社や株主にとって必ずしも有益なことではないからである。

そこで、判例および学説は、取締役の経営上の判断の誤りが善管注意義務違反になるかどうかについては、いわゆる**経営判断の原則**に基づいて、取締役にとって酷とならないよう判断すべきであるという立場をとっている。すなわち、判例は、取締役の経営上の決定については、その過程および内容に著しく不合理な点がない限り、取締役としての善管注意義務に違反するものではないと解している（最判平22・7・15判時2091・90〔百選48事件〕参照）。

(3) 競業取引に関する取締役の任務懈怠責任

[3-3-64]　　取締役が**競業取引**(3-3-52)を行うには，取締役会の承認が必要であるところ（356条1項1号・365条1項），その承認を得ずにその取引を行ったことは取締役の任務懈怠であり，これによって会社に損害が生じた場合には，その取引を行った取締役は会社に対して損害賠償責任を負う（423条1項）。このような場合には，責任を追及する側が，取締役の任務懈怠と損害との間に因果関係があることを立証しなければならない(3-3-62)。

　しかし，取締役が競業取引を行った場合に，それにより会社がどれだけの損害を被ったのかという具体的な金額を立証することは原告にとって必ずしも容易なことではない。そこで，取締役が，取締役会の承認を得ずに競業取引を行った場合には，その取引によって取締役または第三者が得た利益の額は，会社が被った損害額と推定される（423条2項）。

(4) 利益相反取引に関する取締役の任務懈怠責任

[3-3-65]　　取締役が**利益相反取引**(3-3-55)を行うには，取締役会の承認が必要であるところ（356条1項2号・3号，365条1項），その承認を得ずに会社と取引を行ったことは任務懈怠である。そして，本来であれば，取締役の任務懈怠により会社が損害を被ったことについては，取締役の責任を追及する側が証明しなければならない(3-3-62)。

　しかし，利益相反取引に関する取締役の会社に対する損害賠償責任については，取締役会の承認を得たか否かにかかわらず，利益相反取引によって会社に損害が生じたときは，㋐会社と利益が相反する取締役，㋑会社がその取引をすることを決定した取締役，㋒その取引に関する取締役会の承認の決議に賛成した取締役は，その任務を怠ったものと推定される（423条3項）。

　したがって，取締役の利益相反取引に基づく会社に対する損害賠償責任については，責任を追及する側としては，取締役が利益相反取引を行ったことにより会社に損害が生じたことだけを証明すればよく（取締役の任務懈怠の存在を証明する必要はなく），任務懈怠がなかったことの証明は被告取締役側に課されている。これは，利益相反取引が会社の通常の取引と比べて会社の利益を害する危険の高い行為であるため，原告の立証に関する負担を軽減し，被告の負担を増加することによって，取締役に利益相反取引を慎重に行うことを求めているのである。

取締役の利益相反取引に基づく会社に対する損害賠償責任についても，被告取締役の側で任務懈怠につき帰責事由がなかったことを証明することができれば，免責される。しかし，利益相反取引のうち直接取引であり，しかも取締役が自己のために行った場合には（3-3-55），任務懈怠につき帰責事由がなくても，取締役はこの責任を免れることができない（428条1項）。

このような規定を設けたのは，取締役が自己のために会社と取引を行っている場合には，会社が損害を被っている分をその取締役が利益として得ているわけであるから，取締役の過失の有無にかかわらず，得た利益を会社に戻させるのが当然であると考えられるからである。そのため，428条1項における無過失責任については，例外的に，取締役の会社に対する責任軽減（一部免除）制度（425条〜427条，3-3-72〜3-3-74）が適用されない（428条2項）。

6 取締役の会社に対するその他の責任

上述した任務懈怠責任の他にも，次のように，取締役が会社に対して責任を負う場合がある。それらは特別に定められた責任であるため，任務懈怠責任とは異なり，取締役の責任の一部免除制度は適用されない。

（1）利益供与に関する支払義務

[3-3-66]　120条1項で禁止されている**利益供与**(3-3-24)に関与した取締役は，その職務を行うについて注意を怠らなかったことを証明しない限り，供与した利益の価額に相当する額を支払う義務を負う（120条4項。ただし，利益を供与した取締役は無過失責任である（同項カッコ書）。会社は，違法な利益供与を受けた者に対して返還請求権を有しているが（同条3項），実際上，供与を受けた者から利益が返還されることはほとんど期待できない場合や返還されるとしても相当の時間を要する場合などが想定されるため，取締役に対してこのような特別の支払義務が課されている。そして，この支払義務は，総株主の同意がなければ免除することはできない（同条5項）。

（2）剰余金の配当等に関する支払義務

[3-3-67]　会社は，**分配可能額**の範囲内でなければ，自己株式を取得したり，剰余金の配当をしたりすること（以下，「**剰余金の配当等**」という）ができないところ（461条1項，3-6-20），それに違反した場合には，取締役に支払義務が課され

ている（462条，**3-6-21**）。すなわち，会社が，分配可能額を超えて剰余金の配当等を行った場合には，その行為により金銭等の交付を受けた者，その行為に関する職務を行った業務執行者（同条1項カッコ書参照），そして，剰余金の配当等が株主総会の決議で決められた場合にはその議案を提案した取締役など462条1項各号に定める取締役は，その職務を行うについて注意を怠らなかったことを証明しない限り，会社に対して，連帯して，その金銭等の交付を受けた者が交付を受けた金銭等の帳簿価額に相当する金銭を支払わなければならない（同条1項・2項）。

本来，違法な剰余金の配当等は株主総会の決議をしても無効であるから，金銭等の交付を受けた株主はそれを返還すべきである。しかし，実際上，会社がそれらを完全に回収することは期待できないため，**債権者保護**という観点から（**1-3-3**），上記のような取締役に対して特別の支払義務が定められているのである。なお，このような支払義務については，原則として免除することができないが，総株主の同意があれば，剰余金の配当等を行った時における分配可能額を限度として免除することができる（462条3項）。

(3) 期末欠損填補責任

[3-3-68]　　上記(2)の支払義務は，分配可能額の範囲を超えて剰余金の配当等を行った場合の責任についてであるが，会社が分配可能額の範囲内でそれらを行った場合であっても，取締役が責任を負わされる場合がある。たとえば，剰余金の配当については適法に行ったのであるが，それを行った日の属する事業年度に係る計算書類につき定時株主総会の承認（**3-3-5**，**3-6-9**）を受けた時に，会社に**欠損**が生じる（分配可能額がマイナスになる）ことがある。

このような場合，その行為に関する職務を行った業務執行者は，注意を怠らなかったことを証明しない限り，欠損額（分配可能額のマイナスの分）を会社に対して，連帯して，支払わなければならない（465条1項，**3-6-23**）。このような責任についても，債権者保護という観点から，取締役に対して特別に課されたものである。なお，このような支払義務については，総株主の同意がなければ，免除することができない（同条2項）。

(4) 買取請求に応じて株式を取得した場合の責任

[3-3-69]　　会社が，発行している株式の全部を譲渡制限株式（**3-4-23**）とするために定款を変更する場合など116条1項各号に掲げられている行為をする場合，

いわゆる**反対株主**（116条2項参照）は，会社に対して株式の買取請求をすることができる（同条1項）。そして，会社がそのような請求に応じて株式を取得する場合，請求した株主に支払った金銭の額が支払日における分配可能額を超えるときは，その株式の取得に関する職務を行った業務執行者は，その職務を行うについて注意を怠らなかったことを証明しない限り，会社に対して，連帯して，その超過額を支払わなければならない（464条1項，**3-6-22**）。

　したがって，業務執行者は，この責任を負わないようにするためには，会社が116条1項各号に掲げられている行為した場合，それにより反対株主から株式買取請求がどれくらいなされるか，その支払日における分配可能額はいくらであるかを予測しておく必要がある。なお，この支払義務は，総株主の同意がなければ免除することができない（464条2項）。

(5) 現物出資財産等の不足額填補責任

[3-3-70]　　会社の設立時または募集株式の発行時における現物出資財産等（**3-2-9**，**3-5-17**）の価額が，定款所定または募集株式発行に際して定められた価額に著しく不足するときには，発起人，設立時取締役，募集に関する職務を行った業務執行者，総会または取締役会に議案を提案した取締役等は，その職務を行うにつき注意を怠らなかったことを証明しない限り，会社に対して，連帯して，その不足額を支払わなければならない（52条1項2項2号・213条1項2項2号，**3-2-18**，**3-5-26**）。

　会社の設立時におけるこの責任については，総株主の同意がなければ免除することができない（55条）。これに対して，募集株式の発行時におけるこの責任については，免除するに当たり特にそのような制限は設けられていない。なぜならば，設立時においては発起人自身が現物出資者であり，その行為により利益の移転を受けているのに対して，募集株式の場合には，取締役自身は利益の移転を受けていないからである。

７ 取締役の任務懈怠責任の免除・軽減（一部免除）

(1) 責任の免除

[3-3-71]　　取締役の任務懈怠に基づく会社に対する損害賠償責任（**3-3-62**）を免除することは，法律行為論的には債務免除（民519条）の一種なので，本来，債

権者である会社の一方的な意思表示による単独行為でできるはずである。しかし，取締役や代表取締役によってその責任が簡単に免除されてしまうと，取締役に責任を課している会社法の規定は実効性を失ってしまう。そこで，取締役の任務懈怠責任は，総株主の同意がなければ免除できないとされている（424条）。この規定には，株主代表訴訟制度（**3-3-75**）を骨抜きにしないという意図も含まれているが，訴訟上の和解（**3-3-83**）がなされる場合には，総株主の同意は不要である（850条4項）。

（2）責任の軽減（一部免除）

このように，取締役の任務懈怠に基づく会社に対する損害賠償責任の免除には総株主の同意が必要であるため，株主の数が大多数に及ぶ上場会社等においては，この責任の免除は事実上不可能である。しかし，特にそのような大規模な会社においては，非常に多額の損害賠償責任が認められることもあり得るところ（大阪地判平成12・9・20判時1721・3参照），取締役のなり手の確保等という観点からは，一定程度，取締役の責任を軽減する必要がある。そこで，次の3つの場合には，取締役の任務懈怠に基づく会社に対する損害賠償責任は軽減される。

① 株主総会決議による場合

[**3-3-72**]　取締役が職務を行うにつき善意でかつ重大な過失がないときには，賠償責任を負う額から，次に掲げる額の合計額（**最低責任限度額**という）を控除して得た額を限度として，株主総会の特別決議（309条2項8号，**3-3-27**）によって免除することができる（425条1項）。すなわち，第一に，取締役がその在職中に会社から職務執行の対価として受け，または受けるべき財産上の利益の1年間当たりの額に，代表取締役については6を，代表取締役以外の**業務執行取締役等**（2条15号イ）については4を，業務執行取締役以外の取締役（**非業務執行取締役**）については2を，それぞれ乗じて得た額（425条1項1号），第二に，取締役が会社の新株予約権を引き受けた場合におけるその新株予約権に関する財産上の利益に相当する額（同項2号）の合計額を賠償責任額から控除して得た額を限度として，免除することができる。そして，このような責任の一部を免除するための総会決議を行う場合には，取締役は，総会において，責任の原因となった事実および賠償の責任を負う額，免除額の限度およびその算定の根拠，責任を免除する理由および免除額を開示しなければならない（425条2項）。なお，取締役がこのよ

うな責任の一部免除に関する議案を総会に提出するに当たっては，会社の区分に応じて監査役等全員の同意が必要である（同条3項）。

② 取締役会決議による場合

[3-3-73]　監査役設置会社（取締役が2人以上ある場合に限る。），監査等委員会設置会社，または指名委員会等設置会社は，取締役の任務懈怠に基づく会社に対する損害賠償責任について，取締役が職務を行うにつき善意でかつ重大な過失がない場合おいて，責任の原因となった事実の内容，その取締役の職務の執行状況その他の事情を勘案して特に必要と認めるときは，上記①の総会決議による場合に免除することができる額を限度として，取締役会の決議によって免除することができる旨を定款で定めることができる（426条1項）。

　ただし，たとえ定款の定めによるとはいえ，同僚である取締役たちの判断により，ある取締役の責任を一部免除できるとすると，株主に不利益が生ずるおそれがあるため，**株主の異議制度**が設けられている。すなわち，取締役は，責任の原因となる事実および賠償責任を負うべき額，責任を免除すべき理由および免除額，免除に異議があれば一定の期間内に述べるべき旨を公告するか，または，株主にその旨を通知しなければならない（426条3項）。そして，この一定期間内に総株主の議決権の100分の3以上を有する株主が異議を述べたときは，会社は責任を免除することができない（同条7項）。

③ 責任限定契約による場合

[3-3-74]　会社は，非業務執行取締役（3-3-72）の任務懈怠による会社に対する損害賠償責任（423条1項）について，その取締役が職務を行うにつき善意でかつ重大な過失がないときは，定款で定めた額の範囲内であらかじめ会社が定めた額と最低責任限度額（425条1項参照）とのいずれか高い額を限度とする旨の契約を非業務執行取締役と締結することができる旨を定款で定めることができる（427条1項）。

　この規定の本来の趣旨は，社外取締役（2条15号，1-3-4，3-3-49）の確保をより容易にすることにある。すなわち，社内の事情に精通していない者に対して，あらかじめその者が責任を負うべき最高限度額を把握させることにより，社外取締役になることへの不安を軽減することが主なねらいである。なお，従来，この契約を締結することができる取締役は社外取締役に限定されていたが，平成26年

の改正法により，その対象者は非業務執行取締役へと拡大された。これは，社外取締役ではなくても業務執行を行わない取締役は，専ら経営に対する監督を期待されており，その責任発生のリスクを自ら十分にコントロールすることができない立場にあることを考慮したためである。

8 株主代表訴訟—株主による取締役等の責任追及

(1) 意 義

［3-3-75］　　取締役が会社に対して損害賠償等の責任を負う場合，損害を被った会社自身がその責任を追及するのが筋である。会社が取締役の責任を追及する訴えを提起する場合，会社を代表する者は代表取締役であるとは限らず，取締役会で代表者を定めることが可能となっている（364条。株主総会で定めることも可能である（353条））。また，監査役設置会社では，この場合，監査役が会社を代表する（386条1項）。これは，代表取締役がこのような訴えを提起することは一般に期待できないからであるが，監査役にしても，役員間には特別の同僚意識が働くことがあり，会社自らが取締役の責任追及することは十分には期待できない。そこで，株主が会社のために会社に代わって取締役の責任を追及する訴訟（以下，「**代表訴訟**」という。）が，制度として認められているのである。

(2) 対 象

［3-3-76］　　株主が代表訴訟を提起することができるのは，㋐役員等（取締役・会計参与・監査役・執行役・会計監査人），清算人，発起人・設立時取締役・設立時監査役の責任を追及する訴え，㋑120条1項に違反する財産上の利益を会社から受けた者に対してその利益の返還（**3-3-66**）を求める訴え，㋒払込みを仮装した設立時募集株式の引受人・募集株式の引受人，または新株予約権にかかる払込みを仮装した新株予約権者に対して，払込みを仮装した払込み金額の全額の支払（102条の2第1項・213条の2第1項・286条の2第1項，**3-2-18**，**3-5-25**，**3-5-40**）を求める訴え，㋓募集株式の引受人または新株予約権者に対して，不公正な払込金額で引き受けた場合における公正な価額との差額の支払等（212条1項・285条1項。**3-5-25**，**3-5-40**）を求める訴えである（847条1項，これらを「**責任追及等の訴え**」という。）。

　代表訴訟の対象となる上記㋐に関する取締役の責任の範囲については，総株主

の同意によってのみ免責が認められている取締役の地位に基づく会社法上の責任・義務（120条4項・423条1項・462条1項等）に限定されると解する見解（限定債務説）と，取締役が会社に対して負担する一切の債務であると解する見解（全債務説）とが対立している。この点について，判例は，取締役の地位に基づく会社法上の責任・義務に加えて，取締役・会社間の取引により生じた取締役の取引債務についても，株主は代表訴訟を提起することができるが，取引とは関係のない会社の所有権に基づく請求などについては，提起することはできないという立場をとっている（最判平21・3・10民集63・3・361〔百選64事件〕）。

(3) 原告適格（提訴権者）

① 総　説

[3-3-77]　　6か月前から引き続き株式を有する株主はその保有数にかかわらず提訴権を有するが（847条1項），株主はいったん代表訴訟を提起したら，その訴訟終了時まで株主であり続けなければならない。というのも，代表訴訟提起権は，会社ひいては株主共同の利益を図るために認められたものであるからである。ただし，訴えを提起した株主が当該訴訟の係属中にその会社の株主でなくなっても，原告適格が維持される場合がある。すなわち，訴えを提起した株主が，株式交換・株式移転（3-7-38）によりその会社の完全親会社（3-1-12）の株主となってしまった場合，または，合併（3-7-2）により消滅する会社の株主から存続する会社等の株主となった場合には，その者は，訴えの対象となっていた取締役の所属する会社の株主でなくなってしまうが，訴訟を追行することができる（851条）。

② 旧株主による責任追及等の訴え

[3-3-78]　　上記①のように，訴訟の係属中にその会社の株主でなくなってしまった者に対しても，一定の場合には訴訟追行権が与えられている。これは，組織再編（3-7-1）が行われると株主に変動が生じるが，それによって元の会社の取締役に対する責任追及が不十分になってしまう可能性があることに配慮したものである。平成26年改正法はこのような趣旨に鑑み，さらに，**旧株主による責任追及等の訴え**（847条の2）という制度を新設した。

　すなわち，ある会社（Y社）が，株式交換・株式移転・吸収合併した場合，その効力が生じた日の6か月前から効力発生日まで引き続きY社の株主であった者

（旧株主）が，株式交換または株式移転によりY社の完全親会社（X社）の株式を取得したり，または吸収合併によりY社を吸収した存続会社の完全親会社（Z社）の株式を取得したりして，引き続きX社またはZ社の株式を有している場合には，Y社の株主ではなくなっても，株式交換等の効力が生じた時までにその原因となった事実が生じた責任・義務について，代表訴訟を提起することができる（847条の2第1項・6項）。

（4）手　続

［3-3-79］　株主は，まず会社に対して，会社が取締役の責任を追及する訴えを提起するよう請求する必要がある（847条1項本文）。そして，このような株主からの提訴請求がなされたにもかかわらず，会社が請求日から60日以内に訴えを提起しないときは，請求をした株主は，自らが原告となって会社のために責任追及の訴えを提起することができる（847条3項）。

会社は，提訴請求の日から60日以内に責任追及等の訴えを提起しない場合において，請求をした株主または被告となるべき者から請求を受けた時は，請求者に対して，遅滞なく責任追及等の訴えを提起しない理由を通知しなければならない（847条4項）。これは，提訴請求がなされたときに，会社に誠実な対応を促すためである。株主は，責任追及等の訴えを提起したときは，会社に**訴訟参加**（3-3-81）の機会を与えるために，遅滞なく会社に対して訴訟告知をしなければならない（849条4項）。会社は，責任追及等の訴えを提起したとき，またはその訴訟告知を受けたときは，馴合訴訟を防止するとともに，**和解**（3-3-83）が適切に行われることを担保するために，遅滞なく，その旨を公告または株主に通知しなければならない（同条5項）。

なお，適格旧株主（847条の2第9項カッコ書）が代表訴訟を提起する場合においても，これらとほぼ同様の手続をとることになる（847条の2第1項・6項・7項・849条6項・10項1号）。

（5）担保提供

［3-3-80］　代表訴訟が濫用的に用いられることを防止するための制度が**担保提供制度**である。すなわち，取締役が株主から責任追及等の訴え（3-3-76）を提起されたときに，被告取締役は裁判所に対して申立てをし，その責任追及等の訴えの提起が悪意によるものであることを疎明すれば，裁判所は原告株主に対して，

相当の担保を立てるよう命ずることができる（847条の4第2項・3項）。裁判所から担保提供命令が出されると，そもそも代表訴訟は株主にとって金銭的なインセンティブが強いものではないこともあり，実際には原告株主はその訴えを取り下げることが多い。そのような意味において，この制度は濫訴から取締役を保護する役割を果たしている。

　ここにいう「悪意」とは，原告株主の請求に理由がなく，かつ同人がそのことを知って訴えを提起した場合，または，不当な目的をもって被告を害することを知りながら訴えを提起した場合を指す（東京高決平7・2・20金判968・23〔百選65事件〕）。ここにいう担保とは，代表訴訟が不法行為を構成する場合に，被告取締役が取得する損害賠償請求権を担保することを意味する。つまり，原告株主の請求に理由がなく，かつ同人がそのことを知って訴えを提起した場合には不法行為となるところ（最判昭63・1・26民集42・1・1），原告株主は，そのような不当訴訟を提起したことにより被告取締役が被ることになる損害額相当の金銭を担保として提供しなければ，裁判を続行することができない。

(6) 訴訟参加

[**3-3-81**]　　取締役の責任追及等の訴え（**3-3-76**）を提起した会社や株主が，被告である取締役と馴れ合って，的確な訴訟追行をせずにわざと敗訴したり，途中で訴えを取り下げたりすることも考えられる。そこで，そのような馴合訴訟を防止するために，株主または会社は，共同訴訟人として，または当事者の一方を補助するため，その訴訟に参加することができる（849条1項）。なお，会社が被告取締役を補助するために訴訟参加する場合には，会社の判断の適正を確保するために，会社の区分に応じて監査役等全員の同意が必要である（849条3項）。

(7) 再審の訴え

[**3-3-82**]　　取締役の責任追及等の訴え（**3-3-76**）に関しては，馴合訴訟を事前に防止するための訴訟参加（**3-3-81**）という制度が存在するが，それが活用されずに馴合訴訟によって不当な判決が確定し，会社ひいては株主共同の利益が害されてしまうこともあり得る。そこで，このような場合に備えて，さらに**再審の訴え**という制度が存在する。すなわち，取締役の責任追及等の訴えを提起したのが会社であれ株主であれ，原告と被告が共謀して，会社の権利を詐害する目的をもって裁判所に判決させたときは，共謀当事者でなかった会社または株主は，確

定した終局判決に対し，再審の訴えをもって不服を申し立てることができる（853条1項1号）。

(8) 和　解

[3-3-83]　代表訴訟においても，他の訴訟と同様に，訴訟上の和解をすることができる。ただし，この場合において，会社が和解の当事者でないときには，会社の利益が害されてしまう危険がある。そこで，裁判所は，会社に対し，和解の内容を通知し，かつその和解内容に異議があるときは２週間以内に異議を述べるべき旨を催告しなければならない（850条２項）。そして，会社がその期間内に異議を述べないときは，会社は株主が和解することを承認したものとみなされ（同条３項），会社に対して確定判決と同一の効力が及ぶ（同条１項但書，民訴267条）。なお，会社が和解をするには，補助参加の場合と同様に（3-3-81），会社の区分に応じて監査役等全員の同意が必要である（849条の２）。

(9) 判決の効果

[3-3-84]　代表訴訟は，株主が原告になるとはいえ，会社のためになされるものであるから，判決の効果は，勝訴・敗訴ともに会社に対して及ぶ（民訴115条１項２号）。原告株主が勝訴したときは，その訴訟費用については敗訴した被告取締役の負担となるのは当然であるが（民訴61条），その株主は会社のために訴訟を提起したのであるから，訴訟費用を除く必要費用（たとえば，裁判所への出頭費用等）や弁護士に対する報酬額を会社に対して請求することができる（852条１項）。これに対して，原告株主が敗訴したときは，訴訟費用はその株主の負担となり，また，上記の必要費用も会社に対して請求することはできない。

9 多重株主代表訴訟

(1) 総　説

[3-3-85]　**多重株主代表訴訟**（以下，「多重代表訴訟」という。）とは，簡単にいうと，親会社の株主が子会社に代わって，子会社の損害賠償請求権を行使し，子会社の取締役等の責任を追及する訴訟のことである。わが国では，１つの会社だけでなく，親会社・子会社・関連会社などで形成されるグループ企業が，全体として一連の経済活動を行うことが少なくない（3-1-9～3-1-11）。そして，従来，親子会社関係における問題点の１つとして，子会社取締役に対して任務懈怠責任

が追及されないということが挙げられていた。つまり，たとえば，親会社が子会社の株式をすべて保有しているという完全親子会社（*3-1-12*）においては，子会社取締役の任務懈怠により親会社が損害を被ったという場合でも，子会社の唯一の株主である親会社の取締役と子会社の取締役との間で馴合いが生じ，そのため，子会社取締役は株主からその責任が追及されずに責任を免れているということが指摘されていた。そこで，平成26年改正法により多重代表訴訟が新設されたのである（*1-3-4*）。

(2) 要　件

[*3-3-86*]　　通常の代表訴訟提起権が**単独株主権**であるのに対して，多重代表訴訟では**少数株主権**とされている（*3-3-77*，*3-4-4*）。つまり，親会社株主であれば誰でも多重代表訴訟を提起できるわけではなく，親会社の総株主の議決権の100分の1以上の議決権を有する株主または発行済株式の100分の1以上の数の株式を有する株主でなければならない（847条の3第1項）。これは，親子会社とはいっても，それぞれ異なる法人格を有する別会社であり，本来，取締役の責任を追及するのはその会社の株主であるところ，政策的に，親会社株主に子会社取締役の責任追及を認めたわけであるが，それにより多重代表訴訟が濫用的に活用されることを防止するためである。

　また，多重代表訴訟は，親子会社関係が形成されていれば，常に活用できるというものではない。つまり，親子関係にある会社間であっても，子会社の株主が親会社以外にも存在するという場合には，その株主が子会社の取締役の責任を追及していくことが期待できるために，多重代表訴訟の活用は認められていない。換言すると，多重代表訴訟を活用できるのは，**完全親子会社関係**にある場合であり，「**最終完全親会社等**」の株主に限定されている（847条の3第1項（*3-1-12*））。ここにいう最終完全親会社等の「完全親会社等」とは，次のX1社〜X3社のような場合を指す。すなわち，㋐対象となる会社（Y社）の完全親会社（X1社）（同条の3第2項1号），㋑Y社の発行済株式の全部をX2社およびその完全子会社（Z1社）が有する場合におけるX2社，または，㋒Y社の発行済株式の全部をZ2社が有する場合におけるZ2社の完全親会社たるX3社（同項2号）である。そして，X1社〜X3社の株主が多重代表訴訟を提起することができるためには，それらの会社が「最終」完全親会社等でなければならないので，X1社〜X3社の完全

親会社たるものは存在しないことが必要である。

　さらに，最終完全親会社等（以下，**3-3-87**までは単に「親会社」という）の株主が子会社の取締役の責任を追及する訴えを提起できるのは，その子会社が親会社にとって重要なものであることが必要である。つまり，小規模な子会社の取締役は，実際上，親会社内においては部門長である従業員にすぎず，別法人の株主がそのような者にまで責任追及できるとするのは，通常の代表訴訟制度と比べて妥当ではないと考えられる。そこで，多重代表訴訟を提起できるのは，子会社の取締役等の責任の原因となった事実が生じた日において，親会社におけるその子会社の株式の帳簿価格が，その親会社の総資産額の5分の1を超えている場合に限られている（847条の3第4項）。なお，親会社が公開会社である場合には，通常の代表訴訟と同様に，親会社株主は，6か月以上という株式保有期間の要件が課されている（同条の3第1項）。

(3) 手　続

[**3-3-87**]　　親会社の株主が，多重代表訴訟を提起する場合，通常の代表訴訟と同様に（**3-3-79**），まず対象となる会社（子会社）に対して，その取締役等の責任を追及する訴え（**特定責任追及の訴え**）を提起するよう請求し（847条の3第1項），その請求の日から60日以内にその子会社が訴えを提起しないときは，請求を行った株主が，その子会社のために特定責任追及の訴えを提起することができる（同条の3第7項）。

　また，多重代表訴訟においても，通常の代表訴訟と同様に，担保提供（847条の4第2項・3項），訴訟参加（849条），再審の訴え（853条1項3号），和解（850条3項），費用等の請求（852条）などの制度が認められている（**3-3-80～3-3-84**）。なお，多重代表訴訟が活用される場合においては，子会社取締役の任務懈怠に基づく損害賠償責任（423条）を免除するためには，その子会社の総株主である親会社と親会社の総株主の同意が必要とされている（847条の3第10項）。

⑩ 違法行為差止請求権

[**3-3-88**]　　取締役が違法行為をしようとしているときにそれを止めさせるのは，取締役会あるいは監査役の職務ではあるが（362条2項2号・385条1項），それらが適切に行われないこともあり得る。そこで，株主に対して**違法行為差止請求**

権が認められている。すなわち，株主は，取締役が法令・定款に違反する行為を
しようとしたり，またはするおそれがある場合には，取締役に対してその行為を
やめるよう請求することができる（360条）。このような違法行為差止請求権は，
代表訴訟提起権（**3-3-75**）と同様に，会社を救済するための手段であるが，後者
が事後の救済方法であるのに対して，前者は事前の救済方法である点で異なって
いる。

　違法行為差止請求権は，代表訴訟提起権と同様に，6か月という株式の保有要
件はあるが（360条1項），単独株主権（**3-4-4**）である。ただし，取締役が違法行
為をしようとしている場合に，株主は常にこの権利を行使できるわけではない。
監査役設置会社において，株主が違法行為差止請求権を行使できるのは，取締役
の行為によって会社に「回復することができない損害」が生ずるおそれがある場
合に限られている（同条3項）。なぜならば，このような会社においては，同様の
差止請求権が株主よりも広範囲に渡って認められている監査役が存在しており
（385条1項，**3-3-115**），会社経営の効率化という観点からは，株主による会社経
営への介入は最小限にとどめた方がよいと考えられるからである。

　なお，違法行為差止請求権は，裁判外においても行使することができるが，取
締役がそれに応じるとは限らない。そこで，実際には，株主は，違法行為をしよ
うとする取締役を被告として差止請求訴訟を提起したり，また，差止請求の対象
である行為をしないよう命じる仮処分の申立て（民保23条）を行うことが多い（東
京地決平16・6・23金判1213・61〔百選58事件〕参照）。

🔟 第三者に対する損害賠償責任

（1）総　説

[3-3-89]　　取締役は，会社と委任関係にあるが（330条），第三者とは直接何ら
の法律関係も存在しないために，本来であれば，不法行為の要件を満たさない限
り，第三者に対して損害賠償責任を負わないはずである。しかし，株式会社が経
済社会において重要な地位を占めていて，しかも，その会社の活動は機関である
取締役の職務執行に依存するものであることから，会社法は，第三者を保護する
ために特別に**取締役の対第三者責任**について定めている（最大判昭44・11・26民集
23・11・2150〔百選66事件〕）。第三者が取締役の損害賠償責任を追及するケースは

多いが，この制度は，特に中小規模の会社の取引先がその会社の倒産により債権を回収することができなくなった場合に，会社の背後にある取締役の責任を追及する手段として活用されているという面がある。そのような意味では，実際上，この制度は**法人格否認の法理**（*1-1-13*）と同様の機能を有している。

(2) 悪意・重過失による任務懈怠責任

[3-3-90]　　取締役は，その職務を行うについて悪意・重過失があったときは，その取締役はこれにより第三者に生じた損害を賠償する責任を負う（429条１項）。ここにいう「第三者」とは，会社・取締役以外の者であり，会社の取引先・消費者・株主などが広く含まれると一般に解されている。また，ここにいう「悪意・重過失」は，取締役の第三者に対する加害行為に向けられているわけではない。換言すると，取締役は，不法行為の要件を満たしていなくても，職務を行うにつき悪意・重過失があり，その任務懈怠行為と第三者が被った損害との間に因果関係があれば，**間接損害・直接損害**のいずれであるかを問わず，広く第三者に対して損害賠償責任を負うことになる（前掲最大判昭44・11・26）。

　間接損害とは，取締役の任務懈怠によって会社が損害を被り，その結果として第三者が被った損害のことをいう。たとえば，会社が返済困難な相手方に無担保で貸し付けたことにより倒産したため，その会社の債権者が損害を被った場合である。間接損害のケースにおいては，「第三者」の中に株主は含まれないと解するのが通説的見解である。これに対して，直接損害とは，取締役の任務懈怠により，会社は損害を被らずに，第三者が直接被る損害のことをいう。たとえば，会社が倒産の危機に瀕している状況下において，支払見込みがないにもかかわらず手形を振り出して，第三者から商品を購入したり，金銭を借りたりしたが，代金を支払えなかったり，金銭を返済できなかったりしたため，契約の相手方である第三者が損害を被った場合などである。

(3) 書類等の虚偽記載等による責任

[3-3-91]　　取締役は，株式を引き受ける者を募集する際に虚偽の通知や虚偽の記載をしたり，計算書類に虚偽の記載をしたり，虚偽の登記・公告をした場合，その行為をすることについて注意を怠らなかったことを証明しない限り，第三者に対し，これによって生じた損害を賠償する責任を負う（429条２項）。このような取締役の虚偽記載等により第三者が被る損害は直接損害に当たる。しかし，この

場合には，取締役は悪意・重過失がなくても，軽過失があれば対第三者責任を負わされることになり，しかも立証責任が転換されているので，取締役のこの責任は，上記(2)の悪意・重過失による任務懈怠責任（**3-3-90**）よりも加重されている。これは，会社法が情報開示を重要なものと位置づけていることの現れである（**1-3-3**）。

[3-3-92] 429条1項により責任を負うべき「取締役」の範囲

Step Ahead⟩ この規定は，中小規模の会社の取締役に対してその会社の債権者が責任追及する場合に用いられることが多い。その中には，会社業務に全く関与したことがないという**形式上の取締役**に対して，代表取締役によってなされた業務執行の監督を怠ったことを理由に，責任追及するケースがしばしば見受けられる。形式上の取締役とは，取締役として名前を連ねているが，実際上，取締役としての職務を全く行っていない者のことをいうが，このような者は**名目的取締役**と**表見的取締役**（登記簿上の取締役）とに分かれる。前者は，創立総会または株主総会において取締役として適法に選任され，就任することを承諾した法律上の取締役であるのに対して，後者は，取締役に就任することには承諾しているものの，法律上の選任手続を経ておらず，単に登記簿上，取締役として名前を連ねているにすぎない者である。

名目的取締役につき下級審の裁判例の中には，任務懈怠と第三者との損害には因果関係がない，あるいは，任務懈怠につき重過失はないという理由で責任を否定するものが少なくない。しかし，名目的取締役といえども，その者は，適法な選任手続を経て取締役に就任した法律上の取締役である。したがって，その者が取締役としての職務を他者に任せきりにしていること自体が，少なくとも重大な過失による監督義務違反であるため，原則として429条1項の責任を免れることはできないと考えられる（最判昭48・5・22民集27・5・655〔百選67事件〕，最判昭55・3・18判時971・101参照）。

これに対して，表見的取締役は，取締役に就任することを承諾してはいるが，適法な選任手続を経ていないことから，法律上の取締役ではない。そのため，このような者に対する429条1項の責任を否定する見解も見られなくはないが，会社の内部的手続の有無によって，第三者の保護に違いが生じてしまうのは，同条の趣旨に沿わないといえる。そこで，判例および通説的見解は，表見的取締役の

対第三者責任を認めている。その理論構成について，判例（最判昭47・6・15民集26・5・984）は，いわゆる908条2項類推適用説を採用している。すなわち，登記申請権者（義務者）は会社であるため，同項を表見的取締役に直接適用することはできないが，その者は取締役として就任することに承諾しているので，不実の登記の出現に加功したといえる。そこで，このような場合には，その者は，取締役でないことを善意の第三者に主張できず，その第三者との関係においては取締役として取り扱われるため，429条1項の責任を免れることはできないと解している。なお，辞任登記未了の辞任取締役の対第三者責任についても，判例（最判昭62・4・16判時1248・127〔百選68事件〕）は，同様に，908条2項類推適用説を採用している。

　上記のような形式上の取締役の他に，いわゆる**事実上の取締役**と呼ばれている者が存在する。事実上の取締役という概念は，近時，取締役として登記されていることとは無関係に，法律上の取締役でない者の行為・責任を法律上の取締役のそれと同視することを正当化するために用いられてきている。下級審の裁判例の中には，事実上の取締役の要件として，会社の業務執行への継続的関与（あるいは取締役としての継続的職務執行）を挙げているものが多いが（たとえば，東京高判平20・7・9金判1297・20，静岡地判平24・5・24判時2157・110，福岡地判平30・9・14判タ1461・195），会社経営を実質的に支配している者を事実上の取締役と捉えているものも見られる（大阪地判平21・5・21判時2067・62）。◁ Step Ahead

12 補償契約および役員等賠償責任保険契約

（1）総　説

［3-3-93］　取締役は，会社に対する損害賠償責任（423条，**3-3-62**）や第三者に対する損害賠償責任（429条，**3-3-89**），その他の法律上の責任を問われる可能性がある。その場合，取締役は，たとえ相手方の請求が理不尽なものであっても，それに対処するために弁護士に依頼せざるを得なかったり，また，予期しない敗訴により多額の損害賠償責任を負わされることもあり得る。取締役はこれらのリスクを過度におそれるようになるとその職務を行うに際して委縮してしまうが，それは会社や株主全体の利益にとって好ましいことではない。そのため，会社は，取締役が職務の執行に関して責任追及されたことにより生ずる費用や損失を

会社が補償する旨の契約を取締役との間で結んだり，それらの費用や損失を填補するための保険契約を保険会社との間で結んだりすることがある。これらの契約は取締役と会社の利益が相反する可能性があり，また内容によっては取締役の職務執行の適正性を損なうおそれもあるため，令和元年改正会社法は，その内容の制限や決定手続に関する規定を以下のように定めている。

(2) 補償契約

[3-3-94]　取締役は，その職務執行に際して必要と認められる費用を支出したり，自己に過失なく損害を受けたりしたときは，民法の規定に基づいて会社に補償を求めることができるが（330条，民法650条），この規定に基づく補償はその範囲や手続が必ずしも明確ではない。そこで，令和元年改正法は，次に掲げる費用や損失の全部または一部を会社が補償することを約する契約のことを補償契約と定義づけて，会社がその契約内容を決定するには取締役会設置会社では取締役会（取締役会非設置会社では株主総会）の決議を要することとした（430条の2第1項）。会社法上の補償契約の対象となるのは，①取締役が職務の執行に関し，法令違反を疑われたり，責任追及にかかる請求を受けたりしたことに対処するための費用（防衛費用），および，②取締役が職務の執行に関し，第三者に生じた損害の賠償責任を負うことによって生じる損失（賠償金や和解金を支払うことによる損失）である（430条の2第1項第1号2号）。

　上記②では，取締役の会社に対する損害賠償責任における賠償金や和解金は補償の対象外であるが，それらを対象とすると取締役の会社に対する責任を会社が減免したのと実質的に同じことになり，取締役の減免に関する規制（**3-3-71～3-3-73**）の潜脱につながるおそれがあるからである。さらに，取締役の第三者に対する責任についても，取締役が職務を行うにつき悪意または重過失があったことにより責任を負う場合には，取締役が負担する賠償金や和解金については補償の対象外である（430条の2第2項第3号）。

(3) 役員等賠償責任保険契約

[3-3-95]　会社法上の役員等賠償責任保険契約とは，会社が保険者（保険会社）との間で締結する保険契約のうち取締役がその職務執行に関し責任を負うことまたは当該責任追及にかかる請求を受けることによって生ずることのある損害を保険者が填補することを約するものであって，取締役を被保険者とするものである

（430条の3第1項）。これは実務上D&O保険と呼ばれており，上場会社を中心に広く普及している。役員等賠償責任保険契約については，会社と取締役との間で締結される補償契約とは異なり保険会社が契約当事者となっているところ，保険会社にとって不利な内容の契約が締結されることは一般的に考えにくいため，補償契約のような契約内容に関する規制（**3-3-94**）は設けられていない。そのため，取締役が責任追及されたことにより負担する防衛費用だけでなく，対第三者責任や対会社責任を負うことにより生じた損失（賠償金等）も当該保険契約の対象となる。ただし，取締役は，会社が保険会社に対して保険料を支払うことによりそのような損失の填補を受けることができるため，当該保険契約も利益相反的な性質を有している。そこで，会社が当該保険契約を締結するには，取締役会設置会社では取締役会（取締役会非設置会社では株主総会）の決議によって，契約内容を決定しなければならない（430条の3第1項）。

§5──会計参与

■1 資　格

[3-3-96]　会計参与とは，取締役と共同して計算書類（**3-6-5**）を作成する会社の機関である（374条1項）。会計参与になれるのは，公認会計士（もしくは監査法人）または税理士（もしくは税理士法人）などの会計の専門家に限られている（333条1項）。会計参与は任意の機関であるが，会計の専門家が計算書類の作成に関与することで，その正確性・信用が高まることになる。そして，会計参与の地位の独立性を確保するために，会社またはその子会社の取締役，執行役，監査役，支配人，その他の使用人は，会計参与になることはできない（333条3項1号）。

■2 任期・選任・終任等

[3-3-97]　会計参与は，計算書類の作成という本来取締役が行うべき業務執行（**3-3-37**）に関与するため，法律上，取締役に類似する者として取り扱われている。たとえば，会計参与の任期については，取締役の任期と同じであり，原則として2年である（334条1項，**3-3-43**）。また，会計参与の選任・解任については，総会の普通決議により行われるが，それらも取締役の場合と同様である（329条・

339条・341条，**3-3-44〜3-3-46**）。ただし，会計参与は取締役とは異なり，累積投票制度によって選任されることはなく（342条1項参照），種類株主総会（**3-3-29**）の決議で選任されることもない（108条1項9号参照，**3-4-18**）。なお，会計参与は，その地位の強化を図るため，会計参与の選任・解任・辞任について，株主総会で意見を述べることが認められている（345条1項・2項参照）。

❸ 職務権限・責任

［3-3-98］　会計参与は，計算書類を作成し，それにかかる会計参与報告を作成しなければならないが（374条1項），それに際して，計算書類の基礎となる会計帳簿等（**3-6-3**）を閲覧・謄写したり，取締役や使用人に対して会計に関する報告を求めることができる（同条2項）。また，会計参与は，計算書類を承認するための取締役会に出席し，必要があれば意見を述べなければならず（376条1項），株主総会において，株主から計算書類に関して説明を求められた場合には，それについて必要な説明をしなければならない（314条）。会計参与は，計算書類や会計参与報告などを自らが定めた場所に一定期間備え置かなければならず（378条1項），会社の営業時間内にその株主および債権者から請求があれば，原則として，それらの閲覧・謄写を認める必要がある（同条2項）。

　会計参与は，取締役やその他の役員と同様に，任務懈怠に基づく会社に対する損害賠償責任を負い（423条1項，**3-3-62**），株主代表訴訟の対象となる（847条，**3-3-76**）。また，責任の一部免除（425条・426条，**3-3-72**，**3-3-73**）や責任限定契約（427条，**3-3-74**）の制度が適用される。そして，第三者に対する損害賠償責任を負うことも同様である（429条1項・2項，**3-3-90**，**3-3-91**）。他の役員もこれらの損害賠償責任を負う場合には，連帯責任となる（430条）。その他，補償契約（430条の2，**3-3-94**），役員等賠償責任保険契約（430条の3，**3-3-95**）についても，取締役の場合と同様に扱われる。

§6 ——株式会社の代表者と代表行為

❶ 代表取締役

(1) 意　義

[3-3-99]　　代表取締役とは，会社を代表する取締役である（47条1項カッコ書）。取締役会非設置会社では，取締役は原則として各自，代表権を有しているため（349条1項本文・2項），必ずしも代表取締役を置く必要はない（3-3-106）。これに対して，取締役会設置会社では，各取締役は，取締役会の構成員として業務執行の意思決定に携わるにすぎないため（362条2項1号，3-3-107），執行自体を行い，対外的に会社を代表する権限を有する代表取締役を置くことが必要となる（同条3項）。員数は1人でも数人でもよいが，実際には，定款で社長・副社長など一定の役職の取締役を代表取締役と定めていることが多い。

(2) 選定・終任

[3-3-100]　　代表取締役は，取締役の中から取締役会決議で選定される（362条2項3号・3項）。このように，代表取締役は取締役会の構成員でもあるので（同条1項），意思決定とその執行との連携が確保されている。なお，代表取締役が取締役の地位を失えば，当然，代表取締役の地位も失うことになるが，取締役の地位を維持しながら代表取締役の地位のみを辞任することはできる。また，代表取締役は，取締役会決議によって解職される（同条2項3号）。代表取締役の終任により，代表取締役が欠けたり，定款で定めた員数が欠けたりした場合には，取締役に欠員が生じた場合に準じた処理がなされる（351条参照，3-3-47）。

(3) 権　限

[3-3-101]　　代表取締役の代表権は，会社の業務に関する一切の裁判上・裁判外の行為に及ぶ包括的なものである（349条4項）。ここにいう「会社の業務に関する」かどうかは，取引の安全を確保するために，客観的に判断され，代表取締役の主観的意図は問わない。たとえば，Y会社の代表取締役Aが，Y会社の名義でX銀行から金銭を借りた場合に，仮にAの借入れの主観的意図がA個人の借金返済にあったとしても，金銭の借入れという行為自体を客観的にみると会社の業務に関することなので，その行為の効果はY会社に帰属する。代表取締役の代表

権に制限を加えても，この制限を善意の第三者に対抗することはできない（同条5項）。たとえば，取締役会規程などの内規で，ある代表取締役の担当地区を特定の地域に限定したとしても，それを知らない取引の相手方に対しては，そのような会社の内部的制限を主張することはできない。

(4) 表見代表取締役

[3-3-102]　　社長や副社長などは代表取締役であることが通常であるが，これらの名称は法律上のものではなく，実務における会社内部の肩書であるから，社長や副社長であっても代表取締役ではないこともあり得る。たしかに，取締役の氏名および代表取締役の氏名は登記事項であるため（911条3項13号・14号），登記簿を見れば，ある取締役が代表権を有しているか否かを知ることができる。しかし，実際上，取引の相手方としては，取引のたびごとにそれを登記簿で確認することは煩雑であるため，それを行う者は多くない。そのため，代表取締役らしい名称を有する取締役を代表権を有している取締役と誤認しがちである。そこで，取引の安全保護の見地から（1-3-3），会社は，代表取締役以外の取締役に社長，副社長その他会社を代表する権限を有すると認められる名称を付した場合には，その取締役（**表見代表取締役**）がした行為について，善意の第三者に対してその責任を負う（354条）とされている。

　この規定が適用されるためには，第一に，取締役が代表権限を有すると認めるべき名称を付して行為することが必要である。この名称には，354条に明記されている社長，副社長のほか，頭取，副頭取，会長，副会長などが含まれることに異論はない。第二に，その取締役がこのような名称を使用することにつき，会社側に帰責事由があることが必要である。取締役全員がそれを黙認している場合には，会社の帰責性が認められるが，その他にも，会社の業務執行機関である代表取締役が黙認している場合にも，会社の帰責性が認められると考えられる。第三に，その取締役と取引をした相手方が善意である（その取締役が代表権を有していなかったことを知らなかった）ことが必要である。この点に関して，判例は，知らなかったことについて相手方に単なる過失があってもこの規定が適用されるが，重大な過失があったときには悪意の場合と同視し，会社は責任を免れると解している（最判昭52・10・14民集31・6・825〔百選46事件〕）。

　なお，使用人が社長等の名称を使用してなした取引についても354条が類推適

用されるが（最判昭35・10・14民集14・12・2499），取締役でも使用人でもない外部者が社長等の名称を使用してなした取引については本条の適用はない（浦和地判平11・8・6判時1696・155）。

§7──取締役会非設置会社

　従来，株式会社は，3人以上の取締役から成る取締役会を設置することが義務づけられていた。しかし，平成17年改正法により，**非公開会社**（*3-1-6*, *3-1-7*）においては，その実態に鑑みて，取締役は最低1人いれば足りることになり（326条1項），取締役会を設置しないこと(**取締役会非設置会社**)が認められるようになった。本節では，§1〜§6の内容において，取締役会非設置会社に特有な事項に焦点を合わせる。

■ 株主総会
（1）権限（決議事項）・招集
[*3-3-103*]　　会社の所有と経営とが明確に分離していない取締役会非設置会社においては，株主総会は，会社法に規定する事項だけでなく，会社の組織・運営・管理その他会社に関する一切の事項について決議することができる（295条1項，*3-3-3*）。取締役が，総会の日時・場所・議題等を決定したうえで（298条1項），招集する（296条3項）。ただし，この会社では，株主総会において，あらかじめ決められた議題以外についても決議することができるため（309条5項対比），取締役は議題を定めることなく，総会を招集することも認められている（298条1項2号参照）。前述したように，招集通知は，公開会社であれば，会日の2週間前までに発しなければならないが（*3-3-6*），非公開会社であれば，会社は株主との関係が緊密なため連絡も比較的容易であることから，招集期間は1週間とされている（299条1項）。さらに，その非公開会社が取締役会非設置会社である場合には，迅速な開催が必要とされることもあるため（139条1項2項・140条4項5項・145条1号参照），定款でこの期間を1週間未満に短縮することもできる（299条1項カッコ書。ただし，書面投票制度（*3-3-17*）・電子投票制度（*3-3-18*）を採用している場合には，短縮することができない。）。また，招集通知の方法については書面で行うことが強

制されておらず（同条2項2号対比），口頭や電話等による招集も可能である（ただし，書面投票制度・電子投票制度を採用している場合には，書面で行わなければならない（同項1号））。

(2) 各行為の承認決議

［3-3-104］　取締役が競業取引（**3-3-52**）を行ったり，利益相反取引（**3-3-55**）を行ったりする場合には，事前に，株主総会に重要事実を開示して，承認を得なければならない（356条1項）。

❷ 株主の権利

［3-3-105］　この会社においては，議題提案権は単独株主権であり（303条1項。**3-3-10**），請求時期に関する制約もないので，株主は株主総会の議事の中で請求することもできる。というのも，この会社では，招集権者が議題として定めたもの以外の事項についても株主総会で決議できるからである（**3-3-103**）。また，議案通知請求権も単独株主権となっている（305条1項，**3-3-11**）。このような会社では，監査役が置かれていないことが想定されるので，株主たちに取締役の監視を広く期待しているのである。

　また，業務監査権を有している監査役（**3-3-115**）が存在しない場合には，違法行為差止請求権の行使についても，同様に，株主たちに広く認められている。すなわち，株主は，「回復することができない損害」ではなくても，会社に「著しい損害」が生ずるおそれがあれば，この権利を行使することができる（360条1項，**3-3-88**）。

❸ 業務執行・代表

［3-3-106］　原則として，各取締役が業務執行権（**3-3-37**）を有している（348条1項）。取締役が1人の場合には，その取締役が業務を決定し執行するが，取締役が2人以上いる場合には，その過半数の決定に基づき業務を執行することになる（同条2項，**3-3-38**）。各取締役は，業務執行権を行使するに際して，情報収集や他の取締役との討議を善管注意義務に従って行わなければならず，その一環として，他の取締役の職務執行を是正または防止する義務がある（**3-3-50**）。また，各取締役が単独で会社を代表するのが原則であるが（349条2項，**3-3-99**），ある

特定の取締役だけに代表権を与えることもできる（同条1項但書）。その場合には，代表取締役またはその他会社を代表する者を定めなければならないが，その定め方としては，㋐代表者を定款で定める，㋑定款の定めに基づき取締役の互選による，㋒株主総会の決議による方法が認められている（同条3項）。

　会社が取締役に対して訴えを提起する場合には，株主総会は，当該訴えについて会社を代表する者を定めることができるが（353条），総会で特にそのような者を定めなかった場合には，取締役が会社を代表する（349条1項）。

§8──監査役設置会社

　監査役は株式会社の必置機関ではないが，監査等委員会設置会社および指名委員会等設置会社を除き，①取締役会設置会社においては，監査役が原則として必置とされる（327条2項）。また，②会計監査人設置会社では，監査等委員会設置会社および指名委員会等設置会社を除き，監査役の設置が強制される（同条3項）。これは，株主総会の権限が会社法や定款に定めた範囲内に限定される場合（295条2項），取締役会の権限が相対的に拡大することで，株主の利益が侵害されるリスクが高まることに対応することが必要となる。

　①の場合，監査役を必置することで，取締役の職務執行の健全性を制度的に確保する役割を監査役に対して期待している。②の場合，会計監査人による外部監査が適正に行われることを制度的に確保する役割が監査役に対して期待されている。

■ 取締役会

（1）取締役会の権限

[3-3-107]　取締役会は，取締役全員により構成され，会社の業務執行についての意思決定を行うとともに取締役の職務の執行を監督する機関である。

　取締役会は，すべての取締役で組織され（362条1項），①取締役会設置会社の業務執行の決定，②取締役の職務の執行の監督，③代表取締役の選定及び解職，を行う（同条2項）。

①　業務執行の決定　　取締役会は，法令または定款で株主総会の権限とされて

いる事項は決定できないが，一般的に会社の業務執行の決定権限を有している。重要な業務執行は取締役会の決議によるべきことが法定されており（最判平6・1・20民集48・1・1〔百選60事件〕，最判昭40・9・22民集19・6・1656〔百選61事件〕），定款によってもその決定を代表取締役に委ねることはできないが，それ以外の業務執行は取締役に委任することができる（362条4項）。

② 業務執行の監督　代表取締役および業務執行取締役が業務の執行を行うが，その執行は取締役会の意思決定に基づくものでなければならない。そこで，取締役会は取締役の職務の執行を監督する権限を有する（362条2項2号）。代表取締役および業務執行取締役は，3か月に1回以上業務執行の状況を取締役会に報告しなければならない（363条2項）。なお，監査役は取締役会の構成員ではないが，取締役会への出席が義務づけられている（382条・383条1項）。

(2) 取締役会の招集

[3-3-108]　取締役会は常に設置されている機関ではなく，必要に応じて開かれる。原則的に，招集権者が各取締役および各監査役に通知して招集するが（368条1項），その全員が同意すれば招集手続を経ずに開くこともできる（最大判昭31・6・29民集10・6・774，最判昭44・12・2民集23・12・2396〔百選62事件〕参照）。招集通知は取締役会の日の1週間前（定款で短縮可能）に発しなければならないが（同項），書面でも口頭（電話を含む）でもよい。招集通知には議題等を示す必要はない（東京高判平30・10・17金判1557・42）。

　招集権は原則的に各取締役が有するが（366条1項），定款または取締役会決議で特定の取締役（たとえば，社長）のみに招集権を認めることもできる（366条1項但書）。もっとも，招集権者が定められている場合でも，それ以外の取締役も招集できる（同条2項・3項）。監査役も招集権を有する（383条2項〜4項）。

　監査役設置会社・監査等委員会設置会社・指名委員会等設置会社以外の会社の株主は，取締役が取締役会設置会社の目的の範囲外の行為その他法令もしくは定款に違反する行為をし，または行為をするおそれがある場合には，取締役会の招集を請求することができる（367条1項）。招集を行った株主は，その取締役会に出席し，意見を述べることができる（同条4項）。株主のこのような意見陳述権は，監査役設置会社・監査等委員会設置会社・指名委員会等設置会社以外の会社では，監査役や業務執行機関から分離された委員会による監督がなされず，株主

による経営の監督が期待されるために，規定されたのであろう。

(3) 取締役会の決議

[3-3-109]　　**取締役会の決議**は，議決に加わることができる取締役の過半数が
出席し，その取締役の過半数で決定する（369条1項）。定款でこの要件を加重す
ることはできるが（同項カッコ書），緩和することはできない。定足数は，議決に
加わることができる取締役が基準とされているため，職務執行停止の仮処分を受
けている取締役は取締役の数から除外され，他方，仮取締役や取締役の職務代行
者はこれに含まれる。決議に特別の利害関係を有する取締役は議決権を行使する
ことができない（同条2項）。なお，特別の利害関係とは，決議についての個人的
利害関係のことである。具体的には，取締役と会社との間の利益相反取引の承
認，取締役の競業取引の承認，取締役個人に対する訴えの提起，代表取締役の解
任決議におけるその代表取締役（最判44・3・28民集23・3・645〔百選63事件〕）等
である。

　取締役は個人的な信頼に基づき選任された者であるから，議決権を代理人が行
使することはできない。議決権は取締役会に出席して行使するのが原則である
が，定款で定めれば，議決に加わることができる取締役全員が書面または電磁的
記録により同意の意思表示をした場合には，その提案を可決した取締役会決議が
あったものとみなすことができる（370条）。もっとも，取締役会の会議自体を開
催することなく，書面決議が認められたとはいえ，書面決議の場合には十分な討
議が行われないため，取締役が善管注意義務（330条，民644条，**3-3-50**）を果たし
たことになるのかにつき注意が必要となる場合もありうる。

　取締役会への報告についても，取締役・監査役の全員に通知した場合は，取締
役会への報告は要しないとした（372条1項）。ただし，このような報告の代用は，
代表取締役および業務執行取締役による取締役会への3か月に1回以上の定期的
な報告（363条2項）には適用されない（372条2項）。代表取締役および業務執行
取締役は実際に開催される取締役会への報告が義務づけられている。これは，取
締役会による経営監督の機能を十分に発揮させ，取締役会の形骸化を防ぐための
ものである。

　取締役会の会議後，**取締役会議事録**が作成される（369条3項，会社則101条）。
議事録は本店に備え置かれ，会社の利害関係者（株主の場合：大阪高決平25・11・

8 判時2214・105〔百選A19事件，関西電力事件〕）の請求に基づいて開示される（371条）。取締役会議事録において異議をとどめなかった場合，その取締役は決議に賛成したものと推定される（369条5項）。

(4) 特別取締役

[*3-3-110*] 　　取締役会の決議事項に柔軟な対応ができるように，**特別取締役**の制度がある。この制度は，取締役会メンバーの一部を特別取締役としてあらかじめ選定しておき，取締役会で決定すべき事項のうちタイムリーな意思決定が必要と考えられる重要な財産の処分・譲受けと多額の借財（362条4項1号・2号）について特別取締役により議決し，それを取締役会決議をすることを認める制度である。

　タイムリーな意思決定が必要とされるのは，取締役会が大規模な会社であると考えられるため，取締役の数が6人以上の会社にのみこの制度の利用を認め，他方で，意思決定が特別取締役に委任されるため取締役会の監督を強化する必要があるため，1人以上の社外取締役（2条15号）がいる会社にのみこの制度の利用を認める（373条1項）。

　取締役会決議であらかじめ3人以上の特別取締役を選定しておき，決議に参加できる者の過半数が出席し，その過半数で重要な財産の処分・譲受けと多額の借財の決定権限を有する（373条1項・2項）。過半数の決議要件はより高い割合に加重することもできる（同条1項カッコ書）。

(5) 内部統制システム

[*3-3-111*] 　　会社の規模がある程度以上の場合には，健全な会社経営のため，事業の規模や特性等に応じた**内部統制システム**（リスク管理システム）を整備・運用する必要が生じる（最判平21・7・9判時2055・147〔百選50事件〕）。このような内部統制システムは取締役会で決定される（362条4項6号，規則100条）。それゆえ，取締役は，取締役会の構成員として，また，代表取締役または業務担当取締役として，内部統制システムを構築すべき義務を負い，さらに，代表取締役および業務担当取締役が内部統制システムを構築すべき義務を履行しているか否かを監視する義務を負う（前掲最判平21・7・9）。

　この点につき，東京地判平16・12・16（判タ1174・150）は，いわゆる証券市場において上場する公開会社等の規模の会社においては，会社の事業活動が広範囲

にわたり，取締役の担当業務も専門化されている場合には，取締役が，自己の担当以外の分野において，代表取締役や当該担当取締役の個別具体的な職務執行の状況について監視を及ぼすことは事実上不可能であり，違法な職務執行が行われていたことのみをもって，各取締役に監視義務違反があったとすることは，いわば結果責任を強いるものであり，本来の委任契約の債務の内容にも反すると解している。

そこで，このような取締役の監視義務の履行を実効あらしめ，かつ，その範囲を適正化する観点から，個々の取締役の職務執行を監督すべき取締役会が，個々の取締役の違法な職務執行をチェックしこれを是正する基本的な体制を構築すべき職責を有しており，これを前提に，会社の業務執行に関する全般的な監督権限を有する代表取締役と当該業務執行を担当する取締役が，その職務として，具体的な内部統制システムを構築し，かつ，そのような内部統制システムに基づき，個々の取締役の違法な職務執行を監督監視すべき職責を担っていると解される（東京地判平30・3・29判時2426・66）。

Step Ahead なお，取締役等の経営者の経営意思決定およびその実行に関する責任を課すだけでは，適切な会社経営が確保されるには不十分である。それゆえ，経営者の経営を監督するメカニズムが会社内に設けられる必要がある。監査役設置会社では，そうした役割を果たす機関は取締役会や監査役（会）であり，指名委員会等設置会社では取締役会や監査委員会，監査等委員会設置会社では取締役会や監査等委員である。

他方で，会社におけるガバナンスを効かせるためには，株主も一定の積極的な役割を果たすことが期待される。そこで，会社法は，会社経営の機動性とのバランスに配慮しながら，株主の経営監督への積極的な関与を認めるルートも確保している。会社法が用意している株主の監督是正権としては，代表訴訟提起権，取締役の違法行為差止請求権そのほか取締役・監査役・執行役解任請求権，総会決議の瑕疵を争う権利，情報収集権等である。

代表訴訟（3-3-75）は，あくまでも株主全体の長期的利益を図る経営を経営者に行わせるための事後的な手段の１つであるから，株主全体の利益とできるだけ距離感が生じない制度にする必要があり，株主代表訴訟による過剰な経営介入は，会社経営の機動性を害することになる。取締役の責任を追及するのは，事後

的な措置であるが，そのようなことを行わなくても事前的な措置が可能であれば，より有効である。会社法は，こうした視点から，株主による取締役の行為の差止めを認める（360条）。差止請求ができる株主は，代表訴訟と同様に，6か月前から引き続き株式を有する株主である。このような株主は，取締役が株式会社の目的の範囲外の行為その他法令もしくは定款に違反する行為をし，またこれらの行為をするおそれがある場合において，当該行為により会社に著しい損害が生じるおそれがあるときは，当該取締役に対し，当該行為をやめることを請求することができる（360条1項）。監査役設置会社，監査等委員会設置会社，指名委員会等設置会社においては，損害要件が厳格になっており，著しい損害ではなく，回復することができない損害が生じるおそれのある場合に限られる（同条3項）。指名委員会等設置会社において執行役に対する差止請求を行う場合についても同様である（422条）。

　なお，経営監督には，会社内部における組織としての監督機関の他に，市場による規律も重要な役割を果たしている。経営者の行動は，多様な市場による規律を受けている。株価，商品やサービスの売れ行き，経営者の評判，会社支配権の争奪等であり，市場による規律は，大きな影響を経営者の判断・行動に与えている。それゆえ，法によるルールの他に，市場による規律の問題についても大きな関心をもたねばならない。◁ Step Ahead ▷

❷ 監査役・監査役会

（1）監査役の職務

[3-3-112]　　　監査役は取締役（会計参与設置会社の場合には取締役・会計参与）の職務の執行を監査する機関である（381条1項）。合議体の取締役会と異なり，監査という職責から**独任制**（各自が独立して権限を行使）であることが求められるため，取締役と異なり，常に単独で機関とされる。なお，監査役による監査は取締役会による監督とは異なる意義をもつ。監査役が取締役から独立し，会社経営には直接関与しないため，取締役とは異なる立場から監査できるからである。具体的には，監査役には客観的には違法性に重点をおいて監査することが期待できる。監査役は，監査の結果を監査報告の形で開示し（同条同項，規則105条），会計を含む会社の業務全般の監査（**会計監査**および**業務監査**）を行うための権限だけでなく，

取締役の違法行為を差止めるなどの監督是正権限を持つ。取締役の暴走を抑えることが監査役の大きな職務である。

　監査等委員会設置会社および指名委員会等設置会社以外のどの株式会社も，定款に定めれば監査役を置くことができる（326条2項・327条4項）。監査等委員会設置会社および指名委員会等設置会社は，取締役会の監督機能を強化することで経営の健全性・効率性を高めることが予定されており，監査役設置会社とは異なった趣旨で制度設計されているからである。

(2) 監査役の資格

[3-3-113]　　監査役に特別の資格は要らない。監査役が自然人でなければならないこと，監査役の欠格事由，公開会社では定款の定めによっても監査役が株主であることを要件とすることができないことは，取締役と同様である（335条1項→331条1項・2項）。ただし，監査役は，株式会社もしくはその子会社の取締役もしくは支配人その他の使用人または当該子会社の会計参与もしくは執行役を兼ねることができない（335条2項）。

　弁護士である監査役が，会社から委任を受けて特定の事件の訴訟代理人となることは認められている（最判昭61・2・18民集40・1・32〔百選70事件〕）。ただ，特定の事件といっても，監査役の独立性に疑念が生じることもありうるため，代表取締役等に対して継続的に従属関係が生じうるか否かにより判断すべきであろう。

　監査役設置会社では，監査役のうち半数以上は社外監査役でなければならない（335条3項）。社外監査役とは，過去にその会社または子会社の取締役・執行役・会計参与・従業員になったことがない監査役である（2条16号）。

(3) 監査役の選任・解任と任期

[3-3-114]　　監査役は株主総会の普通決議で選任される（329条1項）。定足数は必ず議決権総数の3分の1以上でなければならない（341条）。監査役は1人いれば足りるが，監査役会設置会社では，監査役は3人以上でなければならない（335条3項）。

　取締役からの**監査役の独立性**を確保するため，取締役が**監査役の選任**に関する議案を株主総会に提出するには，監査役（複数ある場合はその過半数，監査役会設置会社では監査役会）の同意が必要である（343条1項・3項）。監査役（監査役会設置

会社では監査役会）は，取締役に対し，監査役の選任を株主総会の会議の目的とすることや，監査役の選任に関する議案を株主総会に提出するよう請求することができる（同条2項・3項）。

監査役の任期は，選任後4年以内に終了する事業年度のうち最終の決算期に関する定時株主総会の終結の時までであり（336条1項），これより短い任期を定めることはできない。監査役の地位の独立性強化を図るためである。非公開会社は，定款によって，監査役の任期を選任後10年以内の最終の決算期に関する定時株主総会の終結まで伸ばすことができる（同条2項）。なお，任期途中で退任した監査役の補欠として選任された監査役の任期は，退任した監査役の任期満了時までとすることはできる（同条3項）。

監査役の解任は，監査役の地位を安定させるため，株主総会の特別決議（3-3-28）による（339条1項・309条2項7号）。正当な理由なく解任された監査役は会社に対して損害賠償を請求できる（339条2項）。少数株主は監査役解任の訴えを提起することもできる（854条1項・2項）。不本意な辞任を防止するため，辞任した監査役には株主総会で意見を述べる権利がある（345条4項→2項）。

(4) 監査役の権限

[3-3-115] 監査役は，取締役（会計参与設置会社の場合には取締役・会計参与）の職務の執行が違法にならないように監視の目を光らせ，必要とあらば，是正措置を講じるのが**業務監査**である。そのため，監査役は以下の権限を有し，義務を負う。

① 業務・財産状況の調査 監査役は，いつでも，取締役や従業員に営業の報告を求めたり，会社の業務や財産を調査することができる（381条2項）。この調査権は子会社にも及ぶ（381条3項）。これは，監査役のための基本的かつ一般的な調査権限である。なお，監査役の監査範囲を会計監査に限定する定款の定めがある会社では，会計に関する調査に限定される（389条4項）。

取締役が株主総会に提出しようとする議案や書類の調査義務があり，法令・定款違反や著しく不当な事項があると認めるときは，調査結果を株主総会に報告しなければならない（384条）。

② 取締役会への出席と意見陳述 監査役は，取締役会に出席し，必要があると認めるときは，意見を述べなければならない（383条1項）。取締役会で違法

な決定が行われることを事前に防止するためである。業務執行取締役の職務執行状況は、3か月に1回以上、取締役会に報告されるので(363条2項)、これによっても監査役は調査権限等を行使する機会を得る。監査役の監査範囲を会計監査に限定する定款の定めのある会社の監査役には、この職務権限はない(389条7項)。

③　違法行為の差止め　　取締役が会社の目的の範囲外の行為その他法令・定款に違反する行為をし、またはこれらの行為をするおそれがある場合において、当該行為によって会社に著しい損害が生じるおそれがあるときは、当該取締役に対し、当該行為をやめることを請求できる(385条1項)。「著しい損害が生じるおそれ」とは、監査役設置会社における株主による違法行為差止請求権の行使要件である「回復することができない損害」より緩い要件である。

監査役の差止請求によっても取締役の違法行為を阻止できないときは、監査役は訴えを提起し、また仮処分を申請することができる(民保23条)。

④　訴訟遂行権　　会社が取締役に対して責任追及する訴訟など取締役・会社間の訴訟は監査役が会社を代表する(386条1項)。取締役同士の馴れ合いを防ぐためである。監査役に原告適格を与える形になっているが、会社にとって必要な訴訟であれば、それを提起するのが善管注意義務(**3-3-50**)の要請である。

取締役の責任追及について、株主から提訴請求を受けたり訴訟告知を受けるのも監査役である(386条2項)。

⑤　取締役・執行役の責任の一部免除に関する同意　　取締役・執行役の責任の一部免除については、監査役の同意が求められる(会社425条3項・426条2項・427条3項)。

(5) 会計監査

[**3-3-116**]　　定款で監査範囲を限定された監査役は**会計監査**の権限だけをもつ(389条1項)が、そうでない監査役は業務監査に加えてこの権限をもつ(最判令3・7・19判時1772・1)。しかし、会計監査人を設置している会社では、監査役の会計監査は補足的なものである。会計監査については、期末の決算監査だけでなく、期中監査も不可欠である。不正な経理や会計処理が行われないように目を光らせる必要がある(東京高判令1・8・21金判1579・18)。

(6) 報酬・監査費用

[**3-3-117**]　　監査役は会社と委任関係にあるが(330条)、報酬を受けるのが通

常である（民648条1項参照）。**監査役の報酬**は，定款もしくは株主総会の決議でこれを決定する（387条1項）。監査役は株主総会で報酬について意見を述べることができる（387条3項）。報酬の総額・上限が定められた場合は，監査役の協議によって配分を決める（387条2項）。監査役の報酬の決定を取締役に委ねないのは，監査役の独立性を確保するためである。

監査の実効性を確保するという意味において，監査に必要な費用につき，監査役はそれを当然に請求することができ，減額しようとする会社サイドで不要分を立証しなければならない（388条）。

(7) 監査役の責任

[3-3-118]　監査役も会社の役員であり，善良な管理者の注意をもって職務を遂行しなければならない（330条，民644条）。監査役が任務を怠って会社に損害を与えた場合には，会社に対して損害賠償責任を負う（423条1項）。責任の追及には株主代表訴訟が認められる（847条）。責任の免除には総株主の同意が必要であるが（424条），報酬の2年分まで軽減することができる（425条1項1号ハ）。

監査役が職務を行うにつき，悪意または重大な過失があり，これにより第三者に損害を与えた場合には，他の役員同様，当該第三者に対しても損害賠償責任を負う（429条1項）。とりわけ監査報告の重要事項に虚偽の記載・記録があった場合には，監査役サイドで無過失を立証しなければ責任を免れない（同2項3号）。

監査役会設置会社における監査役会決議に基づく行為については，議事録に異議を留めていない者は決議に賛成したものと推定される（393条4項）。監査報告は監査役会の決議で作成され，反対者は意見を付記できるのであるから，そうしたことをせずに虚偽内容に関する責任を免れるには，無過失を立証しなければならない。

(8) 監査役会の設置

[3-3-119]　大会社でかつ公開会社である会社は，監査等委員会設置会社および指名委員会等設置会社でない限り，監査役会を設置しなければならない（328条1項）。このような会社では，その規模・実質において監査対象が非常に広くなることが考えられるため，複数の監査役によって，職務を適切に分担し，慎重な監査が行われることが望ましい。そこで，監査役会の設置を強制することで，実態に即した監査を行わせようとするものである。なお，設置が強制される会社以

外の会社も，定款の定めにより監査役会を設置することは可能である（326条2項）。

　監査役会を置く場合には，監査役は3人以上，その過半数は社外監査役，1人以上は常勤監査役でなければならない（会社335条3項・390条3項）。監査役会は組織的に監査を行うために便利であり，また監査役の独立性を強化できる可能性があるが，監査役各自が単独で会社の機関を構成（**3-3-112**）することを妨げないようにすべきである（会社則130条2項2号参照）。なお，社外監査役は会社と責任限定契約を締結する場合（大阪高判平27・5・21判時2279・96〔百選A31事件，セイクレスト事件〕）があるが，責任限定契約については，Part 3 Chapter 3 §4参照。

(9) 監査役会の職務・権限

[**3-3-120**]　　監査役会は，①監査報告の作成，②常勤の監査役の選定及び解職，③監査方針や調査の方法など監査役の職務執行に関する事項の決定を行う（390条2項1号～3号）。①の監査報告の作成は，監査役の作成した監査報告に基づいて作成される（会社則130条）。③の決定は監査役の権限の行使を妨げることはできず（同項但書），違法行為差止請求権など各監査役が有する権限を監査役会の決議で制限することはできない。これは，監査役については独任制が維持されており，多数決によって監査のやり方が決められないように配慮するものである。

(10) 監査役会の運営

① 招　　集

[**3-3-121**]　　監査役会は，各監査役が招集する（391条）。招集手続は，取締役会に準ずるものとなっている（392条1項・2項，368条参照）。

② 決　　議　　監査役会の決議は，原則として，監査役の過半数をもって行う（393条1項）。しかし，責任免除議案の株主総会への提出（425条3項1号），会社の訴訟参加の判断（849条2項1号），会計監査人の解任（340条2項・4項）に際しては，監査役会での全会一致による決議は要しないが，各監査役の同意が必要であるとされる。監査役の報酬等の配分を定める際には，監査役の協議による（387条2項）。なお，監査役会においては，取締役会の決議の省略（370条参照）に該当する規定はないので，いわゆる書面決議などは認められない。

　取締役・会計参与・監査役・会計監査人が監査役の全員に対して監査役会に報告すべき事項を通知したときは，監査役会への報告の省略が認められている（395条）。

③　議事録　　議事録の作成・備置き・閲覧，異議をとどめない場合の推定など
は取締役会の場合と同様である（393条2項〜4項・394条，規則109条・225条1項7号）。

❸ 会計監査人

(1)　会計監査人設置会社

[3-3-122]　　定款に定めればどの会社も会計監査人を置くことができる（326条
2項）。監査等委員会設置会社および指名委員会等設置会社以外は，会計監査人
を設置するのであれば監査役も置かなければならない（327条3項）。会計監査人
設置会社は，その旨と会計監査人の氏名・名称を登記する（911条3項19号）。

　　会計監査人設置会社では，取締役会の承認した計算書類（**3-6-5**）が一定の要
件をクリアしていれば，定時株主総会にその内容を報告するだけでよく，その承
認までは必要とされない（439条）。以下の会社は会計監査人の設置が強制される。

①　監査等委員会設置会社・指名委員会等設置会社　　監査等委員会設置会社・
指名委員会等設置会社では取締役会の内部に設置される監査等委員会・監査委員
会が監査の役割を担う。監査等委員会・監査委員会による適切な業務監査が期待
されるとともに，会計監査が公認会計士または監査法人という職業会計人が会社
の外から客観的な立場で行われる（327条4項・5項）。

②　大会社　　規模の大きい会社には多くの利害関係者がおり，その不正経理さ
らには倒産がもたらす社会的なインパクトは極めて深刻なものになりうる。それ
ゆえ，不正経理の防止，少なくとも早期発見を職業会計人による会計監査によっ
て図る必要性は大きい（328条）（東京高判平30・3・19金判1545・14）。

(2)　会計監査人の選任・任期

[3-3-123]　　会計監査人は公認会計士または監査法人でなければならない（337
条1項）。会計監査人は株主総会の普通決議によって選任される（329条1項）。監
査役（会）設置会社において，会計監査人の選任・解任および再任しないことに
関する議案の内容の決定権は監査役（会）にある（344条1項〜3項）。監査役設置
会社の場合，監査役が1人であればその監査役，監査役が2人以上であればその
過半数で決定する（同条2項）。監査役会設置会社の場合，監査役会が決定する（同
条3項）。これは，会計監査人の独立性を担保するためである。すなわち，会計
監査人による監査対象とされている計算書類等を作成するのは取締役であるのに

対して，会計監査を行う会計監査人の選任・解任を取締役会が行うのでは，会計監査人の取締役に対する立場は弱くなり，厳正な会計監査を期待できず，場合によっては，粉飾決算を防ぐことができない原因にもなりかねないとの懸念（「インセンティブのねじれ」）等を解消するために，監査役（会）設置会社においては，会計監査人の選任・解任等の議案の内容の決定権は監査役（会）に与えられている。指名委員会等設置会社では，監査委員会が，会計監査人の選任・解任等の議案の内容を決定する（404条2項2号）。監査等委員会設置会社では，この議案の決定権は監査等委員会にある（399条1項・3項）。

会計監査人の任期は，一応，就任後1年以内の最終決算期に関する定時株主総会の終結までであるが，この総会で不信任の決議がされないかぎり，自動的に任期が延長される（338条1項・2項）。

(3) 会計監査人の職務・権限

[3-3-124]　会計監査人は会社の計算書類およびその**附属明細書，臨時計算書類**ならびに**連結計算書類**（3-6-10）を会計専門家として監査する。この場合において，会計監査人は，法務省令で定めるところにより（会社則110条），**会計監査報告**を作成しなければならない（396条1項）。会計監査報告の内容については会社計算規則154条に詳細に規定されている。

会計監査人は監査に必要な情報を集めるため，取締役・執行役や従業員に報告を求めたり，帳簿や業務・財産を調査する権限を持つ（396条2項）。こうした権限は会計の調査に限られるが，その範囲で子会社の調査もできる（396条3項）。子会社は正当な理由があるときは拒むことができる（同条4項）。

会計監査人は独立して職務を遂行しなければならず，その監査計画等について監査役や監査委員が指示をすることは許されない。なお，会計監査人は，独立性を確保するために，職務を行うにあたって使用する者に一定の制限がある。すなわち，会社法では次のいずれかに該当する者を使用してはならないとする。①会計監査人の欠格事由（337条3項1号・2号），②会計監査人設置会社またはその子会社の取締役・会計参与・監査役もしくは執行役または支配人その他使用人である者，③会計監査人設置会社またはその子会社から公認会計士または監査法人の業務以外の業務により継続的な報酬を受けている者（396条5項），である。

(4) 監査役への報告

[3-3-125]　　会計監査人は，職務を行うに際して取締役の職務の執行に関し不正の行為または法令もしくは定款に違反する重大な事実があることを発見したときは，遅滞なく，これを監査役に報告しなければならない（397条1項）。監査役会設置会社であれば，監査役会が報告先となる（同条3項）。なお，監査役は，職務を行うために必要があるときは，会計監査人に対し，その監査に関する報告を求めることができる（同条2項）。監査等委員会設置会社においては，監査等委員会に報告し（同条4項），監査等委員会が選任した監査等委員は，その職務を行うため必要があるときは，会計監査人に対しその監査に関する報告を求めることができる（同条2項・4項）。指名委員会等設置会社では，取締役または執行役の職務執行に関し監査委員会に報告し，監査委員会の選定した監査委員が会計監査人に報告を求めることになる（同条5項）。

　会計監査人の職務は，監査役の職務とオーバーラップしているともいえるが，基本的に，監査役は内部監査，会計監査人による監査は会計専門家による外部監査という異なる性質の監査役を行うものであり，相互に補完し，取締役に対する充実した監査が行われることが期待されている（大阪地判平20・4・18判時2007・104〔百選71事件〕）。

　計算書類などの適法性について会計監査人と監査役（監査役会設置会社の場合は監査役会または監査役。監査等委員会設置会社の場合は監査等委員会または監査等委員。指名委員会等設置会社の場合は監査委員会または監査委員）との意見が異なるとき，会計監査人は定時株主総会に出席して意見を述べることができる（398条1項・3項～4項）。定時株主総会の決議により求められた場合には，会計監査人は出席して意見を述べなければならない（同条2項）。両者の意見不一致があれば，計算書類などの取締役会の承認だけで済ませるための要件（439条，会社計算163条）を満たさないので，定時株主総会の承認が必要（438条）となる。

(5) 会計監査人の報酬

[3-3-126]　　会計監査人の報酬の決定は，業務執行として取締役が決定すると解されるが，その場合，監査役の同意が求められる（399条1項）。監査役が複数いる場合，その過半数により決められる。なお，監査役会設置会社であれば監査役会の同意が必要であり（同条2項），監査等委員会設置会社においては監査等委

員会に（同条3項），指名委員会等設置会社では監査委員会に（同条4項），会計監査人の報酬の決定に同意権限が与えられている。こうした監査役等の関与は，会計監査人の取締役からの独立性を確保させるためである。なお，会計監査人の報酬の決定は，財務に関する経営判断の要素が大きいことが考慮され，平成26年改正においても，取締役会で決定するという規律が維持された（同条）。

§9──指名委員会等設置会社

❶ 総 論

[3-3-127]　「**指名委員会等設置会社**」制度は，平成14年改正により導入された制度であり，導入当初は「**委員会等設置会社**」と呼ばれたが，平成17年の会社法制定後は，「**委員会設置会社**」に改められ，平成26年改正時に「監査等委員会設置会社」も誕生したことから，それと区別するために，「指名委員会等設置会社」という名称になった（*1-3-4*）。令和3年3月時点における，東証上場企業全体の約68％（2495社）が監査役会設置会社（ex.トヨタ自動車）であり，監査等委員会設置会社（ex.マツダ）が約30％（1106社），指名委員会等設置会社（ex.日産自動車）はわずかに約2％（76社）である。

　指名委員会等設置会社とは，指名委員会・監査委員会・報酬委員会の三委員会を置く株式会社をいう（2条12号。登記につき911条3項22号）。指名委員会等設置会社には，この三委員会のほかに，執行役（402条1項）と会計監査人（327条5項）を必ず置かなければならない。指名委員会等設置会社の特徴は，三委員会をセットとして設けている点にある。そのうち1つでも欠けると，指名委員会等設置会社とはいえなくなる。

　指名委員会等設置会社は，**モニタリング・モデル**とよばれる機関類型であり，迅速な業務執行の決定を図る目的で，取締役会から執行役への業務執行の決定権限の大幅な委任が認められる。他方で，業務執行に対する取締役会の監督（モニタリング）機能を強化するために，執行役による業務の執行と取締役会による業務執行の監督とが分離されている。

❷ 取締役・取締役会

(1) 取締役の任期・権限

[3-3-128]　　指名委員会等設置会社における**取締役の任期**は，選任後1年以内に終了する事業年度のうち最終のものに関する定時株主総会の終結の時までである（332条3項）。ただし，定款または株主総会の決議で任期を短縮することできる（同条1項但書）。

　指名委員会等設置会社では，毎年1回，取締役は株主の信任を得なければならない。会社の業務執行は，執行役に委任されており，取締役は原則として会社の業務を執行することができない（415条）。これは執行と監督とを分けるためである。取締役は支配人その他の使用人を兼ねることができない（331条3項）。

(2) 取締役会の権限

[3-3-129]　　指名委員会等設置会社の取締役会は，通常の株式会社の取締役会と比べ，業務執行に関して決定しなければならない事項が限られており（362条の不適用），代わりに取締役および執行役の職務の執行を監督する機能が期待されている（416条）。

(3) 業務執行決定権

[3-3-130]　　指名委員会等設置会社においては，取締役会が決定すべき事項は具体的に列挙されており，それ以外は執行役に決定させることができるものとされている（416条1項・2項・4項）。具体的に，取締役会が決定しなければならない業務執行事項として，①会社の経営の基本方針，②監査委員会の職務の執行のため必要なものとして法務省令（会社則112条1項）で定める事項，③執行役が2人以上ある場合における執行役の職務の分掌および指揮命令関係その他の執行役相互の関係に関する事項，④執行役から取締役会の招集の請求を受ける取締役，⑤執行役の職務の執行が法令および定款に適合することを確保するための体制その他会社の業務の適正を確保するために必要なものとして法務省令（会社則112条2項）で定める体制の整備が定められている（416条1項1号・2項）。

(4) 執行役への委任

[3-3-131]　　会社の業務執行機関は取締役会であるが，日常の業務については，日常的に業務を執行する機関である執行役に決定を委ねることが合理的である場合もある。会社法は，指名委員会等設置会社の取締役会はその決議によっ

て，指名委員会等設置会社の業務執行の決定を**執行役に委任**することができると
している（416条4項本文）が，一定の事項については，執行役への委任を認めて
いない（416条4項但書・1号〜21号）。

(5) 取締役会の運営

[3-3-132]　　指名委員会等設置会社は，招集権者の定めがある場合でも，委員
会がその委員の中から選定する者は，取締役会を招集することができる（417条1
項）。委員会による監督機能を十分に発揮できるように，取締役会の招集を認め
たものである。執行役は，取締役会の招集の請求を受ける取締役（416条1項1号
ニ）に対し，取締役会の目的事項を示して，取締役会の招集を請求することがで
きる。この場合に，請求があった日から5日以内に，請求があった日から2週間
以内の日を取締役会の日とする取締役会の招集の通知が発せられないときは，執
行役は，取締役会を招集することができる（417条2項）。執行役は業務の執行に
あたり，取締役会の決議を必要とする場合が生じうるが，必ずしも取締役ではな
いので，取締役会を招集できない。そこで，執行役も，招集権者である取締役に
対して請求したり，執行役が自ら取締役会を招集することが認められている。

　取締役会と委員会とは緊密な連携を図る必要があるので，委員会がその委員の
中から選定する者は，遅滞なく，当該委員会の職務の執行の状況を取締役会に報
告しなければならない（417条3項）。

　執行役は，3か月に1回以上，自己の職務の執行状況を取締役会に報告しなけ
ればならないが，代理人（他の執行役に限る）により報告をすることができる（417
条4項）。執行役は，取締役会の要求があったときは，取締役会に出席し，取締
役会が求めた事項につき説明をしなければならない（同条5項）。

❸ 委員会

(1) 構　成

[3-3-133]　　各**委員会**は，取締役の中から取締役会の決議によって選定される
委員3人以上で組織され，各委員会の委員の過半数は，社外取締役（2条15号）
でなければならない（400条1項〜3項）。監査委員会の委員については，指名委員
会等設置会社もしくはその子会社の執行役もしくは業務執行取締役または指名委
員会等設置会社の子会社の会計参与（会計参与が法人であるときは，その職務を行う

べき社員）もしくは支配人その他の使用人を兼ねることができない（同条４項）。各委員会に共通の特徴として社外取締役がイニシアチブをもっていることが指摘できる。特に，監査委員の地位の独立性の保障が重視されている。

　同じ取締役(社外取締役を含む)が複数の委員会メンバーを兼ねることはできる。したがって，社外取締役が２人選任されている会社であれば，指名委員会等設置会社を選択することが可能である。委員の解職の権限も取締役会にある(401条１項)。

(2) 運　営

[3-3-134]　　　委員会はそれぞれの委員が招集する（410条）。取締役会の場合のように（366条１項但書），特定の委員を招集権者として定めることは認められないが，他の招集手続などは，基本的に取締役会の場合と同じである。

　委員会を招集するには，その委員は，委員会の日の原則１週間前の通知が必要であるが，全委員の同意があれば招集手続を省略できる（411条１項・２項）。委員会の決議や議事録なども取締役会の場合とほぼ同じである（412条・413条，会社則111条・225条１項８号等）。委員会は必要に応じて，取締役や執行役から説明を求めることができる（411条３項）。なお，委員会に対する単なる報告は全委員に通知するだけでもよい（414条）。

　委員会および各委員が職務を行うのに必要な費用は会社が負担する。会社が支払を拒むには費用が不必要なことを証明しなければならない（404条４項）。

(3) 各委員会

①　指名委員会

[3-3-135]　　　**指名委員会**は，株主総会に提出する取締役の選任・解任議案の内容を決定する（404条１項）。取締役の選任・解任権限が株主総会にあることは通常の会社と同様であるが，選解任に関する株主総会に提出される議案については社外取締役が過半数を占める指名委員会がその内容を決定する。この決定を取締役会が覆すことはできない。取締役の実力者が私情等によって不適任な取締役候補者を定めたり，不適任な取締役が取締役の座を維持しようとる事態等を未然に防ぐためであり，**モニタリング機能**が強く期待されている指名委員会等設置会社の取締役の業務執行機関からの独立性の確保が図られている。

②　監査委員会

　監査委員会は，執行役等（執行役，取締役，会計参与）の職務の執行を監査し，

監査報告を作成するとともに，会計監査人の選任等に関する議案の内容を決定する（404条2項）。監査役（会）が行う**適法性監査**だけなく，妥当性にまで踏み込んだ監査をする。監査委員会による監査機能を最大限に発揮できるよう，監査委員会には，広範な調査権および報告を徴収する権限をもつ。監査委員会にこうした調査権・報告徴収権が与えられているのは，従来の監査役と同水準の監査が監査委員会にも期待されているからである。

　監査委員会の調査権は，監査役とは異なり，独任制はとられておらず，あくまで監査委員会の権限であり，各監査委員の権限ではない。監査委員会が選定する監査委員は，いつでも，執行役等および支配人その他の使用人に対し，その職務の執行に関する事項の報告を求め，または指名委員会等設置会社の業務および財産の状況を調査することができる（405条1項）。監査委員会が選定する監査委員は，監査委員会の職務を執行するため必要があるときは，指名委員会等設置会社の子会社に対して事業の報告を求め，またはその子会社の業務および財産の状況の調査をすることができるが（同条2項）正当な理由があるときは，子会社は拒むことができる（同条3項）。選定された監査委員は，報告の徴収または調査に関する事項についての監査委員会の決議があるときは，これに従わなければならない（同条4項）。

　執行役または取締役の違法行為を取締役会に報告する義務は各監査委員が負い，差止請求も各委員の判断で行うことができるが（406条・407条），訴えは委員会の選定する監査委員が会社を代表して提起する（408条1項2号）。監査報告は監査委員会の名で作成するが，少数意見の委員はそれを付記することができる（404条2項1号，会社則131条，会社計算157条）。

　株主代表訴訟の提起の前提として，株主が執行役または取締役の責任を追及する訴えの提起の請求をする場合には，監査委員が指名委員会等設置会社を代表する（408条3項1号）。提訴請求を受けた監査委員は善管注意義務違反とならないように提訴の是非につき判断しなければならない（東京高判平28・12・7金判1510・47（東芝事件））。取締役の責任を追及する株主代表訴訟を提起したときの会社への訴訟告知（849条4項）ならびに取締役の責任を追及する訴えに係る訴訟における和解に関する，裁判所からの通知および催告（850条2項）を受ける場合にも，監査委員が指名委員会等設置会社を代表する（408条3項2号）。会社が株主代表

訴訟で被告側に補助参加するときには，各監査等委員の同意が必要である（849条3項2号）。

③　報酬委員会

報酬委員会は，執行役等（執行役，取締役，会計参与）の個人別の報酬等の内容を決定する（404条3項）。まず，決定の方針を定め，それに従って，確定金額・不確定金額・金銭以外の報酬の種別に応じた具体的内容を決定する（409条）。この方針は公開会社では事業報告に記載される（435条2項，会社則121条5号）。なお，指名委員会等設置会社における会計参与の個人別の報酬等は，確定額でなければならない（409条3項但書）。

❹ 執行役・代表執行役

[3-3-136]　　指名委員会等設置会社は，取締役会の決議により1人以上の執行役を選任しなければならない（402条1項・2項）。執行役と会社との関係は委任である（同条3項）。執行役が1人のときはその者が代表執行役であるが，2人以上を選任するときは取締役会が代表執行役を定める（420条1項）。代表執行役の代表権は広い（同条3項）。代表執行役は一般の会社の代表取締役に対応しているだけでなく，そもそも，代表執行役の制度は代表取締役の制度（349条）にならって規定されており，**表見代表執行役**の制度（421条）も**表見代表取締役**（354条）にならっている。代表執行役ではない執行役は，対内的な業務執行の権限を持ち，一般の会社の業務担当取締役に対応する。日常の業務に限らず，新株や社債の発行を含む多くの事項の決定を執行役に委任することができる（416条4項）。複数の執行役がいる場合，職掌の分掌や指揮命令関係などは取締役会が定める（同条1項1号ハ）。

執行役の欠格事由は取締役と同じである（402条4項→331条1項）。執行役の資格を株主に限定することは非公開会社を除きできない（402条5項）執行役と取締役との兼務は可能である（同条6項）。なお，令和元年改正により取締役の欠格条項から成年被後見人・被保佐人が削除され，成年被後見人・被保佐人も，一定の要件の下，取締役に就任することが可能となり，成年被後見人・被保佐人による取締役の資格に基づく行為は，行為能力の制限によって取り消すことができなくなった（331条の2）。これは執行役にも準用される（402条4項）。

執行役の任期は，就任後1年以内に終了する事業年度のうち最終のものに関する定時株主総会の終結後，最初に招集される取締役会の終結時までである（402条7項）。執行役は取締役会により選任される関係上，その任期は取締役の任期と連動している。定款で任期を短縮することは可能である（同条但書）。

　執行役はいつでも取締役会決議で解任できるが（403条1項），正当な理由なく解任された執行役は，会社に対して解任により生じた損害賠償を請求できる（同条2項）。指名委員会等設置会社でなくなる定款変更が効力を生じると，執行役の任期は満了する（402条8項）。

　執行役は取締役会に対して定期的な報告義務を負う（417条4項）。取締役会から求められれば，そこに出席し説明する義務がある（同条5項）。取締役会でなければ決められない事項があるので，執行役が取締役会の招集を請求し，請求が通らなかった場合には，自ら招集することもできる（同条2項）。執行役は委員会の求めに応じて出席し，説明する義務を負う（411条3項）。また，会社に著しい損害を及ぼすおそれのある事実を発見したときは，直ちに監査委員に報告しなければならない（419条1項）。

　6か月（これを下回る期間を定款で定めた場合には，その期間）前から引き続き株式を有する株主は，執行役が会社の目的の範囲外の行為その他法令もしくは定款に違反する行為をし，またはこれらの行為をするおそれがある場合に，行為によって会社に回復することができない損害が生ずるおそれがあるときは，執行役に対し行為をやめることを請求することができる（422条1項）。

§10——監査等委員会設置会社

❶ 総　論

[3-3-137]　　監査等委員会設置会社は，平成26年改正により新しく導入された制度である。平成26年改正では，有価証券報告書提出会社で指名委員会等設置会社を除く会社につき，社外取締役の設置を強く推奨し，**社外取締役によるモニタリングの強化**を目的に，監査等委員会設置会社という機関設計をあらたに導入した。監査等委員会設置会社は，指名委員会等設置会社と監査役会設置会社とのいわば中間に位置する存在として設計された（**1-3-4**）。

取締役会と会計監査人を置く会社は，定款に定めることにより監査等委員会設置会社（2条11の2号）になることができる（326条2項）。監査等委員会設置会社には，監査等委員会を置かなければならず（2条11の2号），他方，監査役を置くことはできない（327条4項）。監査等委員会設置会社には取締役会が置かれ（327条1項3号），監査等委員の過半数は社外取締役でなければならない（331条6項）。

❷ 取締役・取締役会

(1) 取締役の選任

[3-3-138]　株主総会において監査等委員となる取締役とそれ以外の取締役とを別々に選任しなければならない（329条2項）。監査等委員となる取締役は，監査等委員会設置会社またはその子会社の業務執行取締役・支配人その他の使用人・子会社の会計参与・執行役を兼ねることはできない（331条3項）。監査等委員となる取締役の任期は2年であり（定款・株主総会決議で短縮不可），監査等委員以外の取締役の任期は1年である（332条1項・3項・4項）。監査等委員となる取締役は，3人以上で，その過半数は社外取締役でなければならない（331条6項）。取締役の報酬については，監査等委員である取締役と監査等委員以外の取締役とで区別して定める（361条2項）。株主総会決議や定款で決められた取締役の報酬のうち，監査等委員である各取締役の報酬の決定は監査等委員である取締役の協議で定める（同条3項）。これは，監査役が2人以上の場合の報酬の決定が監査役の協議によるとする387条2項の趣旨と同様に，独立性確保のためである。

(2) 取締役会の権限

[3-3-139]　監査等委員会設置会社における取締役会の権限は，原則として，大会社で監査役設置会社の取締役会の権限と同様である（399条の13第1～4項）。しかし，取締役の過半数が社外取締役である場合には，取締役会決議により，法の定める基本事項（指名委員会等設置会社で執行役に委任できない事項である416条4項但書各号列挙事項）を除き，重要な業務執行を取締役に委任することができる（同条5項）。また，社外取締役の過半数要件を満たさなくても，定款で定めれば，重要な業務執行（委任できない事項を除く）を取締役に委任できる（同条6項）。代表取締役の選定においては，監査等委員である取締役から代表取締役を選ぶことはできない（同条3項）。

取締役会の招集権者が定められている場合においても，監査等委員会の選定する監査等委員は取締役会を招集することができる（399条の14）。

(3) 監査等委員会の権限

[3-3-140]　監査等委員会はすべての監査等委員から組織され，監査等委員はすべて取締役である（399条の2第1項・2項）。監査等委員会の主たる職務は，取締役の職務執行の監査と監査報告の作成であるが，会計監査人の選任・解任議案の内容の決定や，監査等委員でない取締役の選任・解任・報酬についての意見を決定することもその職務である（同3項）。そして，委員会で選定された監査等委員が調査を行う権限を持つこと，各監査等委員は取締役会や株主総会への報告義務があり取締役の行為を差し止める権限があること，監査等委員が訴訟当事者である場合を除き，監査等委員会で選定された監査等委員は会社・取締役間の訴訟で会社を代表する権限があることが規定されており（399条の3～7），監査等委員会および監査等委員の権限は，指名委員会等設置会社の監査委員会および監査委員の権限と同様である。監査等委員会の運営も，指名委員会等設置会社の委員会の運営と同様であり（同8～12），議事録の扱いも同様である（同11）。

監査等委員会設置会社では，監査等委員以外の取締役が利益相反取引をする場合に，その取引につき監査等委員会の承認を受けたときは，任務懈怠の推定（423条3項）は適用されない（同条4項）。

CHAPTER 4 ── 株　式

§1 ── 株　式

❶ 総　論

[3-4-1]　　株式会社法総論（3-1-1以下）において詳述されているとおり，株式会社の構成員（社員）を株主と呼び，その資格（地位）のことを株式という。株式は，細分化された割合的単位の形をとる。この株式は，株主の側から見れば，会社と株主との法律上の権利義務関係を意味する。

　株主の会社に対する権利については，これを特に株主権と呼ぶ。1つの株式について，半分だけ権利を行使したり半分にして譲渡したりすることはできない（株式不可分の原則）。かくして，株主（社員）となるためには，1株以上の株式を引き受けなくてはならない。

　株主の会社に対する義務は，出資義務（引受価額を出資する義務）である。したがって，株主となった者はすでにこの義務を果たしており，たとえ会社の資産状況が悪化しても追加出資を求められることはない（**株主有限責任の原則**，104条）。つまり，株主の義務を観念する必要は基本的にはない。

　株式は，それ自体に大小があるわけではない均等な単位である。したがって，出資額が多くなればそれに応じて株式を多数の保有できる。それゆえ，株式の保有数が多くなればなるほど，会社の事業運営への影響力も大きくなる（たとえば普通株式では1株式につき1つの議決権が付与される＝**資本多数決**）。こうして会社と株主の法律関係が明確になる。

　株主は，退社して出資金の返還を求めることが認められない。その代わり，後述するように株式譲渡により投下資本回収の途が確保されている（ある種の株主総会決議に反対の株主は，会社にその株式を買取るよう請求できる場合のあることが法定されているが，これも株式の譲渡の一種である）。

もっとも，以上に述べたことは原則にすぎない。会社法は，普通株式の発行だけではなく，定款で定めるところにより，2つ以上の異なる種類の株式を発行することができる。たとえば，ある種類の株式の株主は，議決権がない代わりに，他の種類の株式の株主に優先して配当が受けられる，といった定めもできる。ただし，こうした種類株式の内容は定款で自由に定めてよいわけではない。剰余金の配当を受ける権利と残余財産の分配を受ける権利の両者を完全に与えない形に設計することは許されない（105条2項）。

② 株主の権利と義務

(1) 自益権と共益権

[3-4-2]　　株主にはさまざまな権利が与えられるがその内容的な面から自益権と共益権に分類される。

　自益権とは，株主が自己の利益を直接の目的とする権利であり，**剰余金配当請求権，残余財産分配請求権**が重要である。ただし，これら2つの権利を有するからといって直ちに行使することはできない。前者は会社が剰余金の配当を決定した場合に具体的な請求権となり，また後者は会社の解散を決定し会社債務一切を弁済した後になお会社財産が残る場合にはじめて具体的な請求権となるものである。それまでは抽象的な権利にとどまる。その他，自益権には，株主名簿名義書換請求権，株式買取請求権，単元未満株式の買取請求権などがある。

　共益権は，共同の利益に影響を及ぼす権利というべく，会社の経営に参与し，かつ事業運営の監督是正に関与する権利である（監督是正権）。この共益権のうち重要なのは，**議決権**である。この他に，株主総会招集請求権，株主提案権，違法行為差止請求権，株主代表訴訟提起権，帳簿書類閲覧権，その他会社組織に関する訴え（834条参照）を提起する権利などがある。

　なお，株主は，共益権を行使するといっても，それは役員らが適切な経営判断を行って会社の業績が伸び企業価値が高まり，それが株価に反映されて剰余金配当が増えることを願って行使するのが通常である。つまり，共益権も自益権と同様に，株主が自身の利益のために行使できる権利であって，決して株主が自己の利益を犠牲にして会社のために尽くすべく行使することが求められるものではない。

ただし，共益権の行使は，会社全体の利益（株主に共通の利益）に影響することから，自益権の行使と比較すると，ある程度制約が認められるといってよい。

(2) 株主平等原則

[3-4-3]　およそ社団の構成員については，衡平性の観点から一定の基準でもって平等に取扱われなくてはならない。株式会社においても，株主の会社に対する貢献は出資である以上，出資によって得た株式の内容および数に応じて平等に取り扱わなければならない。つまり，株式の内容が同一であればその保有株式数に応じて同一の取扱いをすべき平等原則がとられる（109条1項）。この原則があることにより，会社は影響力ある大株主には，他の株主よりも剰余金配当を多くするといった傾斜配分は許されなくなる。また，こうすることにより，とりわけ**公開会社**（2条5号，**3-4-7**参照）にあっては，一般投資家の当該会社についての収益予測可能性が堅実なものとなり，株式投資を呼び込みやすくなる。

　この株主平等原則は，旧法では利益配当，議決権等の一部の規定にみられた（これらの定めは，会社法にも引き継がれている。議決権について308条1項，剰余金配当請求権について454条3項，残余財産分配請求権について504条3項）。しかし，旧法では株主平等原則を一般的に定めた明文の規定はなかった。これに対して，会社法では，株主平等原則に関する規定を明文で設けた（109条1項）。これは，公開会社でない会社（**非公開会社**という）に限ってではあるが，有限会社において認められていた社員ごとの格別の定め（旧有限会社法39条等）を認めたことと関係がある。すなわち，非公開会社においては，株主の個性が重視されるのが通常である。そのため，より広い定款自治が認められてよいという理由から，同一の内容（種類）の株式を有する株主の間でも，剰余金の配当を受ける権利，残余財産の分配を受ける権利，株主総会における議決権について株主ごとに異なった取扱をすることを定款で定めることができる旨を会社法109条2項で定めた（定款変更の決議の要件について309条4項）。しかし，これはあくまで例外だということを明確にするために，同条1項に大前提としての株主平等原則の規定をおいたのである。

　なお，会社が株主との間で株主平等原則に反する内容の契約を締結しても，その契約は原則として無効である（最判昭45・11・24民集24・12・1963の事例を参照）。そして，このことは株主平等原則が単に社員関係上の問題にとどまらず，契約法上の問題にまで及ぶことを意味している。

この点をめぐっては，**株主優待制度**の問題がある。これは，たとえば電鉄会社において一定数以上の株式を保有する株主には旅行券を提供し，さらに多くの一定数の株式を保有する株主には，ある区間の定期券を無償で提供するなどといった優待制度である。形式的に考えれば，これは株主平等原則に違反するといえよう。しかし，優待制度は，個人株主がより多くの株式を長期にわたり安定的に保有してくれることを促す等のためにあると考えたとき，この制度を一律に無効とするのは適切でない。というのは，当該株式の保有が一定数に達せば等しく株主優待が受けられる以上，各株式には潜在的な株主優待の機会が平等に含まれているといえることをもって株主平等原則には反しないと考えられるからである。

(3) 単独株主権と少数株主権

[3-4-4]　　**単独株主権**とは，保有株式数にかかわりなく，たった1株しか保有していない株主でも単独で行使できる権利のことをいう。そして，普通株式は1株1議決権となっているから，株式を多数保有する創業者等の大株主が株主平等原則の下，多数決濫用をする可能性がある。逆に，巨大な公開会社にあっては，発行済株式総数の1％～3％程度の保有者でも屈指の投資家たり得るのであり，その巨額投資にかんがみ同人に経営に対する監督是正の機会をとくに提供する必要性もでてくる。そこで，ある程度まとまった数の株式を継続的に保有する株主を少数株主と称することとし，その者の意見が会社の事業運営に反映させられる機会を確保するべく，会社法には少数株主権の規定が設けられている。

　したがって，**少数株主権**とは，一定数以上の株式もしくは一定割合以上の株式を保有する株主，または一定数以上の議決権もしくは総株主の議決権の一定割合以上の議決権を有している株主のみが行使できる権利をいう。もっとも，そのような少数株主といわれる株主だけに特別の権利を認めることは株主平等原則に反するのではないかの疑問が生ずるかもしれない。しかし，どの株主も要件を満たすようになれば少数株主となれるのだから，個々の株式にも潜在的には少数株主権が平等に含まれていると考えることができる。

　ところで，自益権はすべて単独株主権である。したがって，単独株主権と少数株主権の分類は共益権について意味をもつ。少数株主権の持株（議決権保有）要件は，一般的にいって会社・株主全体に与える影響が大きい内容の少数株主権であるほど厳重になるといえる。ただし，行使要件は，定款で緩和することができ

る。さらに，個々の株主が保有する株式数だけでは少数株主権を行使できない場合であっても，それら株主が共同して株式数を合算して当該少数株主権を共同行使することも可能である。なお，公開会社における共益権の中には，単独株主権・少数株主権のどちらについても，その行使の要件として，6か月前から引き続き株式を保有していることを求める場合がある（297条1項・303条2項・305条1項・306条2項・360条1項・422条1項・847条1項・854条2項など）。これは，いわゆる会社荒しなどの危険に配慮して会社と株主の利害関係が一定期間継続していることを行使要件とする趣旨であるが，この要件は，定款により緩和できる。なお，非公開会社では，6か月要件はない。

❸ 株式の内容と種類

（1）総　説

[3-4-5]　　株式会社は，その発行する全部の株式の内容として，一定の事項を定めることができる（107条1項）。これを「株式の内容についての特別の定め」とよび，その定め得る内容は次の3つである。①当該株式の譲渡による取得について，当該会社の承認を要すること（譲渡制限：107条1項1号），②当該株式を保有する株主が当該会社に対してその取得を請求することができること（取得請求権：同2号），③当該株式会社が一定の事由が生じたことを条件として，当該株式を（強制的に）取得することができること（取得条項：同3号）である。

　　また，[3-4-1]で述べた通り，会社が一定の事項につき，内容の異なる2以上の種類の株式（種類株式）を発行することも認められるようになった（108条1項，このような会社を種類株式発行会社という。2条13号，登記につき911条3項7号。**3-4-10**）。

（2）発行株式全部について付すことのできる条件

[3-4-6]　　普通株式は，譲渡自由（127条）が認められるが，株主はいつでも任意に会社に対して保有株式の買い取りを請求することはできないし，会社も株主に対して株主保有の株式の強制買上げをすることはできないというのが原則である。しかし，会社法では，会社は，発行するすべての株式を対象として，その権利内容にかかわる次の①～③の定めを定款に置くことができる（107条1項。登記につき，911条3項7号）。

なお，これらの株式は，会社が発行する株式の全部に特定の内容ないし性格を
もたせる制度であるから種類株式ではない。ただし，この３つの条件について
は，発行株式の全部ではなく一部に対してのみその条件を付し，その他の株式に
はその条件を付さないで発行することもできる。つまり，種類株式としての発行
も可能である。

① 譲渡制限

[**3-4-7**]　　これは，株式の譲渡について当該会社の承認が必要である旨を定款
で定められた株式である（107条１項１号）。この定款による株式譲渡制限の手続
については，後述する（**3-4-24**以下）。なお，公開会社（２条５号）とは，発行す
る株式の全部について譲渡制限を付していない会社または発行する株式の一部に
のみ譲渡制限を付している会社のことをいう。逆に，発行する株式の全部につい
て譲渡制限を付している会社を**非公開会社**とよんでいる。なお，株式の流通がみ
られない会社であっても，譲渡制限を付していない限りそれは公開会社である。

② 取得請求権

[**3-4-8**]　　**取得請求権付株式**とは，株主がその保有する株式を会社に取得する
よう請求できる株式のことをいう（２条18号）。会社は，その発行する株式の全部
を取得請求権付株式にすることもできるし（107条１項２号），その一部のみを取
得請求権付株式にすることもできるが（108条１項５号），これらの手続について
は種類株式の項でまとめて説明する。

　旧法下でも，会社の基礎的変更等に際して，反対する株主が会社に対して保有
する株式を買い取るように請求できる株式買取請求権が認められていたが，その
取得対価は金銭に限られていた。これに対して，会社法ではより一般的に取得請
求権付株式の発行を認め，その取得と引き替えに給付する対価は，金銭のみなら
ず株式会社の社債，新株予約権，新株予約権付社債，株式等以外の財産を交付す
ることを，あらかじめ定款で定めておくことができる（107条２項２号・108条２項
５号）。また発行する一部の株式のみを取得請求権付種類株式として発行する場
合については後述する（**3-4-11**）。

③ 取得条項

[**3-4-9**]　　**取得条項付株式**とは，会社が，一定の事由が生じたことを条件とし
て，当該株主の同意なしに，株主の有する株式を取得することができる内容の株

式のことをいう（2条19号）。普通株式に取得条項を付けるためには，少なくとも，株式の内容を変更する定款変更が必要となり，株主全員の同意を得なければならない（107条2項3号・110条2項6号・111条1項）。会社は，その発行する株式の全部を取得条項付株式にすることもできるし（107条1項3号），その一部のみを取得条項付株式にすることもできるが（108条1項6号），これらは，まとめて取得条項付種類株式の項で後述する（*3-4-12*）。

(3) 種類株式

① 総　説

[*3-4-10*]　　種類株式には，株式会社の財務基盤の強化が求められる局面で機動的な資金調達を可能にする種類の株式や，会社の支配関係をめぐる諸事情を考慮した内容の種類株式，さらには閉鎖会社の性質に応じた内容の種類株式がある。

　108条1項によれば，会社は，9種類の事項について権利内容の異なる2種類以上の株式をそれぞれ発行することができるものとしている。

　また，これらの種類株式を発行するには，その9種類いずれについても，種類株式ごとに一定の事項および発行可能種類株式総数（何株までその種類株式を発行できるのか）を定款で定めなければならない（同条2項1～9号，会社則19条）。ただし，記述の通り剰余金の配当を受ける権利と残余財産の分配を受ける権利の両方を完全に与えない形に設計することは許されない（105条）。

② 取得請求権付株式，取得請求権付種類株式

[*3-4-11*]　　会社が，発行する全部の株式を取得請求権付株式とする場合には，定款で次のことを定めなくてはならない。⑦株主が当該会社に対して当該株主の有する株式を取得することを請求できること，⑦⑦の株式1株を取得するのと引換えに当該株主に対して交付する対価の内容および数もしくは額またはこれらの算定方法，⑦請求できる期間。また，発行する一部の株式を取得請求権付株式とする場合には，⑦ないし⑦の事項に加えて発行可能種類株式総数を定款で定めなければならない（107条2項2号・108条2項5号。なお，108条3項，会社則20条1項4号・114条2項1号参照）。なお，既発行の株式については，上記全部・一部のいずれの場合にも定款の定めを設けるには，株主総会の特別決議（466条・309条2項11号）が必要である。株主が取得請求権を行使するときの規制については後述する（*3-4-55*）。

株式の取得の対価として会社は，当該株式会社の社債，新株予約権新株予約権付社債，他の株式（発行する一部の株式を取得請求権付株式とする場合における他の株式）を交付することができ，かつこれら株式等以外の財産を交付することができる。

③　取得条項付株式，取得条項付種類株式

[3-4-12]　これは，「定款で定めたある一定の事由が発生した場合」に会社が株主の同意なしに株式を買い取ることができるとする種類の株式である。たとえば，会社は，株主が死亡したら会社株式を取得することにしておけば，相続人に株式が渡らないなど会社が意図していない株主へ株式を拡散することが防げる。

　会社が発行する全部の株式を取得条項付株式とする場合には，定款で次の⑦〜㊉のことを定めなければならない。⑦一定の事由が生じた日に当該株式会社がその株式を取得する旨およびその事由（一定の事由の内容は，たとえば「会社が定める日の到来」など，定款で幅広く定めることができる），④株式会社が別に定める日の到来をもって⑦の事由とするときはその旨，⑨⑦の事由が生じた日に取得条項付株式の一部を取得することと定めるときはその旨および取得する株式の一部の決定方法（種類株主の平等に配慮した決定方法でなくてはならない），㊉取得条項付株式1株の取得と引換えに当該株主に対して交付する対価の内容および数もしくは額またはこれらの算定方法を，定款で定めなくてはならない。

　以上であるが，発行する一部の株式を取得条項付とする場合（取得条項付種類株式）には，上記⑦ないし㊉の事項に加えて発行可能種類株式総数を，定款で定めなければならない（107条2項3号・108条2項6号。なお，108条3項，会社則20条1項5号・114条2項2号参照）。

　発行済株式の全部または一部に取得条項を付すために会社が定款の定めを設け，または定款を変更するには，株主総会の特別決議（309条2項11号・466条）に加えて，株主全員の同意が必要となる（110条・111条1項）。これは，会社が取得条項付株式の一部についてのみ保有者から株式取得することも可能とされることから，そのことへの株主全員の同意が必要と解されることによる。会社が取得条項付株式を取得するときの規制については後述する（3-4-57）。

　会社は，取得の対価として，当該会社の社債，新株予約権，新株予約権付社債，他の株式（発行する一部の株式を取得請求権付株式とする場合における他の株式）

を交付することができ，かつこれら株式等以外の財産を交付することができる。

④　優先株式，劣後株式

[3-4-13]　　会社は，剰余金の配当および残余財産の配当につき，内容の異なる種類株式を発行することができる（108条1項1号・2号）。

　優先株式は，分配についての種類株式，他の株式に優先して剰余金の配当等を受け取る権利を有する内容の株式で，たとえば会社が短期的で急を要する資金調達を容易にするために，一時的にこれを発行することがある。また，配当優先株式については，さらに㋐優先株主が定款所定の優先配当金を受けた後の残余の分配可能額からも配当を受け取ることができる**参加的優先株式**と，これを受けられない**非参加的優先株式**がある。また，㋑定款所定の優先配当金について，ある事業年度にその全額が支払われなかった場合に，不足分を次年度以降の分配可能額から支払って填補される株式を**累積的優先株式**といい，填補されない株式を**非累積的優先株式**という。非参加的・累積的配当優先株式に取得条項および議決権制限を付すれば，経済的側面で社債と近似することになる。

　劣後株式は，他の株式に劣後して剰余金の配当等を受け取ることとなる内容の株式である（108条1項1号）。劣後株式は，再建中の会社の支配株主等が資金援助するために劣後株式を引き受けて既存株主等に不利益を与えないようにしたり，一般投資家からの普通株への申込みを引き出したりするために，企業に資金援助を与えようとする国または地方公共団体や，親企業などによって引き受けられることが多い。また，劣後株式では，業績が回復し，普通株と同じ配当が可能となったときには，会社がその株式を取得するという条件が付いている（108条1項1号・6号）。

　会社は，剰余金の配当または残余財産の分配について内容の異なる2以上の種類の株式を発行する場合，㋐剰余金の配当については，当該種類の株主に交付する配当財産の価額の決定の方法，剰余金の配当をする条件その他剰余金の配当に関する取扱の内容を定款で定めなくてはならない。また，㋑残余財産の分配については，当該種類の株主に交付する残余財産の価額の決定の方法当該残余財産の種類その他残余財産の分配に関する取扱の内容を定款で定めなくてはならない。さらに㋐㋑いずれの場合も，発行可能種類株式総数を定款で定めなければならない（108条2項1号・2号。ただし同条3項，会社則20条1項1号・2号）。

⑤　議決権制限株式

[3-4-14]　　これは，株主総会において議決権を行使することができる事項について制限のある種類の株式である（108条1項3号・115条）。

　たとえば，株主総会での議決権行使に関心のない者に完全無議決権株式を発行すれば，既存の株主による支配関係を変動させることなく株式による資金調達が可能となるばかりか，株式管理費用の節減にもつながる。また，一定以上の議決権の保有が法令によって制限される金融機関（独禁11条等）にも発行され得る。なお，議決権が制限されるので普通株式に比べて価値が低くなるから，普通株式よりも安価な払込金額で発行される。それゆえ，同じ投資額にして普通株式よりも多くの株式数を保有でき，その分多くのリターンが期待できる。

　会社が議決権制限株式を発行するには，⑦株主総会において議決権を行使することができる事項および④当該種類の株式につき議決権の行使の条件を定めるときは，その条件について定款で定める（108条2項3号）とともに，発行可能種類株式総数も定款で定めなければならない（同条同項柱書）。

　会社が，既発行の株式について，議決権を制限する定款の定めを設ける場合には，株主総会の特別決議（309条2項11号・466条）に加えて，当該定款変更によって，ある種類の株式の種類株主に損害を及ぼすおそれがあるときは，その定款変更は，当該種類の株式の種類株主を構成員とする種類株主総会の決議がなければ，その効力を生じない。ただし，当該種類株主総会において議決権を行使することができる種類株主が存しない場合は，この限りでない（322条1項1号・324条2項4号）。

　また，議決権制限株主といえども全く議決権がなくなるわけではなく，無議決権株主を含めて，株式の譲渡制限規定を新たに定款に設けようとする定款変更決議や（348条2項），議決権制限種類株式の種類株主総会における決議については（345条3項・346条），議決権を有するものとされる点には注意が必要である。

　なお，会社法においては，種類株式発行会社が公開会社である場合においてのみ，議決権制限株式の数が発行済株式の総数の2分の1を超えるに至ったときは，株式会社は，直ちに，議決権制限株式の数を発行済株式の総数の2分の1以下にするための必要な措置をとらなければならないと規定した（115条）。これは，少額出資者によって会社が支配されることを防止するためである。ただし，

発行済株式総数の2分の1を超えて議決権制限株式を発行しても，その議決権制限株式それ自体は有効であるとするものであり，ただ，当該公開会社にその議決権制限株式の数を発行済株式総数の2分の1以下とするために必要な措置（議決権制限株式の発行数を減少，あるいは他の種類株式の発行数を増加させる措置）を講ずることを義務づけたものである。

⑥　全部取得条項付種類株式

[3-4-15]　　会社法における全部取得条項付種類株式とは，2種類以上の種類株式を発行している会社において，そのうち1つの種類の株式の全部を，株主総会の特別決議を得ることによって当該会社が取得することができる旨を定款によって定めた当該種類の株式のことをいう（171条1項柱書・108条1項7号）。取得条項付種類株式とは異なり，取得事由をあらかじめ定款で定めておく必要はない。

　株式会社が全部取得条項付種類株式を新たに発行する場合には，定款で取得対価の価額の決定方法などを定めなければならない（108条2項7号。ただし同条3項，会社則20条1項6号参照）。なお，取得の際に交付する対価の内容については，その取得についての株主総会の特別決議によって定めることとされている（171条1項）。さらに，この種類株式の取得には株主総会の特別決議を要求するとともに，当該会社は取得対価等に関する書面または電磁的記録を所定の期間本店に備置して株主からの閲覧請求に応じなくてはならない（171条の2〔平成26年改正で新設〕）。そして，取得対価に不服のある株主には裁判所に対して価格の決定の申立権を与える（172条）ことによって株主の利益を図っている（リーディングケースとして，最決平21・5・29金判1326・35〔レックス・ホールディングス事件〕がある。また，東京地決令2・7・9資料版商事437・157は，裁判所が公正な価格を算定するにあたっては，当該会社の株式を継続して保有していた場合に株価が上昇することについての少数株主の期待を保護する観点から，〔1〕取得日における当該株式の客観的価値〔→その取得日における当該会社の企業価値〕に加えて，〔2〕強制的な株式の取得により失われる今後の株価の上昇に対する期待を評価した部分についても考慮することとするのが相当であるとした）。さらに，当該株式の取得が法令または定款に違反する場合において，株主が不利益を受けるおそれがあるときは，株主は，株式会社に対し，当該株式の取得をやめることを請求することができる（171条の3。なお，効力の発生につき173条参照）。

発行済株式について，これを全部取得条項付種類株式とするには，株式の内容の変更に係る定款変更が必要となり，そのための株主総会の特別決議（309条2項11号・466条）が必要である。加えて，全部取得条項が付されるのが種類株式である場合には，当該種類株式の種類株主総会における特別決議が必要となる（111条2項・324条2項1号）。この場合に，（取得条項付株式とは異なって）株主全員の同意を必要としないのは，株式の一部ではなくその全部を一挙に取得するから，そこに株主間の異なった取扱い（不平等）がないことによる（3-4-12）。このときの反対種類株主については，その利益を保護するため，株式買取請求権が与えられる（116条1項2号，振替155条）。また，全部取得条項付種類株式たる株式に係る新株予約権者には新株予約権の買取請求権が付与される（118条1項2号）。

　なお，当該会社は，取得日後遅滞なく取得した全部取得条項付種類株式の数その他取得についての法務省令で定める事項を記載・記録した書面・電磁的記録を作成し，所定の期間，本店に備え置き，当該会社の株主または取得日に全部取得条項付種類株式の株主であった者からの閲覧等の請求に応じなくてはならない（173条の2〔平成26年改正で新設〕）。

[3-4-16]　Step Ahead　業績の悪化した会社が，他の会社から新たな出資を受け入れて再生を図ることにしたとする。この場合，既存の株主に追加の出資を求めず，その株式保有もそのままにしておいたのでは，仮に会社の事業が再生できたとしても，再生によって増加した企業価値は既存の株主と新たな出資をしてくれた会社との間で分け合うことになってしまう。これでは新たな出資をした会社にとっては割に合わない。そこで，業績の悪化した会社が，株主総会の特別決議によって発行済株式全部を無償取得する。これによって既存の株主の地位を消去する（株主ではなくなる），そのうえで新たな出資を受け入れる。このようなしくみをもって円滑な事業再生を図るべく会社法制定の際に構想されたのが全部取得条項付種類株式の制度である。

　この制度の下では，会社が全部取得条項付種類株式を取得しても，これを消却する必要はない。それゆえ，その取得に伴って資本金を減少させる必要もない。しかも，業績が悪化していない会社でも，株主総会の特別決議によって普通株式を全部取得条項付種類株式に変更して，これを当該会社が有償で全部取得することも可能となっている。そのため全部取得条項付種類株式の制度は，ある会社

が，買収先の会社に残存する少数派株主を排除する「締め出し」（スクイーズ・アウト）の手段として利用され得る。そして，そうした株主保護のために平成26年会社法改正が行われ，そこでは新たに171条の２，同条の３および173条の２の規定が設けられた。ただし，全部取得条項付種類株式の取得によるスクィーズアウトの方法は複雑であることから，現在では平成26年会社法改正で設けられた特別支配株主（対象会社の総株主の議決権の10分の９以上を保有する株主）による株式等売渡請求の制度（179条以下）を用いる傾向にある。◁ Step Ahead

⑦　拒否権付種類株式

[3-4-17]　これは，種類株式発行会社におけるある種類の株式の内容として，株主総会（取締役会設置会社にあっては株主総会または取締役会，478条８項に規定する清算人会設置会社にあっては株主総会または清算人会）で決議すべき事項につき，当該決議の他，当該種類の株式の種類株主を構成員とする種類株主総会の決議があることを必要とする（拒否権の対象とする）旨の定めがある株式である（108条１項８号・323条）。

　株式会社が拒否権付種類株式を発行する場合，種類株主総会の決議があることを必要とする事項を，当該種類株主総会の決議を必要とする条件を定めるときは，その条件および発行可能種類株式総数を，定款で定めなければならない（108条２項８号。ただし同条３項，会社則20条１項７号）。

⑧　取締役・監査役の選任についての種類株式

[3-4-18]　これは，当該種類の株式の種類株主を構成員とする種類株主総会において取締役または監査役を選任する旨の定めがある株式である（108条１項但書・９号。定款で定めるべき事項につき，同条２項９号，会社則19条）。

　この取締役・監査役選任権付株式が発行されると，取締役または監査役の選任は，種類株主総会ごとに行われることになり，全体の株主総会で選任されることはない（347条。解任についても同様）。ただし，公開会社の場合，この制度が経営者によって濫用されるおそれがあることから，この種類株式の発行は認められていない（108条１項但書）。

　株式会社がこの種類株式を発行する場合には，定款で次の⑦～⑰のことを定めなくてはならない。すなわち，⑦当該種類株主を構成員とする種類株主総会において取締役または監査役を選任することおよび選任する取締役または監査役の

数，④⑦の定めにより選任することができる取締役または監査役の全部または一部を他の種類株主と共同して選任することとするときは，当該他の種類株主の有する株式の種類および共同して選任する取締役または監査役の数，⑦⑦または④に掲げる事項を変更する条件があるときは，その条件およびその条件が成就した場合における変更後の⑦または④に掲げる事項，⑤⑦から⑦までに掲げるものの他，法務省令で定める事項（同条2項9号，会社則19条），そして，⑦発行可能種類株式総数以上である（同条2項柱書）。なお，当該種類株主総会が選任した取締役・監査役は，同じ種類株主総会の決議でもって解任され得る（347条1項・2項）。

[3-4-19] Step Ahead ▷ 以上のようにさまざまな内容の種類株式があるが，これらはどのように利用されるのだろうか。一例を次に挙げてみたい。

　資力に乏しいA社は，独自開発した独創的な技術をもって新規事業を立ち上げるべく，潤沢な財産を有するB社から多額の出資を得てAB両社を株主とする新会社を設立することにした（以下，新会社が発行する株式のうちA社が引き受ける株式を「A株式」，B社の引き受ける株式は「B株式」という）。この時，B社は経営には積極的に関与しないかわりにA社に優先して剰余金の配当を受け，かつ万が一事業が破綻したときには投下資本を少しでも多く回収したいとの意向を持っていた。さらに，B社は経営に積極関与せずとも出資者としての経営監視は行いたいとの意向もあった。そこで，両社は話し合って，AB両株式をそれぞれ別個の種類株式にすることとし，その内容としてB株式を優先株式とする一方で，B株式の種類株主総会では取締役は2人を選任し，A株式の種類株主総会では取締役を3人選任できるようにして，A社が経営の主導権を握れるようにした。そのうえで，B社の新会社に対する経営監視の確実性を高めるべく，B株式には一定の事項に係る取締役会決議事項に対して拒否権を付与した（108条1項8号）。このようにAB両株式は，AB両社の思惑の違いを踏まえた個別的な制約を付しているので，AB両株式のすべてに譲渡制限を付している。もっとも，AB両社ともに事業が軌道に乗って安定的な収益確保ができるようになれば，普通株式のみを発行する公開会社となって上場を果たしたいと考えている。そのときに，AB両社が種類株式であるAB両株式を保有していては困るので，これらすべてに取得条項を付与した。すなわち，新会社が普通株式のみを発行する会社となるに際して，（新たに発行する普通株式を対価に〔同条2項6号ロ〕）AB両株式を会社が取得できるよう

にしている。 ◁ Step Ahead

§2 ── 株式の譲渡等

❶ 株式譲渡自由の原則とその制限

(1) 総　説

[3-4-20]　　合名会社，合資会社および合同会社の社員には**退社**が認められる（606条・607条）。そして，退社する社員は出資額に応じた**持分の払戻し**を受けることができる（611条）。これにより，いわゆる投下資本の回収が可能となる。

　これに対して，株式会社では，取得請求権付株式の株主や株式買取請求権を行使できる場合など除けば，株主は，原則として会社の存続中は会社に対して出資の返還を求める権利を有しない。これは次の理由による。すなわち，株式会社の株主（社員）が会社に対して負う義務は，保有株式の引受価額を限度とする出資を履行することだけである。したがって，会社がいくら経営難に陥っても，株主は会社が会社債権者に対して負う債務の弁済責任を直接負わされることはない（間接責任）。株主の義務は会社に対する一定額の出資義務に限られるからである（**株主有限責任原則**，104条）。それゆえ，会社債権者にとって債権の担保は会社財産のみである。こうした中，もし株主に任意の退社を認めれば，その都度会社は当該株主が保有する株式数に応じた出資の返還をする必要が出てくる。つまり，その分，会社財産が社外流出することになる。しかも，会社が業績を伸ばして株価が上昇する局面にあるときよりも，経営難に陥って株価が下降局面にあるときの方が，株主は退社したいと思うであろう。こうしたことから，株主に退社を認めれば会社債権者の保護がゆるがせになるのみならず会社の取引上の信用も一層低下する。そこで，株式会社では退社を認めないこととした。

　その一方で，株主も急な出費が必要になったとき等には保有株式を売却して現金を得たいと思うこともあろう。こうした点にかんがみ，会社法は，株主が，会社その他なんびとからも制約を受けることなく，株式を自由に譲渡できることを原則としている（**株式譲渡自由の原則**：127条）。つまり，株主はその保有する株式を他者に売却し対価を得ることによって，投下資本を回収できるようにしたのである。

この株式譲渡自由の原則は，株式会社制度の根幹をなすものである。しかしながら，所有と経営が必ずしも分離していない中小の同族会社などの経営においては，株主の個性が重視される。こうした会社の場合には，株式譲渡自由の原則を徹底すると，現経営者らにとって好ましくない者が手段を弄してその株式を大量に取得し大株主となって経営権を掌握し，従来の経営方針がいたずらに歪められてしまう危険に晒されやすい。こうしたことを念頭に，譲渡制限株式の制度がおかれている。

(2) 一人会社における株式譲渡

[**3-4-21**]　　**一人会社**（発行済株式の総数を１人の者または１個の法人が有する会社）の株主が譲渡制限株式を譲渡しようとする場合，譲渡後にその会社の株主になるのはその譲受人だけである。つまり，この場合には，会社にとって好ましくない者が株主となることについて考慮すべき必要性が見当たらない（なお，東京地判平１・６・27金判837・35）。したがってこの場合，会社の承認は不要と解される（最判平５・３・30民集47・４・3439は，取締役会設置会社である一人会社の株主が譲渡制限株式を譲渡する場合について取締役会の承認は不要である旨を判示する）。

(3) 株式譲渡の法律による制限

[**3-4-22**]　　会社の設立前または新株発行の効力発生前における株式引受人の地位のことを，**権利株**という。

　権利株の譲渡は当事者間では有効であるが会社に対してはその効力を生じない（50条２項）。また，株券発行会社における株券発行前の株式譲渡も，当事者間では有効であるが会社に対してはその効力を生じない（128条２項，振替132条）。これは，もし，かかる効力が生ずるとするならば，株券発行や株主名簿の作成といった事務手続が煩雑となる点を考慮して設けられた規定である。したがって，会社側に何らかの帰責事由がある場合，たとえば株券発行会社であるにもかかわらず，遅滞なく株券を発行しない場合は，株券発行前であっても，当事者間の意思表示のみによる譲渡を会社に対抗できるとされる（最大判昭47・11・8民集26・9・1489）。

(4) 定款による制限

①　譲渡制限株式

[**3-4-23**]　　**譲渡制限株式**とは，株式の全部または一部の譲渡取得について会社

の承認を要する旨の定めが設けられている株式をいう（2条17号・107条1項1号・108条1項4号）。

　会社が，その発行する株式の全部を譲渡制限株式とする場合には，定款において，譲渡による当該株式の取得につき当該株式会社の承認を要する旨，ならびに，一定の場合に承認をしたものとみなすときはその旨および当該一定の場合（会社が厚い信用をおく特定の第三者に譲渡する場合等）についての定めを設けなくてはならない（107条2項1号）。この場合の定款の定めを設けるには，**株主総会の特殊決議**（＝議決権を行使できる株主の半数以上を定足数とし，その議決権の3分の2以上の賛成を要する決議。309条3項1号）が必要である。

　また，定款の定めにより，発行する一部の株式のみに譲渡制限を付する**譲渡制限種類株式**を発行することも認められている（108条1項4号）。この種類株式を発行する場合，会社は，当該種類株式を譲渡するときには当該会社の承認を要することおよび当該種類の株式について107条2項1号に定める事項（同条2項4号）および発行可能種類株式総数を定款で定めなければならない（同条2項柱書，株券の記載事項につき216条3号参照）。この定款の定めを設ける場合には，**株主総会の特別決議**（466条・309条2項11号）に加えて，譲渡制限株式とされる種類の株式の種類株主，ならびに当該種類の株式を取得の対価とする取得請求権付株式および取得条項付株式の種類株主，を構成員とする**種類株主総会の特殊決議**（111条2項・324条3項1号）が必要である。

　なお，株式に譲渡制限が付されれば，その分，株主は投下資本を回収しにくくなる。そこで，譲渡制限の定めを設けることにつき反対の株主には**株式買取請求権**が与えられる。また，譲渡制限株式とされる株式を目的とする新株予約権を有する新株予約権者には，**新株予約権の買取請求権**が与えられる（116条1項1号・2号，振替155条，118条1項1号・2号）。

② 株主総会または取締役会等による譲渡の承認

[3-4-24]　　**定款による譲渡制限**について，会社法は，107条1項1号において全部の株式の内容として譲渡による株式の取得について当該株式会社の承認を要する旨を規定し，さらに，同法108条1項4号では種類株式として同様の株式譲渡制限を定め得ることを規定している。

　これら譲渡制限が付された株式について，その**譲渡を承認する機関**は，旧法で

は取締役会とされていた。一方，有限会社ではその譲渡を承認する機関は株主総会であった。そこで，会社法では，有限会社が株式会社に統合されたことに伴って，原則として譲渡承認は株主総会で行うものとし，ただ取締役会設置会社においては取締役会でその承認を行うこととした（139条1項）。もっとも，定款の定めにより，他の機関を譲渡承認機関にすることが認められている（同条但書）。したがって，取締役会設置会社の譲渡承認機関を株主総会とすることもできる。なお，譲渡制限が付された株式の譲渡につき，一定の場合には譲渡承認機関の承認を要しないものとすることができる（107条2項1号・108条2項4号）。

③　譲渡制限株式の承認請求

[3-4-25]　　譲渡制限株式の株主は，その有する譲渡制限株式を他人（当該譲渡制限株式を発行した株式会社を除く）に譲り渡そうとするときは，会社に対し，当該他人が当該譲渡制限株式を取得することについて承認をするか否かの決定をすることを請求することができる（136条）。また，譲渡制限株式を取得した株式取得者は，会社に対し，当該譲渡制限株式を取得したことについての承認をするか否かを決定するよう請求することができる（136条・137条1項）。これらの請求を「**譲渡等承認請求**」という。そして，この譲渡等承認請求を行った株主または株式取得者のことを「**譲渡等承認請求者**」という（138条・139条2項）。

この場合の請求は，株券不発行会社にあっては，法務省令で定める場合（会社則24条：利害関係人の利益を害するおそれがない場合）を除き，株主名簿に記載・記録されている譲渡人たる株主またはその相続人その他の一般承継人と共同して請求しなければならない（137条2項，会社則24条）。なぜ共同して請求すべきなのかは，株券不発行会社の譲渡制限株式を取得した者が単独で譲渡承認請求しても，会社はその者が真の株式取得者であるかどうか戸惑うからである。なお，このように共同して請求すべき点は，後述する株主名簿の名義書換の場合においても同様の規定がある（133条2項，会社則22条）。これに対して株券発行会社の場合は，株券の所持人は適法な権利者であると推定されるから（131条1項），株式取得者は株券を提示して単独で請求することが認められている（137条2項，会社則24条2項1号）。

ところで，判例は，取締役会設置会社について譲渡制限株式の譲渡が取締役会の承認なくして行われても，その譲渡は，当事者間では有効であるとする（最判

昭48・6・15民集27・6・700）。ただし，この場合であっても会社は株主名簿に記載されている譲渡株主を現株主として扱わなければならないとするのが判例の立場である（最判昭63・3・15判時1273・124，最判平9・9・9判時1618・138）。もっとも，そのように解しても，株式取得者からの譲渡等承認請求に会社が承認しない場合には，会社がその株式取得者の方から当該株式（対象株式）を買い取ることが認められる。このことに着目すると，当該譲渡の有効性は対会社との間でも認められるのではないか検討の余地があると思われる。

④　譲渡に関する承認手続

[3-4-26]　譲渡等承認請求においては，①当該承認請求をする株主が，譲り渡そうとする譲渡制限株式の数，または株式取得者が取得した譲渡制限株式の数（種類株式発行会社にあっては，譲渡制限株式の種類および種類ごとの数），および②当該承認請求をする株主が，その株式を譲り渡そうとする他人の氏名・名称，またはその株式の株式取得者の氏名・名称を明らかにしなければならない。さらに，③その株式を当該他人が取得することを会社が承認しないと決定する場合において，当該承認請求をした株主が，会社または指定買取人（140条4項）による当該株式の買取りを請求するときは，その旨も明らかにしなければならない(138条)。

譲渡等承認請求を受けた会社は，定款に別段の定めがある場合を除き，取締役会設置会社にあっては取締役会によって，その他の会社は株主総会の普通決議によって（ただし，定款に別段の定めがある場合は，このかぎりでない），その株式の取得を承認するか否かを決しなくてはならない（139条1項）。そして，その結果を譲渡等承認請求者に通知しなければならない（同条2項）。この通知は譲渡等承認請求の日から2週間以内にしなければならず，通知をしないときは当該株式の取得を承認したものとみなされる（145条1号。ただし，株式会社と譲渡等承認請求者との合意により別段の定めをしたときは，このかぎりでない〔同号但書〕）。

なお，**会社の承認がない場合の譲渡の効力**は，判例（前掲最判昭48・6・15）および多数説は，当事者間では有効であるが，会社に対する関係では効力を生じないと解している。相対的無効説。

⑤　会社による買取り

[3-4-27]　譲渡等承認請求において，当該承認請求をする株主が譲渡制限株式を他人に譲り渡そうとすることを会社が承認しないとき，またはその譲渡制限株

式の当該他人（株式取得者）による取得を会社が承認しないとき，会社は，その譲渡制限株式（「対象株式」という）を自社で買い取るか（140条1項），あるいは対象株式の全部または一部を買い取る者（「指定買取人」という）を指定しなくてはならない（同条4項）。

　この指定買取人に買い取らせる場合には，取締役会設置会社では取締役会決議で指定買取人を指定し，それ以外の会社では株主総会の特別決議で指定買取人を指定する（140条4項5項・309条2項1号）。これに対して，会社が買い取る場合は，取締役会非設置会社，取締役会設置会社のいずれであっても株主総会の特別決議により決定しなくてはならない（140条1項2項・309条2項1号）。これは，どちらの会社であっても，譲渡等承認請求者が会社に不当に高い価格で対象株式を買い取らせることにより他の株主が損失を被る可能性があり得るからである。したがって，それを防ぐため，いずれの会社でも株主総会の特別決議によらねばならないこととしたものである。

　ところで，**会社自身が買取人となる場合の手続**は，株主総会の特別決議によって，その対象株式を買い取る旨，および会社が買い取る対象株式の数（種類株式発行会社にあっては，対象株式の種類および種類ごとの数）を定める。そして，これら定めたことを譲渡等承認請求者に通知しなければならない（140条1項2項・141条1項・309条2項1号。この通知は会社が譲渡を承認しない旨の通知の日から40日以内にしなければならず，通知をしないときは当該株式の譲渡を承認したものとみなされる。145条2号。なお，会社が承認したとみなされるその他の場合として145条3号に基づく会社則26条参照）。「40日以内」と期間が長いのは，総会決議の手続が要求されることにかんがみてのことである。会社は，この通知をしようとするときは，1株当たりの純資産額として法務省令（会社則25条）で定める方法により算定される額に会社が買い取る対象株式の数を乗じて得た額を供託し，かつ当該供託証書を譲渡等承認請求者に交付しなければならない（141条2項，会社則25条）。なお，会社が当該株式を買い取る場合には，自己株式取得の問題として**財源規制**がある（155条2号）。すなわち，株主に対して交付する金銭の帳簿価額の総額は，対象株式の買取りがその効力を生ずる日における剰余金の分配可能額を超えてはならない（461条1項1号）。

⑥ 指定買取人

[3-4-28] 　会社自身が対象株式を買い取るのではなく，会社の指定買取人に買い取らせる場合には，定款に別段の定めがある場合を除いて，株主総会（取締役会設置会社にあっては取締役会）の特別決議によって指定買取人を指定しなければならない（140条4項5項・309条2項1号）。

　指定買取人は，指定買取人として指定を受けた旨，および指定買取人が買い取る対象株式の数（種類株式発行会社にあっては，対象株式の種類および種類ごとの数）を譲渡等承認請求者に通知しなければならない（142条1項。この通知は会社が取得を承認しない旨の通知の日から10日以内にしなければならず，通知をしないときは当該株式の譲渡を会社が承認したものとみなされる。145条2号）。指定買取人は，譲渡等承認請求者に対して上記の通知をしようとするときは，1株当たりの純資産額に同人が買い取る対象株式の数を乗じて得た額を供託し，かつ，当該供託証書を譲渡等承認請求者に交付しなければならない（142条2項）。

　譲渡等承認請求に係る株式が，**株券発行会社の株式**である場合には，会社または指定買取人から供託証書の交付を受けた譲渡等承認請求者は，当該交付を受けた日から1週間以内に，この対象株式に係る株券を供託し，会社（会社が買取る場合）または指定買取人（指定買取人が買取る場合）に対して，遅滞なく当該供託をした旨を通知しなければならない（141条3項・142条3項）。なお，この譲渡等承認請求者が上記の期間内に株券の供託をしなかったときは，会社または指定買取人は株式譲渡等承認請求に係る対象株式の売買契約を解除することができる（141条4項・142条4項）。

⑦ 株式売買価格の決定

[3-4-29] 　会社または指定買取人から譲渡等承認請求者に対してなされる**株式買取りの通知**は，形成権の行使である。したがって，当該通知によって株式の売買契約が成立すると解される（141条4項・142条4項参照。そして，その後に譲渡等承認請求者が請求を撤回する〔売買契約を解除する〕ためには，通知者〔指定買取人または会社〕の同意が必要である〔143条〕）。ただ，その時点では，売買価格はまだ決まっていない。そこで，この価格を指定買取人または会社と譲渡等承認請求者との協議によって定めなくてはならない（144条1項・7項）。しかし，その協議により**価格が定まらないとき**もある。その場合，会社，指定買取人または譲渡等承認請求

者は，会社または指定買取人からの対象株式を買い取る旨の通知（141条1項および142条1項の通知）があった日から20日以内に，裁判所に対し，売買価格決定の申立てをすることができる（144条2項・7項）。裁判所は，当事者双方の陳述を聴いた上で（870条2項3号），譲渡等承認請求の時における株式会社の資産状態その他一切の事情を考慮して，対象株式の売買価格を決定する（同条3項・4項・7項）。

　なお，会社または指定買取人と譲渡等承認請求者との協議により価格が決定しない場合で，かつ，対象株式を買い取る旨の通知があった日から20日以内に裁判所に対し，上記売買価格決定の申立てがなされない場合には，1株当たりの純資産額に会社または指定買取人が買い取る対象株式の数を乗じて得た額が当該対象株式の売買価格となる（同条5項・7項）。売買価格が確定した場合，会社または指定買取人は，上記のとおり供託した金銭に相当する額を限度として，売買代金の全部または一部を支払ったものとみなされる（同条6項・7項）。

(5) 契約による制限

[3-4-30]　　株主間でまたは株主と第三者との間で，契約により株式の譲渡制限を定めることが必要な場合がある。従業員持株制度により，従業員である間中は自社の株式を保有することや，合弁契約の存続中は株式を譲渡しないという特約のあるような場合などである。

　これが株主間または株主と第三者との間の契約であれば，契約自由の原則からも認められてよい。しかし，会社と株主との間の契約であるような場合は，株式譲渡自由の原則の趣旨に反しかねず無効の疑いがある（従業員持株制度に関して最判平7・4・25裁判集民175・91参照）。

❷ 株式の譲渡方法と株主権の行使方法

(1) 総　論

[3-4-31]　　株式会社では，原則として出資の返還が認められないことから投下資本の回収は株式の譲渡によるしかない。それゆえ，譲渡制限が付された株式でない限り，会社の知らないところで不特定の者の間で株式は流通することになる。そこで，その流通の円滑を図るべく，かつてはすべての会社に**株券の発行**が義務づけられていた。そして，株式の譲渡は当該株式に係る株券の交付によって

行うものとされていた。しかし，発行された株券の保管・移転には相応の負担を要するのみならず，紛失・盗難のおそれがある。また，上場会社でなければ，株式の譲渡が頻繁に行われることはない。それゆえ，非上場会社では株券を発行する必要性がそれほど意識されていたわけではない。

　一方，発行済株式数が大量の上場会社等では，株主が替わる毎に株主名簿を書き換える手続の負担が無視できないものとなっていた。そこで，会社法では，会社が株券を発行するのは定款で定めた場合のみとした（214条）。さらに，上場会社については，平成21年1月の「**社債株式等の振替に関する法律**」の施行に伴い株券が廃止されたため，上場株式の譲渡は，すべて同法に基づく振替制度によって行われることになった。以下，この株券，株主名簿および振替制度をめぐる手続について説明する。

(2) 株　券

① 株券の意義と性質

[3-4-32]　株券とは，株主の地位である株式を表章する有価証券である。株券が発行されている会社の場合，株主がその権利を行使するためには**株券の呈示**を要する。もっとも，譲受人が会社に対して株券を呈示し株主名簿の名義書換がなされた後は，権利行使（株主総会への出席や配当金の受領など）のたびに会社に対して株券を呈示する必要はない（もっとも，株券と引き換えに他の株券や金銭等の交付を受けるときには，当該株券の会社への提供が必要である。219条1項2項）。

　株主名簿の名義書換は，株券を所持している者が株主名簿上の株主の協力を必要とせずに株券を会社に呈示するだけでなし得る（会社則22条2項1号）。ただし，仮に真実の株主でない者が株券を呈示し，同人に名義書換がなされても，会社は真実の株主等に対して損害賠償責任等を負わない。

　株式の譲渡は株券の交付だけでできる（128条1項，なお，振替132条）。そして，株券を占有する者は適法な所持人であると推定される（131条1項，振替143条）。そして善意取得の制度がある（131条2項，振替144条）。

② 株券の発行

[3-4-33]　会社は，その株式に係る株券を発行する旨を定款で定めることができ，その旨を定めた会社を**株券発行会社**という（214条。種類株式発行会社が株券を発行する場合は，全部の種類の株式について発行する旨を定めなくてはならない〔同条カッ

コ書〕)。

株券発行会社は、株式を発行した日以降、または自己株式を処分した日以後に遅滞なく、当該株式に係る**株券を発行**しなければならない（129条1項・215条1項）。もっとも、これら215条1項から4項および129条1項の各規定にかかわらず、株券発行会社が**非公開会社である場合**は、株式の譲渡、質入れが頻繁に行われるわけではない。また、株式名簿に記載された株主が会社に対して権利を行使するとき株券の呈示は必要とされない。そこで、当該株主の請求がある時までは、これらの規定の株券を発行しないことができる（129条2項・215条4項）。

なお、株式の譲渡のために株券の発行を請求したにもかかわらず、会社が**株券の発行を不当に遅滞**し、信義則からして株式譲渡の効力を否定するのが相当でないとされる状況に至った場合には、会社は、もはや株式発行前であることを理由としてその効力を否定できず、株券発行前であっても、株主は意思表示のみにより、会社に対する関係においても有効に株式を譲渡することができる（最大判昭47・11・8民集26・9・1489）。

③　株券の成立時期

[**3-4-34**]　この株券がいつ成立するのかについては有価証券の成立時期の問題に係ってくる。株券は設権証券ではないから、株券が作成されても株式が発行されたことにはならない。株式が有効でなければその株券は無効である。判例は、株券に求められる法定記載事項が記載された書面に代表取締役が署名し、かつ、その作成された書面が株主に交付された時に**株券の効力が発生する**と解している（最判昭40・11・16民集19・8・1970）。また、現在の通説的見解は、交付時説（交付契約説）の立場をとることを前提に、適法に作成された株券がどの株主に交付されたのかが確定した時にその効力が生ずるものと解している。

④　株券喪失登録制度

[**3-4-35**]　前述のとおり、**株主が株券を喪失**すれば名義書換や株式の譲渡ができなくなる（128条1項）。のみならず、第三者がこれを善意取得する可能性がある（131条2項）。

そこで、一定の手続を経た上で喪失株券を失効させて、当該株主は会社から新株券の発行を受ける**株券喪失登録制度**が平成14年商法改正により新設され、会社法でも維持されている（221～233条、会社則47条参照。ちなみに、新株予約権証券や社

債券については，なお公示催告・除権決定の制度による。291条・699条。なお平成16年改正非訟事件手続法第3編参照）。

⑤　株券を発行する旨の定款の定めの廃止

[3-4-36]　　株券の発行に係るコストを削減したいとき，あるいは株式を上場するべく**振替株式**（振替128条1項）にする場合，株券発行会社は（その株式〔種類株式発行会社にあっては，全部の種類の株式〕に係る）株券を発行する旨の定款の定めを廃止する定款変更ができる（218条参照）。

(3)　株主名簿

①　株主名簿とは

[3-4-37]　　これは，会社の作成による次の①～④の事項を記載した書面（帳簿，カード等）または記録した電磁的記録である。

　①株主の氏名・名称および住所，②当該株主の保有株式数・種類，③当該株主の株式取得日，④株券発行会社の場合は当該株式に係る株券の番号（121条）。

　したがって，株主名簿に登載されている株主は，株主の権利を行使するとき会社に対して自らが株主であることをわざわざ証明しなくても済む。その一方で，株主の会社に対する権利行使は，株主名簿の記載・記録に基づいて行わなくてはならない。たとえ株式譲渡の当事者間では，その譲渡の効力が有効に生じていたとしても，株主名簿に株式取得者（新株主）の氏名・名称および住所等が記載・記録されていなければ，株式取得者は自己が現在の株主であることを会社に対抗できない（130条なお，振替152条）。したがって，株主権は行使できない（株式を取得すれば，同時期に名義書換を行うのが基本であるが，それを株主が忘れている株式のことを「失念株式」と呼ぶ。）。

　会社側としても，株主総会の招集通知や株主の権利行使に関する催告等は，**基準日**（3-4-42）において株主名簿に記載された株主の氏名・名称・住所に宛てて発送すればよい（126条1項）。これにより会社の事務処理上の負担が軽減される。また，**剰余金の配当**は株主名簿に記載された株主に宛てて持株数に応じて行えばよい（457条）。つまり，株主名簿に記載された者がたとえ株式を既に譲渡していたとしても，会社は株主名簿の記載に従って事務処理をしたのであれば，株式譲受人等に対する債務不履行責任などから免責される。したがって，株主名簿上の株主であるが実際は既に無権利者である者が，株主総会で議決権を行使し，真の

株主が議決権行使できなかったとしても，株主総会決議の効力には影響が及ばない。また，会社が株主名簿上の株主に剰余金配当をしたために真の株主が配当を受け取れなかったとしても，会社やその取締役等はその真の株主に対する損害賠償責任を負わない。

　株主名簿上の住所に宛てて発した通知または催告が，5年以上継続して到達しないときは，会社はそれ以後その株主に対して通知および催告をしなくてよい（196条1項）。そうなった場合，株主に対する会社の義務の履行を行う場所は会社の住所地となり（同条2項），会社の債務は取立債務となる。

　なお，株券発行会社の株式でもなく，振替株式でもない株式の譲渡・質入れについての第三者に対する対抗要件は，株主名簿の記載・記録である。

② 株主名簿の閲覧・謄写

[3-4-38]　会社は，株主名簿をその本店（株主名簿管理人〔会社に代わって株主名簿の作成備置きその他関連事務を行うことを委託された者〕がある場合にあっては，その営業所）に備え置かなければならない（125条1項，会社則226条）。

　株主および債権者は，株式会社の営業時間内はいつでも，株主名簿の閲覧または謄写の請求をし，株主名簿が電磁的記録によるときは，記録された事項を法務省令で定める方法により表示したものを閲覧または謄写の請求をすることができる。この場合においては，当該請求の理由を明らかにしなければならない（125条2項，会社則226条6号）。この理由開示に基づき閲覧または謄写の請求があったとき，会社（株主名簿管理人）は拒絶すべきかどうかを判断することができる（法定拒否事由は，125条3項1号〜4号に掲げる4つである）。

③ 株主名簿記載事項証明書

[3-4-39]　株券発行会社の株主は，**株券の権利推定効**に基づき（131条1項），第三者に対して自己が株主であることを容易に証明しやすい。しかし，それ以外の会社では，株主たる地位を証明する方法がないため株主が困ることもある。そこで，**株券発行会社以外の会社**では，株主名簿に記載・記録されている諸事項を記載した書面または記録した電磁的記録の交付・提供を請求する権利が株主に与えられる（122条1項・4項）。

④ 株主名簿の名義書換

[3-4-40]　株式を，その発行会社以外の者から取得した第三者（株式取得名義

書換請求者）は，当該発行会社に対して当該株式に係る株主名簿記載事項の書換を請求することができる（133条1項）。株券発行会社における株券の占有者は，適法な所持人と推定される（131条1項）ので，同人は株券を会社に呈示するだけで株主名簿の名義書換がなされる（会社則22条2項1号）。

　一方，株券発行会社の株式でも後述の振替株式でもない株式の取得者が，この株主名簿の名義書換を請求する場合には，利害関係人の利益を害するおそれがないものとして法務省令（会社則22条）で定める場合を除き，当該株式の株主として株主名簿に記載・記録されている者またはその相続人その他の一般承継人と共同して名義書換請求を行わなければならない（133条2項，会社則22条）。なお，**譲渡制限株式である場合**には，当該株式の譲渡による取得について会社から承認を得ていないと，原則として株式取得者は株主名簿の名義書換が請求できず（134条），株主としての権利が行使できない。このようにするのは，会社にとって好ましくない者が譲渡制限株式の新たな株主にならないようにするためである。それゆえ，次のいずれかに該当する場合は，この限りでなく，株式取得者が単独での名義書換請求を認められる（134条但書）。①当該株式取得者が当該譲渡制限株式を取得することにつき136条（株主からの譲渡承認請求）の承認を受けていること，②当該株式取得者が譲渡制限株式の株式取得者が会社から137条1項（株式取得者からの承認の請求）の承認を受けていること，③当該株式取得者が140条4項に規定する指定買取人であること，④株式取得者が相続その他の一般承継により譲渡制限株式を取得した者であることの以上4つの場合である。

　なお，会社が株式を発行した場合や，株式の併合・分割をした場合は，株式取得者からの請求を待たずに会社が名義書換を行う（132条）。これは，会社が新しい株式の株主は誰なのかを知っているからである。

⑤　名義書換の不当拒絶

[**3-4-41**]　　株式取得者が会社に株主名簿の名義書換を請求しているにもかかわらず，会社が故意にその者の権利行使を妨害するために名義書換を不当拒絶するか，事務処理上のミスで名義書換が遅れてしまう場合があり得る。

　会社の事務処理上の便宜を考慮した株主名簿制度の趣旨に即して，会社が名義書換を実行しないまま合理的な期間を徒過した場合には，株式取得者は名義書換なしに会社に対して自己が株主であることを主張できるものと解されている（最

判昭41・7・28民集20・6・1251）。

⑥　株主名簿の基準日

[**3-4-42**]　　たとえば３月期決算の会社にあって決算期当日（３月末日）の株主名簿上の株主と，その後３か月以内に開催される定時株主総会当日（６月下旬頃）の株主名簿上の株主とが異なる場合がある。この場合，どちらの者に株主の権利を行使させてよいのかが問題となる。

　そこで，会社法においては，会社が一定の日（基準日）を定めて，当該日において株主名簿に記載または記録されている株主または登録質権者（それぞれ「**基準日株主**」，「**基準日登録質権者**」という）に株主の権利を行使できる者と定めることができるものとした（124条１項・５項，なお会社則151条）。

　これが株主名簿の基準日の制度である（124条１項）。基準日は定款によらずに定めることができる。その場合，会社は，まず基準日株主が行使できる権利の内容を定める（その権利の行使は基準日から３か月以内に限る）。そして，基準日の２週間前までに，いつが基準日かということと，基準日株主および基準日登録質権者が行使できる権利の内容とを公告しなければならない（124条２項・３項本文・５項）。ただし，この公告の事項が定款に定めてある場合には公告は不要である（124条３項但書・５項）。

　基準日が過ぎた後に株主となった者は，当該基準日に係る権利を行使できないのが原則である。ただし，株主総会における議決権や種類株主総会における議決権については例外が認められる。すなわち，基準日後に，募集株式の発行（199条）等によって，新たに株主になった者は，会社が認めれば株主総会（または種類株主総会）における議決権行使ができる（124条４項）。この例外の規定は実務からの要請により設けられた。その理由は，このような者は，株主総会開催日に株主であることがはっきりしているから，議決権行使の機会を認めるべきだという点にある。しかしこの場合，議決権を行使させる者を決定する基準や要件に係る規定は特に設けられていない。したがって，基準日後に，上記のとおり株主となった者に議決権を行使させるかどうかは，株主平等原則の規定（109条１項）の趣旨に反しない範囲で，株式会社が裁量的に定めることができる。なお，基準日後に，他の株主から株式を譲り受けた者に議決権を行使させることを会社が認めれば，基準日時点の株主の権利を害するため，許されない（同項但書参照）。

⑦　所在不明株主の有する株式の売却制度

[**3-4-43**]　　会社から株主に対する通知または催告が5年以上継続して到達しない場合には，会社は当該株主に対する通知または催告の義務を免れる（196条1項）。

この場合に，当該株主が自己保有の株式に係る剰余金の配当を継続して5年間受領しない状況が続いたときは，会社は当該株式を競売し，その競落代金を当該株主に交付することができる（197条1項）。ただし，当該株式に市場価格があるときは，さらなる便法として会社は株式の競売に代えて，法務省令で定める方法により（市場価格として）算定される額をもって売却することができる。

他方，市場価格のない同項の株式については裁判所の許可を得て競売以外の方法により，これを売却することもできる。この場合において，当該許可の申立ては，取締役が2人以上あるときは，その全員の同意によってしなければならない（197条2項，会社則38条）。

(4)　振替株式の権利行使方法

① 　株券の不発行＝原則

[**3-4-44**]　　平成16年改正以前の商法では，すべての株式会社は株主に株券を発行しなければならないと定めていた。しかし，株券の流通量が膨大な上場会社では，その管理費用が問題となっていた。一方，株券が流通することのないような閉鎖的で小規模な株式会社にあっては，株券を発行することに意義を見出しがたく，実際あまり発行されていなかったようである。また，株券の権利推定効（131条1項）や善意取得の制度（131条2項）のゆえに真の権利者が不利益を被る可能性もあった。

かくして，会社法では，**株券の不発行を原則**とした。そして，会社が株券を発行しようとする場合には，その旨を定款で定めることができるものと規定した（214条）。また，証券取引所に上場された上場株式については，円滑な株式取引を図るべく，**株式振替制度**を導入して株券を廃止することになった。同制度の下では，誰がどの株式を何株所有しているかの情報はデータベース（振替口座簿）で管理され，株式の譲渡もデータベース（振替口座簿）上の処理がなされることで効力が生じるとされる。より具体的なしくみは以下のとおりである。

② 株式振替制度

[**3-4-45**]　　株式会社は，株主の地位が株式という細分化された割合的単位の形式をとるため，多数人からの出資を通じて広範に資金を集めるのに適した大企業向けの会社形態だといわれる。そして，上場会社の株式譲渡は伝統的に**株券の交付**によって行われてきた。これは，株券の権利推定効（131条1項）や善意取得（同条2項）の制度ゆえに流通の安定を図れるからであった。しかし，このことは同時に株主にとっては株券の紛失や盗難のリスクを負い，会社としても膨大な株券をめぐる管理費用の支出を強いられる。

　こうした問題解決のため，とりわけ上場株式のために設けられたが制度が，「**社債，株式等の振替に関する法律**」（平成13年法律75号）に基づく株式振替制度である。これにより，株券を用いず（株券不発行で）株式譲渡の処理ができるようになる。会社がこの振替制度を利用するためには，発起人全員の同意または取締役会における同意の決議によるのが原則とされるが（振替128条2項），上場会社では株式振替制度の適用が強制される。かくして，上場会社の株式の譲渡は，平成21年1月以降すべて「社債，株式等の振替に関する法律」に基づく振替制度のもとで行われている。

　なお，株券不発行会社で，かつこの振替制度の利用に同意した会社の株式（譲渡制限株式を除く）は，これを「振替株式」と呼ぶ（振替13条1項・128条1項）。

③ 振替株式の譲渡

[**3-4-46**]　　振替制度の下で株式を取引しようとする者は，まず**振替機関**または**口座管理機関**に自己の口座を開設する。口座を開設した者は加入者と呼ばれる（振替2条3項）。そして，誰がどの株式を何株所有しているかという情報を管理するために，各加入者の口座ごとに区分された**振替口座簿**というデータベースシステムが備えられる（振替129条1項）。ところで，加入者の口座が口座管理機関に開設されている場合には，振替口座簿に記載・記録された情報は，必要に応じ口座管理機関から振替機関に伝達され集積される。こうして，振替機関が振替口座簿を最終的に管理する（平成29年11月現在，株式会社 証券保管振替機構が唯一の振替機関である）。この振替機関が取り扱う株式のことを振替株式という（振替128条1項）。そして振替株式の譲渡は，振替口座簿での処理によってその効力が生じる。

たとえば，口座管理機関Aに口座を開設した加入者甲が，口座管理機関Bに口座を開設する加入者乙に対してP会社の振替株式100株を売却譲渡する契約を締結した場合には，まず口座管理機関Aが甲からの振替申請に応じて，甲の口座の保有欄にP社株式100株の減少を記載・記録する。次に，この振替申請に係る事項は，A→振替機関→Bの順に通知されBに開設された乙口座の保有欄にP社株式100株の増加が記載・記録されることで振替株式の譲渡の効力が生じる（振替140条）。またそれにより，会社以外の第三者に譲渡を対抗できる（振替161条3項参照）。

　加入者の口座における保有株式の記載・記録は，株券と同様の**権利推定効**があり（振替143条），口座振替によって**善意取得**も生じる（振替144条）。

④　総株主通知，個別株主通知

[**3-4-47**]　　株式譲渡の効力は口座振替によって生ずる。しかし，口座振替があっても株主名簿の名義が同時に書き換えられるわけではない。そこで，振替株式取得者が会社に対して権利を行使できるようにしなくてはならない。そのために総株主通知と個別株主通知の制度が設けられた。

⑦　総株主通知

[**3-4-48**]　　これは，会社が一定の日（基準日など）を定めて，**株主としての権利を行使すべき者**を確定しようとするとき，振替機関は，当該一定の日において振替口座簿に記載された各株主の氏名（名称）・住所や保有株式の種類と数などを会社に対して速やかに通知するという制度である（振替151条1項：総株主通知）。

　会社は総株主通知により通知された事項を株主名簿に記載・記録する。その際，名義書換がなされなくても一定の日（基準日など）に名義書換がなされたものとみなされる（振替152条1項），こうして株式取得者には振替株式の権利行使が認められる。

①　個別株主通知

[**3-4-49**]　　他方，株主が株主名簿の閲覧請求権などの「**少数株主権等**」（振替147条4項カッコ書）を行使しようとする場合，総株主通知直後でもない限り，振替口座簿と株主名簿の記載内容は相違していることが少なくない。そこで，株主は自己の口座がある口座管理機関を通じて振替機関に対して，自己の氏名と保有株式数等を会社に通知するよう申し出るものとした。これが個別株主通知の申し

出である（振替154条3項～5項）。

　この申し出を受けて，振替機関が会社に対してその**個別株主通知**をした場合，当該株主はその通知後の4週間以内に限って「少数株主権等」を行使することができる（振替154条2項，同法施行令40条）。なお，振替機関から会社に対して個別株主通知があっても株主名簿の名義書換は行わない点には注意が必要である。つまり，株主名簿の記載または記録を株式譲渡の対抗要件とする130条1項の規定を適用しないのである。

　この点につき，裁判例はいずれも個別株主通知は会社に対する**対抗要件**と解している。たとえば，東京地決平21・11・30金判1338・45（210条に基づく募集株式発行差止の仮処分の申立て），最決平22・12・7民集64・8・2003（172条に基づく全部取得条項付種類株式の取得価格の決定の申立て），大阪地判平24・2・8判時2146・135（株主の議題提案権行使に係わる取締役選任決議の取消訴訟），最決平24・3・28民集66・5・2344（116条1項・117条2項に基づく反対株主の株式買取請求権に伴う価格決定の申立て）など。ただ，個別通知がなくても当該株主が株主であることがほぼ100％推測できるような場合でも，会社が個別株主通知のないことを理由に，当該株主を株主として取り扱わない点には問題の余地がある。

　なお，上記のように権利行使のために個別株主通知を要する「少数株主権等」とは，基準日を定めて行使される権利（124条1項に規定する権利）以外の権利をさす（振替147条4項カッコ書）。しかし，具体的にどのような権利がそれに当たるかについては議論がある（前掲最決平22・12・7は，全部取得条項付種類株式の取得価格につきその決定を裁判所に申し立てる権利（172条）も「少数株主権等」に当たるとする）。

(5) 共有株式の権利行使方法

[**3-4-50**]　　株式は共有が可能である（準共有：民264条）。これは，中小規模の閉鎖会社において，支配株主である経営者の死亡による企業承継の局面で問題となることが多い。判例は，被相続人が保有していた株式を複数の相続人が相続するに際して遺産分割があるまでは，共同相続人間の共有になるとする（最判昭45・1・22民集24・1・1）。

　そして，株式を共有するときは，その**株式の権利を行使する者**を共有者の中から1人定めて，これを会社に通知しなければ，当該共有株式の権利行使ができないものとされている（106条本文。なお，126条3項・4項も参照）。その行使する者

の定め方について判例は，共有持分の過半数による多数決（民252条本文）でよい
とする（最判平9・1・28判時1599・139）。もっとも，会社の同意があれば権利行
使者を1人に定めず共同行使して差支えない（106条但書）。もっとも，共有者の
1人が，共有持分の過半数による決定なく独断で共有株式全部について議決権を
行使した場合には，会社の同意があってもその議決権行使は有効になるわけでは
ない（最判平27・2・19民集69・1・25）。なお，**権利の行使者の通知がないとき**，
会社は，株主に対してする通知・催告を共有者のだれか1人に対してすれば足り
る。一方，会社が権利行使者の指定・通知がないことを理由に，共有者からの権
利行使を拒否するとき，そこに信義則に反するような「特段の事情」がある場合
には，なお共有者による権利行使が認められ得る（最判平2・12・4民集44・9・
1165）。なお，判例は，権利行使者が共有者間の合意に反する内容の権利行使を
しても有効と解している（最判昭53・4・14民集32・3・601）。

(6) 株式の担保化

① 略式質，登録質

[*3-4-51*]　　株券発行会社においては，当該株式に係る株券を質権者に交付する
という方法によって質権が成立し得るが（146条1項），これを略式質という。

　登録質とは，質権設定者たる株主の請求により会社が株主名簿に質権者の氏名
または名称および住所ならびに質権の目的である株式を記載・記録し（148条なお
振替151条），かつ株券発行会社においては株券を質権者に交付するという方法に
より成立する株式質のことである（146条2項，なお振替141条）。登録質の質権者を
「登録株式質権者」という（149条1項）。

② 譲渡担保

[*3-4-52*]　　株式の譲渡担保には，株主名簿の名義を譲渡担保権者に書き換える
ことにより成立する登録譲渡担保と，株券発行会社において単に担保権者に株券
を交付するだけの略式譲渡担保とがある。なお，株券発行会社では，登録譲渡担
保も譲渡担保権者に株券を交付しなければならない。

　ここで注意すべきは，株券発行会社に特有の略式譲渡担保は，株券を譲渡担保
権者に交付することにより成立することから，外形上，略式質と区別がつかない
点である。両者の区別の基準は，当事者の意思表示に求められる。その当事者の
意思が明確でないときは，担保権の実行方法やその効果などの点で担保権者側に

有利な略式譲渡担保であると推定されるものと解される。

　ところで，登録譲渡担保は，株主名簿の名義を譲渡担保権者に書き換えることにより成立する。それゆえ，株主名簿上の株主は譲渡担保権者に書き換えられているから，株主総会の招集通知やその他の通知について会社は，株主名簿上に記載されている譲渡担保権者に発することになる。これは，略式譲渡担保の場合に会社は，株主名簿上に記載されている者を株主として株主総会の招集通知やその他の通知を発するのと対照的である。

§3──自己株式と株式相互保有規制

■1 自己株式

（1）総　論

① 自己株式取得に関する規制

［3-4-53］　　自己株式の取得とは，株式会社がいったん発行した株式をその株式会社が取得することである。

　自己株式取得には，取得した自己株式を消却するためになされるもの（消却型）と，自己株式を保有して適当な時期に譲渡等の処分をするためになされるもの（保有・処分型）がある。

　平成6年商法改正前は，自己株式の取得は次の理由により原則として禁止されていた。

　㋐実質的に株主への出資の払戻しの結果となり，資本維持の原則に反する。㋑相場操縦や内部者取引に利用されやすく株式の公正な取引を害する。㋒特定の株主から相対で取得すれば，株主平等の原則に反することになりかねない。㋓経営者がもっぱら自分達の経営権を維持するために会社資金により自己株式を取得して，それを自派の株主にあてて処分するならば会社支配の公正性が害される。

　以上が自己株式取得の問題点であるが，現行会社法が制定されるまでに，㋐の問題につき，消却型および保有・処分型のいずれのものについても配当可能利益の範囲内で取得すべきこと等の財源規制を設けた。㋑の問題については，証券取引法（現在の金融商品取引法）上の相場操縦および内部者取引に関する規制を強化した。㋒の問題につき，上場株式・店頭登録株式以外の株式の取得については，

株主総会の特別決議を要求し，かつ，株式の売主として指定されなかった株主に，自分も売主として追加指定するよう請求する権利が与えられた。㊀の問題については，平成13年改正商法は，財源規制およびそれに関連する手続規制（定時総会の決議など）ならびに株主平等原則に関連する規制（たとえば会社が特定の株主から自己株式を買い受ける場合の株主総会の特別決議等の要求等）をし，かつ，自己株式の処分につき新株の発行に関する規定を準用するものとした。かくして，自己株式取得は原則禁止から一転して，一般的に許容されることになった。

② 株式会社が自己株式を取得することができる場合

[3-4-54] 会社法においては，**自己株式を取得することが可能となる場合**を一義的に明らかになるようにすべく，次の㋐〜㋛に限って自己株式の取得ができると規定している（155条）。

㋐ 取得条項付株式において会社が当該株式を取得する事由（107条2項3号イの事由）が生じたとき

㋑ 譲渡制限株式の譲渡による取得を承認しない場合に，その会社が買い受けるとき

㋒ 株主との合意に基づく自己株式の有償取得につき，株主総会の授権決議（156条1項）があったとき

㋓ 取得請求権付株式において株主からの取得請求（166条1項の請求）があったとき

㋔ 全部取得条項付種類株式の取得に関する株主総会決議（171条1項の決議）があったとき

㋕ 定款規定に基づき相続人等に対する売渡請求（176条1項の請求）をしたとき

㋖ 単元未満株式の買取請求（192条1項の請求）があったとき

㋗ 所在不明株主の株式を売却する際に会社が買主となる場合

㋘ 1株未満の端数が生じた場合の処理に際して，会社が234条4項各号の株式買取りに関わる事項を決定したとき

㋙ 他の会社の事業を全部譲り受けるときに，譲渡会社が有する自己株式を取得する場合

㋚ 合併により，合併消滅会社から自己株式を承継する場合

㋛ 吸収分割承継会社が，吸収分割会社から自己の株式を承継取得する場合

⊗　上記の⑦から⊘以外で法務省令（会社則27条）が定める場合（株式を無償で取得する場合，他の法人の剰余金の配当または残余財産の分配として自己株式の交付を受ける場合，会社法の定める株式買取請求権の行使に応じて自己株式を取得する場合など）である。

(2)　自己株式取得の手続規制

①　株主との合意による自己株式の取得（原則的な方法）

[3-4-55]　会社が自己株式を取得する**原則的な方法**は，会社法は，会社がすべての株主に対してその保有株式を売却してくれないかと勧誘する形で自己株式を取得する方法である。こうした原則的な方法おける手続の流れについて，会社法は次のとおり定める（適用条文は156条から159条まで）。

　株主から自己株式を取得する会社は，⑦はじめに，会社が取得する自己株式の総数の上限，取得対価の総額の上限，取得できる期間（1年以内）を，株主総会の普通決議で定める（156条1項，309条2項2号参照）。①次に，会社は自己株式を取得しようとするたびに，取締役会設置会社においては取締役会で，⑦の株主総会決議で定められた枠内で，取得する自己株式の数（種類株式発行会社にあっては，株式の種類および種類ごとの数），自己株式を取得するのと引換えに交付する金銭等について1株当たりの取得対価およびその総額，そして株式譲渡の申込期日を定める（157条）。なお，①の決定につき取締役会非設置会社の場合は，その決定をすべき機関の定めが会社法にはない。この点につき学説では，取締役の過半数（348条2項）で上記のことを決定すればよいとする見解と，株主総会決議（普通決議）を要するとする見解がある。後者は，決定内容が重要であることと，剰余金の配当等に関する責任の規定の仕方（462条1項2号イ，計算規則159条3号ロ）にその根拠をおく（なお，会計監査人設置会社の特則〔459条1項1号〕参照）。

　会社は，⑦と①の事項が決まったら，これら事項をすべての株主（種類株式発行会社にあっては，取得する株式の種類の種類株主）に対して通知する（公開会社では公告で足りる）。そして保有株式の会社への売却を勧誘する（158条）。

　当該会社から，この通知・公告を受けた株主は，保有株式を当該会社に対して売却する申込みをしようとするときは，その申込みに係る株式の数（種類株式発行会社においては株式の種類および数）を明らかにしなければならない（159条1項）。株式譲渡の申込期日に，会社は上述の株主が申込みをした（自己）株式の譲受け

を承諾したものとみなされる（159条2項）。

　ただし，申込みがあった株式の総数（申込総数）が（157条1項1号により）会社で取得を予定していた総数（取得総数）を超えるときは，会社は，取得総数を申込総数で除して得た数に前項の株主が申込みをした株式の数を乗じて得た数（その数に1に満たない端数がある場合にあっては，これを切り捨てるものとする。）の株式の譲受けを承諾したものとみなされる（159条2項）。

② 特定の株主から取得する方法

[3-4-56]　会社が**特定の株主から自己株式を取得する場合**の手続きの流れは次の通りである。まず，株主総会の決議（取締役会設置会社では取締役会の決議）により具体的な取得事項に関する決定がなされなければならない。これは，全株主に対し自己株式の譲渡を求める場合と同様であるが（156条・157条），しかし，特定の株主に対してのみ自己株式の譲渡を求める通知をする旨の株主総会決議は**特別決議**でなくてはならない（309条2項2号カッコ書き）。なぜ特別決議なのかは，特定の株主からの自己株式取得価格が不当に高くなったり（株主間の利益移転），不当な目的で取得したりする（会社支配の不公正が生じる）危険性が高いと考えられるためである。その後，会社は，特定の株主への通知によって，その株主からの譲渡の申込みを受けて自己株式を取得する（158条・160条5項，会社則28条）。

　また，特定の株主からの取得の場合，会社は株主総会の2週間前（なお，会社則28条参照）までに，**全株主**（種類株式発行会社にあっては，取得する株式の種類の種類株主）に対し次の請求ができる旨を**通知**しなくてはならない（通知時期につき会社則28条）。それは，通知を受けた株主が当該特定の株主に自己をも加えたもの（自分も売り主となること）を当該株主総会の議案とするよう請求することができる旨の通知である（160条2項・3項。なお，その請求は株主総会の日の5日前までに会社に通知しなければならない：会社則29条）。

　ただし，この場合，次の㋐〜㋓に該当する（他の）株主は，自らを自己株式取得の売主に加えるよう追加請求することができない。

　㋐取得する自己株式が市場価格のある株式である場合において，当該株式1株を取得するのと引換えに交付する金銭等の額がその株式1株の市場価格（＝会社則30条で定める方法により定まる価格）を超えない場合（161条，この場合，株主間の利益移転の危険は非常に小さい），㋑会社（公開会社である場合を除く）が株主の相続人

その他の一般承継人からその相続その他の一般承継により取得した自己株式を取得する場合（ただし，当該相続人その他の一般承継人が株主総会または種類株主総会において当該株式についての議決権を行使したときは除く）（162条），⑰会社が自己株式（種類株式発行会社においては，ある種類の株式）の取得に関して定款の定めにより，他の株主が，自らを自己株式の売主に加えるよう追加請求することを排除している場合（164条1項。ただし，そのための定款変更には，株主全員の同意が必要である〔同条2項〕），㋳特定の株主が子会社である場合，つまり会社が子会社から自己株式を取得する場合（163条）である。

③　子会社から取得する場合

　子会社による親会社株式の取得は原則禁止されている。例外的に取得したとしても，その子会社は取得した親会社の株式を相当の時期に処分しなければならない。しかし，市場での処分が困難な場合もあることから，その処分を容易にするために親会社が子会社から自己株式を取得することが認められている。その際，会社法163条では，株式の取得に関する事項の決定について定めた同法156条1項の規定の適用については，同項中「株主総会」とあるのは，「株主総会（取締役会設置会社にあっては，取締役会）」とする。そして，この場合において同157条から160条までの規定は，適用しないとする。

④　市場取引または公開買付制度を利用する方法

[**3-4-57**]　会社が自己株式取得のために，**市場取引**または**公開買付制度**（金商27条の2第6項）を利用することもできる。この場合，取得価格は合理的な価格である可能性が高いことなどから，株主総会の普通決議による決定のみが必要とされ（156条），取締役会が取得に関する具体的な事項を決定したり株主への通知や売却勧誘を行ったりする必要はない（165条1項による158条の適用除外）。さらに，取締役会設置会社では，定款に定めを置けば，株主総会で決議すべきところを取締役会決議で代えることができる（165条2項3項）。なお，財源規制につき461条1項2号・465条1項2号参照。

⑤　手続に違反した取得

　会社が自己株式を取得した際に，以上の①〜④の手続に違反があれば，その効果は無効になる。ただし，違法な取得であることについて**相手方が善意であれ**ば，会社は無効の主張はできない。特に，会社が市場で自己株式を買い付けた場

合，その買付けは金融商品取引業者の名で行われ相手方は善意であろうから，その無効主張は難しい。なお，相手方からの無効主張については，特段の事情がない限り相手方からの無効主張が認められないとする裁判例として，東京高判平1・2・27判時1309・137があるが，これを認めてよいとする学説もある。

(3) 株式の内容による自己株式の取得

① 取得請求権付株式の取得

[**3-4-58**]　　取得請求権付株式の株主は，会社に対して取得請求権付株式を取得することを請求することができる（166条1項本文）。その請求は，取得請求権付株式の数（種類株式発行会社にあっては取得請求権付株式の種類および種類ごとの数）を明らかにしてしなければならない（同条2項）。なお，取得請求権付株式に係る株券が発行されている会社の株主が，その有する取得請求権付株式を会社が取得することを請求をしようとするときは，当該取得請求権付株式に係る株券を株券発行会社に提出しなければならない（同条3項）。

　会社は，株主からのその取得請求があった日に，当該取得請求権付株式を取得する（167条1項）。会社は株主からの取得請求に対して原則として応じなければならないが，当該取得請求権付株式を取得するのと引換えに当該株式会社の社債，新株予約権またはそれ以外の財産（107条2項2号ロからホまでに規定する財産）を交付する場合において，これらの財産の帳簿価額が当該請求の日における461条2項（会社則116条，会社計算156条～158条）の分配可能額を超えているとき，株主はその取得請求をすることができないという規制がなされている（166条1項但書：財源規制）。

② 取得条項付株式の取得

[**3-4-59**]　　取得条項付株式は，原則として，一定の取得事由が発生すると取得の効果が発生する。どのような事由が生じた場合に会社が当該株式を取得するかはあらかじめ定款に定めておかなくてはならない（107条2項3号イ・108条2項6号イ）。

　会社が別に定める日が到来することをもって取得事由としている場合（107条2項3号ロ）においては，後に会社が当該日を定めることとなる（168条1項）。会社が当該日を定める方法については，定款に別段の定めがある場合を除き，取締役会設置会社においては取締役会の決議，取締役会を設置していない会社において

は株主総会の決議によることとしている。

　また，取得の日を定めた場合には，会社は株主および登録質権者に対して当該日の2週間前までに当該日を通知または公告しなければならない（同条2項・3項）。

　一方，取得条項付株式の一部を取得することとしている場合には，株主総会（取締役会設置会社にあっては取締役会）の決議により（ただし定款に別段の定めがある場合を除く），その取得する取得条項付株式を決定しなければならない（169条1項）。取得条項付株式の取得により交付すべき対価の帳簿価額が分配可能額を超えているときは，取得の効力は発生しない（170条5項）。

③　全部取得条項付種類株式の取得

［**3-4-60**］　全部取得条項付種類株式は，あらかじめ取得の事由や対価の内容が定められている取得条項付株式と異なり，株主総会の特別決議によりいつでも取得することができる（171条1項・309条2項3号）。

　取得の際に対価を交付する場合には当該株主総会の特別決議によりその内容を定めることとされている（同条1項）。⑦全部取得条項付種類株式を取得するのと引換えに金銭等（取得対価）を交付する場合は，取得対価について171条1項1号イからホの事項，④全部取得条項付種類株式の株主に対する取得対価の割当に関する事項（ただし，株主〔当該会社を除く〕の有する全部取得条項付種類株式の数に応じて取得対価を割り当てることを内容とするものでなければならない。）および⑦会社が全部取得条項付種類株式を取得する日（取得日）を定めなければならない（同条1項・2項・3項）。

　全部取得条項付種類株式の取得の対価の支払いは，事実上会社から株主への払戻しとなる。そこで，分配可能額を超えてはならないという財源規制に服することになる（461条1項4号）。なお，裁判所に対する取得の価格の決定の申立てにつき172条参照。

④　相続人等に対する売渡請求による自己株式の取得

［**3-4-61**］　会社の経営にとって好ましくない者がその会社の株式を相続等により取得し株主となる場合がある。

　こうしたことの防止等のために，会社は，当該会社の譲渡制限株式を相続またはその他の一般承継（合併，分割による承継）により取得した者に対して，取得し

た株式を会社に売り渡すことを請求できる旨の定めを定款におくことができる（174条）。

　会社は，相続等の一般承継の事実を知った日から1年以内に請求をしなければならないが，会社側からの撤回はいつでもできる（176条1項・3項）。会社が相続人等に売渡請求をするには，その都度株主総会の特別決議（309条2項3号）により，175条1項各号所定の事項を定めなくてはならない。会社は，その売渡請求に係る株式の数（種類株式発行会社にあっては，株式の種類および種類ごとの数）を明らかにして請求しなければならない（176条2項）。この場合，461条に定める財源規制が適用される（461条1項5号）。そのうえで，株式の売買価格は，会社と当該株式を有する相続人等の者との協議によって決める（177条1項）のが原則である。この協議が調わない場合には，会社または相続人等は，売渡請求があった日から20日以内に裁判所に対し，売買価格の決定の申立てをすることができる（同条2項）。なお，売買価格の協議が調っていないにもかかわらず，売渡請求日から20日以内に当事者から裁判所に売買価格の決定を求める申立てがない場合には，会社からの売渡請求は，その効力を失う（同条5項）。

(4) 子会社による親会社株式の取得禁止

[3-4-62]　会社法上，子会社とは，「会社がその総株主の議決権の過半数を有する株式会社その他の当該会社がその経営を支配している法人として法務省令で定めるものをいう」とされる（2条3号，会社則3条1項・3項）。

　子会社による親会社株式の取得は，原則として禁止される（135条1項）。というのは，子会社が支配を受けている親会社の株式を取得すれば，出資の払戻しと同様の資本充実（会社財産の確保）の観点から問題があるのみならず，親会社が子会社に親会社株式を取得させることによって親会社株式の株価操作など不当な結果をもたらす危険があるからだとされる。ただし，**次の㋐〜㋔の場合には子会社による親会社株式の取得が認められる**が（135条2項1〜5号），その場合でも子会社は，相当の時期にその親会社株式を処分しなければならない（同条3項）。

　㋐他の会社（外国会社を含む。）の事業の全部を譲り受ける場合において譲渡会社が保有する親会社の株式を譲り受ける場合，㋑合併後消滅する会社から親会社株式を承継する場合，㋒吸収分割により他の会社から親会社株式を承継する場合，㋓新設分割により他の会社から親会社株式を承継する場合，および㋔その他

法務省令で定める場合（会社則23条）である。

　そして、合併等対価の柔軟化として親会社株式の割当てを受ける場合、および子会社が組織再編行為を行う場合において合併等対価として親会社株式を交付するためにあらかじめ親会社株式を取得する場合にも、例外的に子会社による親会社株式の取得が認められる（135条2項5号・800条、会社則23条8号）。なお、子会社は、保有する親会社株式について議決権を有しない（308条1項カッコ書）。

(5) 子会社の有する自己株式の取得

［3-4-63］　　会社は、株主総会の普通決議（取締役会設置会社では取締役会の決議）により、子会社が有する親会社の株式を取得することができる（163条）。

　この決議では、⑦取得する株式の数（種類株式発行会社にあっては、株式の種類および種類ごとの数）、⑦株式を取得するのと引換えに交付する金銭等（当該株式会社の株式等を除く）の内容およびその総額、ならびに⑦株式を取得できる期間（1年以内）を定めなければならない（156条1項）。

　この決議に基づいて親会社は子会社から自己株式を取得する（ただし、財源規制がある。461条1項2号）。なお、会社が特定の株主から自己株式を取得する場合には、原則として、当該株主以外の株主が自らを自己株式の売主に加えるよう請求できることになっている（160条3項）が、特定株主が子会社である場合には、他の株主は自らを自己株式の売主に加えるよう請求することができない（160条、会社則28条～29条、163条）。

(6) 自己株式の法的地位

① 自己株式の保有

［3-4-64］　　かつては、取得した自己株式を会社は相当の期間内に処分しなければならなかった（平成13年改正前商法211条参照）が、会社法の下では、取得した自己株式を会社は期間の制限なく保有することができる。いわゆる「**金庫株**」である。ただし、自己株式保有の場合、その議決権は行使できず（308条2項）、その他の共益権も行使できないと解されている。

　会社は、自己株式について剰余金の配当をすることができない（453条）。無償割当も（186条2項）、募集株式の割当も（202条2項）、新株予約権の割当（241条2項）もない。自己株式であるかぎり、株式買取請求も残余財産分配請求権も行使できない。

② 自己株式の処分

[**3-4-65**]　会社が次の場合に自己株式を処分する。

　⑦募集株式の発行として処分する場合（199条以下参照）, ①吸収合併・吸収分割または株式交換の際, 存続会社・承継会社または完全親会社となる会社が新株発行に代えて自己株式を交付する場合, および⑦会社が単元未満株主の売渡請求に応ずる場合（194条, 会社則37条, 会社計算19条, **3-4-76**）等である。自己株式の処分に関して無効事由があれば, その無効確認の訴えが可能である（828条1項3号）。なお, 自己株式処分不存在の確認を, 訴えをもって請求することができる（829条2号）。

③ 株式の消却について

[**3-4-66**]　会社法における株式の消却とは, 会社が自己株式を消却することをいう（178条）。

　株式を消却しても, 純資産額や資本金額は変わらない。株式を消却する場合, 株主総会の普通決議（取締役会設置会社では取締役会決議）により, 消却する自己株式の数（種類株式発行会社にあっては, 自己株式の種類および種類ごとの数）を定めなければならない（178条1項後段・2項）。なお, 株主および会社債権者の保護は, 消却の対象となる株式を自己株式として取得するとき既に行われているため, さらなる保護手続きはとられない。

❷ 株式相互保有規制

[**3-4-67**]　株式会社どうしが提携や協調しあうために株式を相互に保有することがある。しかし, この結合はときに市場支配を生み出すことがあり, ひいては競争秩序が乱れ自由な経済活動に悪影響を及ぼしかねない。また, 株式を相互保有するということは相互に出資し合うことを意味する。つまり, その出資が相互に重なって空洞化する。この問題に独占禁止法は, 経済的視点からの規制を行うが, 会社法も, 組織法的側面から株式会社間の株式相互保有について一定の規制を加えることがある。

　すなわち, 会社法は, 1株1議決権の原則の例外の1つとして次のような規制をする。すなわち, A会社は, B会社の株式を, B会社はA会社の株式をそれぞれ相互に保有しているが, A会社はB会社の株式の議決権総数の4分の1以上を有

する株主である。このような場合やその他の事由を通じてA会社がB会社の経営を実質的に支配することが可能な関係にある（会社則67条所定の）株主であるときは、その有するB会社の株式の議決権を行使することができないものとされる（308条1項、会社則67条）。ただし、B社の議決権総数の数％程度しか保有しない株主（会社）でも、その株主が属する企業グループ（環状的あるいはマトリックス型の株式相互保有グループ）全体としてはB社株式議決権総数の4分の1以上を保有することになる場合がある。しかし、この企業グループのB会社に対する議決権行使を通じた影響力についての規制はなく問題が残る。

§4——株式の単位

◘ 総　論

[3-4-68]　たとえば、数人の仲間で設立した小さな会社が、その後、目を見張る業績の向上により上場会社となるに至った。その過程では、資金調達のために新たな株式の発行を繰り返してきた。それゆえ、発行済株式は膨大な数となり、わずかな株式数しか保有しない株主も多く生まれて、会社の事務処理の費用がかさんでいた。このような場合には、いくつかの株式を併合して1株にすることができる。さらには、一定数の株式を一単元とし、単元に満たない株式については限定的な権利しか認めないこととする単元株制度を利用することも考えられる。

　これとは逆に、急成長した企業が、設立以来、株式発行による資金調達をほとんど行ってこなかった場合は、1株の株価が相当高額になっているはずである。これでは、いざ株式を発行して資金調達をしようとしても、株価が高すぎて個人の投資家は手を出しにくい。このような場合には、1株を2株以上に分割して発行済株式数を多くし、もって1株あたりの価値を低くすることができる。このような株式投資の単位の調整について、以下説明する。

◙ 株式併合

[3-4-69]　たとえば、10株を1株にするなど、数個の株式を一律一定の割合でより少数の株式にまとめて会社の発行済株式総数を減少させる会社の行為を株式の併合という。

これにより，会社財産，資本金額，発行可能株式総数に変動を来たすことはない。それゆえ，各株主の保有株式数は減少するが，その分1株あたりの価値が増加する。また，会社法では，種類株式発行会社において，種類ごとに株式の併合を行うことができる旨を明文で規定した（180条2項3号）。つまり，種類ごとに異なった併合割合にすることはできるが，異なる種類の株式間で併合することはできない。

　株式を併合するには，**株主総会の特別決議による承認**を必要とする（同条2項・309条2項4号）。株券を発行していない会社が，株式の併合をしようとするとき会社は，その都度株主総会の特別決議で，併合の割合，併合の効力が発生する日（効力発生日），会社が種類株式発行会社である場合には，併合する株式の種類，効力発生日における発行可能株式総数を定めなくてはならない（180条2項・309条2項4号）。さらに，この株主総会において，取締役は株式の併合を必要とする理由を説明しなければならない（180条4項）。このように株主総会の特別決議を要したり，取締役による理由説明が求められたりするのは，たとえば2株を1株にする株式併合がなされると，それまで1株しか保有していなかった株主の株式は，併合後1株に満たない端数となる。それは，もはや株式ではなくなるので同人は持ち株を失うことになるなど，株主に大きな影響を与えるためである。株式分割の場合には，かような影響はみられない。

　なお，会社は株式併合の効力発生日の2間前までに，株主（種類株式発行会社では，併合の対象となる種類株式の株主）および登録株式質権者に対し，上記3つの事項を通知または公告しなければならない（181条）。株主は，株式併合の効力発生日に，その前日の時点で保有する株式数に併合の割合を乗じて得た数の株式の株主となる（182条，振替136条）。

　株券発行会社が株式の併合をする場合には，株式併合の効力が発生する日までに当該株式に係る株券を会社に提出するよう公告を同日の1か月前までになし，かつ，当該株式の株主およびその登録株式質権者には，各別にこれを通知しなければならない。その株券は，株式の併合の効力発生日に無効となるからである（219条3項）。もっとも，対象株式の全部について株券を発行していない場合には，この公告義務はない（同条1項但書）。

　なお，**公開会社**は，発行可能株式総数を発行済株式総数の4倍超にする定款変

更ができない（113条3項）。このことから，株式併合の場面にも，効力発生日における発行可能株式総数は，同日における発行済株式総数の4倍を超えて定めることは許されない（180条3項）。

　また，株券発行会社が株式を併合する場合において，**株券を提出することができない者**があるときは，その者の請求により，株券発行会社は利害関係人に対して，異議あるときは3か月を下らない期間内にこれを述べることができる旨を公告することができる（220条1項）。この公告の費用は請求者が負担する（同条3項）。

［**3-4-70**］　Step Ahead ＞　株式併合を行う理由としては，安価な発行価額で多くの株式を発行してきたために株主数に比べて発行済株式総数が膨大となった会社が，管理コストの低減を目指して行う場合が考えられる。しかし，たとえば100株を1株に併合することは，すなわち，それまで99株しか保有していなかった株主がその地位を失ってしまうことを意味する。このことに着目するとき，99株未満を保有する少数派株主を排除する「締め出し」の手段として株式併合が利用され得る。

　こうしたことから，株式併合の規制では，少数株主締め出しの手段として利用される全部取得条項付種類株式の取得（**3-4-75**）や，金銭を対価とした組織再編の場合と同様の規定が置かれている。すなわち，株式併合が法令または定款に違反し，株主が不利益を受けるおそれがあるときは，株主は，株式会社に対し，当該株式の併合の差止請求をすることができる（182条の3）。また，株式の併合により端数となった株式について，その株主は会社に対して公正な価格で買い取るよう請求できる権利を認める（182条の4。株式買取価格の決定等について182条の5参照）。さらに，株式の併合に関する事項に係る書面等および株式の併合に関する書面等を，本店に備置して当該会社の株主の閲覧請求に応じなくてはならない（182条の2および6）。なお，最判令3・7・5（裁時1771・5）は，会社法182条の4第1項に基づき株式の買取請求をした者は，同法182条の5第5項に基づく支払を受けた場合であっても，上記株式の価格につき会社との協議が調いまたはその決定に係る裁判が確定するまでは，同法318条4項にいう債権者に当たるというべきであるとする。＜ Step Ahead

❸ 株式の分割

[3-4-71]　会社法上，株式の分割とは，1株を10株に分割するように株式を一定の割合において一律にその数を増加させることをいう。なお，**株式不可分の原則**から，1株を0.5株×2に分割するという処理は許されない。

株式分割により株主が取得する株式は，分割前の株式と同じ種類のものでなければならない。したがって，ある種類の株式の数が一律に増加することになる（183条）。株式の分割は株式数が増加するのみであるから株式の併合の場合のように株主に大きな影響を与えること（端株の発生の可能性）はない。したがって，取締役会設置会社においては取締役会，取締役会非設置会社においては株主総会における普通決議によってなすことができる（183条）。この決議によって定める事項は，①株式の分割により，分割前の発行済株式（種類株式発行会社にあっては，第3号の種類の発行済株式）の総数に対してどれだけ株式の総数がするのかの割合および当該株式の分割に係る基準日，②株式の分割がその効力を生ずる日，ならびに③株式会社が種類株式発行会社である場合には，分割する株式の種類である（183条2項）。

なお，上記基準日において株主名簿に記載・記録されている株主（種類株式発行会社にあっては，基準日において株主名簿に記載・記録されている分割される種類の株式の株主）は，基準日に保有する株式（種類株式発行会社にあっては，分割する種類の株式）の数に，前記①の割合を乗じて得た数の株式を，株式分割の効力発生日に取得する。

ところで，株式の分割によって**発行済株式数が発行可能株式総数（37条1項）を超えたとき**はどうなるのか。2種類以上の株式を発行している会社でない場合には，通常の定款変更手続（466条・309条2項11号）によらずに定款を変更して，前記②の日における発行可能株式総数をその日の前日の発行可能株式総数に前記①の割合を乗じて得た数の範囲内で発行可能株式総数を増加することができる（184条2項）。

❹ 株式無償割当

[3-4-72]　会社は，既存の株主に対して新たな払込みをさせずに保有株式数に応じた当該会社の株式を割り当てることができる（185条）。

そこでは，株主による申込等の手続をとることもなく株式を株主に取得させる。ただし，当該会社が保有する自己株式に対して無償割当は行えない（186条2項）。しかし，その自己株式を無償割当に用いてよい。種類株式については，株主が現に保有する株式の種類以外の種類株式であってもよく，同一の種類である必要はない。

　会社は，株式無償割当をしようとするときは，その都度，次に掲げる事項を，定めなければならない。①株主に割り当てる株式の数（種類株式発行会社にあっては，株式の種類および種類ごとの数）またはその数の算定方法，②当該株式無償割当の効力発生日，および③株式会社が種類株式発行会社である場合には，当該株式無償割当を受ける株主の有する株式の種類を定めなくてはならない。

　前記①〜③の事項の決定は，株主総会（取締役会設置会社にあっては取締役会）の決議によらなければならない。ただし，定款に別段の定めがある場合は，この限りでない（186条1項・3項）。なお，①の株主に割り当てる株式の数に係る事項についての定めは，その会社以外の株主（種類株式発行会社にあっては，前記③の種類株主）の有する株式（種類株式発行会社にあっては，上記③の種類株式）の数に応じて株式を割り当てることを内容とするものでなければならない（186条2項）。

　株式の割当を受けた株主は，当該株式無償割当の効力発生日に上記①の株主となる（187条1項）。なお，会社は，前記②の日後遅滞なく，株主（種類株式発行会社にあっては，前記③の種類株主）およびその登録株式質権者に対し，当該株主が割当を受けた株式の数（種類株式発行会社にあっては，株式の種類および種類ごとの数）を通知しなければならない（187条2項）。

5 単元株制度

(1) 単元株の概要

① 概　要

[3-4-73]　会社の業績が上がり事業規模を拡大するたびに資金調達のための株式を発行していくと，長年のうちに発行済株式が膨大な数となり株式管理費用が多大となる。そこで，そのような大規模の会社を念頭に単元株制度の制度が設けられた。これは，定款によって一定数の株式をひとまとめにして「1単元の株式」とする旨を定めて（188条1項），1単元の株式ごとに1個の議決権を与えようと

する制度である（308条1項但書）。

　1単元の株式の数は，1000株を超えることはできない（188条2項，会社則34条）。単元株制度の濫用によって単元未満その他株主らの議決権を不当に奪うことを防ぐためである。また，種類株式発行会社にあっては，株式の種類ごとに単元株式数を定めなければならない（188条3項）。

　なお，単元株制度を採用すると，1単元に満たない株式数しか保有しない者がでてくるが，1株以上保有する株主であることに変わりはない。それゆえ，彼らは引き続き単元未満株主として会社に残り，議決権等を除いた一定の株主権を行使できる。

② 単元株制度の採用

[*3-4-74*]　　会社は，その成立後に単元株制度を採用するために定款を変更しようとするときは，取締役が株主総会においてその変更が必要であるとの理由を説明しなければならない。しかも，その株主総会の決議は特別決議によらねばならない（466条・190条）。

　ただし，株主総会の決議によらないで，単元株式数（種類株式発行会社にあっては，各種類の株式の単元株式数）を増加し，または単元株式数についての定款の定めを設ける定款の変更をすることができる場合がある（191条柱書）。それは，株式の分割と同時に単元株式数を増加または単元株式数についての定款の定めを設ける場合（同条1号）において，定款変更後の各株主が有する議決権の数（同条2号イ）が，定款変更前に各株主が有していた議決権の数（同条2号ロ）を下回らないときである。このときには，株主の権利内容が縮減しないから，簡易な手続で単元株式数の設定や増加をなしても株主を害することはない。それゆえ，株主総会の決議によらず取締役の決定（取締役会設置会社においては取締役会の決議）により当該定款の変更を行うことができる。

　また，定款を変更して単元株式数を減少し，または単元株式数についての定款の定めを廃止することも，株主に不利益をもたらすものではないので，取締役の決定（取締役会設置会社においては取締役会の決議）によりその定款変更を行うことができる（195条1項）。このような定款変更を行った場合，会社は，定款変更の効力が生じた日以後遅滞なく，その株主（種類株式発行会社にあっては単元株式数を変更した種類の種類株主）に対し，当該定款を変更した旨を通知し，または公告し

なければならない（195条2項・3項）。

　単元株制度を採用した会社の株主には，**1単元の株式につき1議決権が認められる**。したがって，単元未満の株式数しか保有していない株主（単元未満株主）は，株主総会および種類株主総会で議決権を行使できない（189条1項）。

③　単元未満株主の権利

［3-4-75］　　単元未満株主は，議決権を有さないことから議決権に関係する権利は当然に除かれるが，次の権利を有する。㋐全部取得条項付種類株式の取得対価の交付を受ける権利，㋑会社による取得条項付株式の取得と引換えに金銭等の交付を受ける権利，㋒株式無償割当を受ける権利，㋓単元未満株式の買取請求権㋔残余財産分配請求権㋕その他法務省令（会社則35条）所定の権利である。

　これらの権利以外の権利については，その全部または一部を行使できない旨を定款で定めることができる（189条2項，会社則35条）。なお，株券発行会社は，管理コストの面から単元未満株式に係る株券を発行しないことができる旨を定款で定めることができる（同条3項）。

（2）単元未満株式の買取請求と売渡請求

［3-4-76］　　単元未満株式の譲渡については，その譲受人を見つけることが難しいことはいうまでもない。

　そこで，単元未満株主は，株式会社に対して，自己の有する単元未満株式の数（種類株式発行会社にあっては，単元未満株式の種類および種類ごとの数）を明らかにして，単元未満株式を買い取ることを請求することができる（192条1項・2項）。なお，単元未満株主の権利は制限されているけれども，それゆえに買取価格を割り引くということはしない。したがって，買取価格は，株式に市場価格がある場合は，その価格を基準に（193条1項1号，会社規則36条），市場価格がなければ，会社と単元未満株主間の協議によって定める（同1項2号）。ただし，その協議が調わなければ裁判所がこれを決定する（同2～5項）。

　逆に，単元未満株主が，その保有する単元未満株式を単元株式にすることを可能にする制度もある。すなわち，会社は，単元未満株主が，その有する単元未満株式の数と併せて単元株式数となる数の株式を当該単元未満株主に売り渡すことを会社に対して請求すること（「**単元未満株式売渡請求**」という）ができる旨を定款で定めることができる（定款に定めがないと認められない請求権である），これにより

1つの単元株とすることができる（194条1項）。この場合，会社は自己株式を処分するかたちで単元未満株主の売渡請求に応じることになるが，その際の自己株式処分については，募集株式の発行手続によらずに行えるよう，会社法は単元未満株主の売渡請求について定款に定めをおくようにさせているのである。

単元未満株主は，その売渡請求に係る単元未満株式の数（種類株式発行会社では同単元未満株式の種類および種類ごとの数）を明らかにしてその売渡請求を行わなければならない（同条2項）。なお，**売渡価格の決定方法**は，上述した買取価格の決定方法と同様である。

(3) 1株に満たない端数の処理

[3-4-77]　会社は，次の⑦〜⑦に掲げる行為に際して，その株式の数に1株に満たない端数があるときは，その端数の合計数（その合計数において1に満たない端数が出てくる場合には，この端数を切り捨てる）に相当する数の株式を**競売**し，かつ，その競売により得られた代金をその端数に応じて当該株主に交付しなければならない。

それは，⑦取得条項付株式を取得する場合，①全部取得条項付種類株式を取得する場合，⑦株式無償割当をする場合，①新株予約権を取得する場合，⑦吸収合併をする場合，⑦新設合併をする場合，⑦株式交換をする場合，または，⑦株式移転をする場合，である（234条1項）。

また，会社が株式分割または株式併合をした場合には，1株に満たない端数が生ずるときがある。このとき会社は，その端数の合計数（その合計数に1に満たない端数が生ずる場合にあっては，これを切り捨てるものとする）に相当する数の株式を競売し，かつ，その競売により得られた代金をその端数に応じて株主に交付しなければならない（235条1項）。

会社は，競売に代えて，市場価格のある株式については市場価格（会社則50条が定める方法により算定される額）をもって売却し，市場価格のない株式については裁判所の許可を得て競売以外の方法により売却することもできる（234条2項前段・235条2項，会社則52条）。後者の場合において，裁判所への当該許可の申立ては，取締役が2人以上あるときは，その全員の同意（取締役会設置会社では取締役会の決議〔234条5項〕）によってしなければならない（同条2項後段）。

CHAPTER 5 ——会社の資金調達

§1 ——株式会社の資金調達手段

[**3-5-1**]　　企業形態としての株式会社の特色の1つは，その持分が細分化された割合的単位である株式（**3-4-1**）の形態をとっていることである。これはその発行する株式を多数人が引き受けることを前提とする。また株式とはその性質が異なるが，同じく多数の一般公衆に対する資金調達手段として社債（**3-5-43**）がある（ただし社債を発行することができるのは株式会社に限られない）。株式会社は，そのような株式または社債の発行を通じた多額の資金調達を可能とするしくみであり，しかもそれは，事業機会を逸しないために機動的に行うことが必要となる。

　本章では，主として株式会社でありかついわゆる上場会社（後述）でもある会社を念頭に置く。ただし，上場会社以外の会社も株式を発行することは可能であるし，社債については持分会社も発行することが可能である。したがって，そのような会社についても適宜触れることとする。

[**3-5-2**]　Step Ahead　多様な資金調達手段

　会社法は株式会社の資金調達方法として，株式の発行と社債の発行の2つの方法を規定する。しかしそのほかにも株式会社は，銀行などの金融機関からの借入金のほか，資産の流動化（証券化）といった手法を利用することがある。そうした多様な資金調達方法を有していることも株式会社の特色であり，また強みであるが，それらの資金調達方法にはどのような違いがあるだろうか。

　まず会社が銀行などから借り入れた資金については，会社は返済負担を負っており，これを**他人資本**という。これに対して投資家が会社の発行する株式を引き受けることを出資といい，これにより投資家の拠出する資金は，返済負担のない資金に転化する。これを**自己資本**という。

　また銀行から融資を受けるなど金融機関を介在させた資金調達方法は**間接金融**

ともいわれる。銀行は預金者から預け入れた資金（預金）をまとめて株式会社に貸し付けているわけであり，金融の仲介機能を果たしている。これに対して，会社が，自社の株式や社債を，資本市場を通じて投資家に直接発行し，資金を調達する方法を**直接金融**という。直接金融では，多額の資金調達を，比較的低コストで実施することが可能であるが，この方法を利用できるのは上場会社に限定される。またこのほかにも直接金融と間接金融の折衷型のような形式もある（市場型間接金融ということがある）。これには，資産流動化型（たとえば企業が特別目的会社（SPC）を設立し，これに保有資産（不動産や集合債権）を譲渡したうえで，特別目的会社が当該資産を証券化し，市場を通じて投資家に販売する方法）と，資産運用型（投資家が投資信託などのファンドに資金を拠出し，そこにプールされた資金を運用担当者（ファンドマネージャー）が資本市場で運用する方法）がある。

　会社は，資金調達を必要とする理由，調達資金の使用目的（長期・短期の別），自社の財務状態，市場環境などを考慮しつつ，最も適切な資金調達方法を選択するが，これについては財務担当責任者(CFO)が重要な役割を果たすことになる。

[3-5-3]　Step Ahead　金融商品取引法と上場規則

　株式や社債の発行を通じた資金調達は，これを大規模に行うためには資本市場の活用が不可欠となる。資本市場は企業による資金調達の場というだけでなく，多数の投資家が参加する資産運用の場でもあり，また「公正な価格形成」（金商1条）を通じた金融資源の効率的な配分といった国民経済的にも重要な意義を有している。株式会社の発行する株式や社債が金融商品取引所（証券取引所）で取り引きされることを上場といい，そのような株式会社（発行会社）を上場会社というが，上場会社による資金調達については金融商品取引法もまた重要な規制を設けている。さらに同法はこれに止まらず上場会社向けに，「上場会社法」ともいうべきより厳格なガバナンス規制も敷いている。上場会社は会社法だけでなく金融商品取引法の適用を受けることも忘れてはならない。また上場会社のガバナンスについては，金融商品取引所による自主規制（取引所規則。いわゆる**ソフトロー**）も重要である。取引所規則には，会社法や金融商品取引法の規制にはないガバナンスの実体規制に踏み込んだものも見られるからである。本章においてはこれらの規制についても述べることとする。　Step Ahead

§2 ――募集株式の発行等

■ 募集株式の発行等の意義

[3-5-4]　　会社設立後に新たに発行される株式および会社が保有するすでに発行された株式（自己株式）で処分されるものをあわせて募集株式といい，その発行および処分を**募集株式の発行等**という（199条1項）。両者は，株式の引受人が金銭等の払込みを行い，これに対して会社が株式を交付するというように，その経済実態が同一であることから，同様の法規制に服するものとしている（同様に自己株式の取得と剰余金の配当も同一規制に服している。**3-6-20**参照）。

　募集株式の発行等は株式会社の人的・物的規模の拡大であり，株式会社の「一部設立」という側面を有するとともに，その態様も募集設立（**3-2-1**参照）の場合と類似する。したがって株式会社の組織に関する行為ともいえるが，会社法は資金調達の一形態として株式会社の業務執行に準じてこれを規制している。

■ 募集株式の発行等の方式

[3-5-5]　　募集株式の発行等には，次の3つの方式がある。

(1) 株主割当て

　株主に対し，その持株数に応じて，株式の割当てを受ける権利を与えてなされるものである（持株数に比例しない場合には，割当ての対象が株主に限定されていたとしても株主割当てにならず，第三者割当てとなる）。株主は，株式の割当てを受ける権利を行使して株金を払込み，株式を取得することによって，従前の持株比率を維持することができ，また後述するいわゆる有利発行の場合（**3-5-10**）でも，経済的損失を被らずにすむことになる。ただし株主に資金的な余裕がなければ引受けがなされないため，資金調達手段としての確実性に欠けるし，引受けのできなかった株主も不利益を被ることとなる（この点を克服するものとして，後述するライツ・オファリング（ライツ・イシュー）（**3-5-32**）がある）。

(2) 第三者割当て

　特定の者に対して株式の割当てを受ける権利を与えるものである。発行決定時にはすでに割当先が決まっており，確実な引受けを期待できることから会社の資

金調達にとって便利であるほか，業務提携や買収防衛（**3-5-36**）のために利用されることもある。

（3）公 募

　誰にも株式の割当てを受ける権利を与えることなく，広く引受人を募集し，応募者の中から株式を割り当てる者を決定する方法である。割当先は，申込みの順序や申込株式数に関係なく会社が自由に決めてよい（割当自由の原則（**3-2-11**））。一般には応募額が発行予定額に満たない場合にそなえて，証券会社（引受証券会社）との間で総数引受け（証券会社が一括して引き受け，投資家に分売する方式），または残額引受け（売れ残りについて証券会社が代わりに引き受ける方式）がなされることが多い。この場合，業界団体の自主ルールにより，引受証券会社が，発行会社の指定する者に株式を売り付けること（いわゆる親引け）は，原則として禁止される（日本証券業協会「株券等の募集等の引受け等に係る顧客への配分に関する規則」）。

❸ 募集株式の発行等が既存株主に及ぼす影響

[**3-5-6**]　　募集株式の発行等は，その方法や発行価額によっては既存株主に不利益を与えかねない。すなわち，株主割当てや公募による発行であれば，既存株主が引受けをなすかまたはその機会が与えられることにより，不利益を被らずに済むが，第三者割当ての場合にはこれら株主に割当てがなされないことから，その者らの次の2つの利益が害されるおそれがある。

（1）経済的利益（株価）

　第三者に時価よりも低い価額で募集株式の発行等がなされると，理論上または実際上，株価の下落を招き，既存株主の保有する株式の評価額が低下する。これは既存株主の犠牲において，有利な価額で発行を受けた新規株主が利得（プレミアム）を得ているということができ，いわば「富の移転」が生じているのである（この場合，会社に具体的に損害が生じているかどうか——公正な価額と実際の発行価額との差額を会社の損害と考えてよいか——については議論がある）。

（2）支配的利益（議決権比率）

　第三者にのみ募集株式の発行等がなされた場合，既存株主の持株数は増えることなく会社の発行済株式総数のみが増加するために，相対的に自己の議決権比率が減少し，または少数株主権の行使要件を充足できなくなってしまうなど，共益

権が希薄化してしまう。

　会社法は，上記のような既存株主の利益と会社の資金調達の便宜とを考慮し，公開会社（2条5号）と非公開会社とで取扱いを分けることとした。

❹ 発行手続

（1）公開会社と非公開会社における相違とその理由

① 非公開会社の場合

［**3-5-7**］　　募集株式の発行等を行うためには，まず募集事項を決定しなければならないが（199条1項），非公開会社においては株主総会の特別決議によってこれを決定しなければならない（同条2項・202条3項4号・309条2項5号）。ただし，定款の定めにより決定権限を取締役会に委譲することが認められる（200条1項）。

② 公開会社の場合　　これに対して，公開会社においては，発行可能株式総数（授権枠）の範囲内であれば取締役会決議によって募集事項を決定することができる（201条1項）。ただし有利発行の場合（199条3項）は原則に立ち返り，株主総会の特別決議が必要である。また種類株式発行会社において，募集株式の種類が譲渡制限株式であるときは，原則として当該種類株主総会の特別決議を要する（199条4項・324条2項2号）。

　このような取扱いの違いが生ずるのはなぜか。公開会社（とりわけ上場会社）の場合，募集株式の発行等は重要な資金調達手段であり，機動的に行われる必要がある。したがって法は，既存株主の支配的利益についてはこれを考慮せず，**授権資本制度**を採用し，募集株式の発行等にかかる権限を取締役会の裁量に委ねることとした（ただし無制限に発行を許しているわけではなく，発行可能株式総数は発行株式数の4倍を超えてはならないとの制限がある（113条3項））。他方，公開会社の株主は持株比率の維持にさほど関心をもっておらず，また株式の流通が制限されていないことから，第三者割当てにともなう持株比率の低下に対して，株主が自ら株式を買い増すことによりその回復も可能である。もっとも経済的利益については有利発行規制（**3-5-10**）を設け，既存株主の保護を図っている。

　これに対して，非公開会社の場合，株式が流通せず株主構成が基本的に変動しないことから，株主が持株比率の維持に重大な関心を有するのが通例である。まだいったん持株比率に変動が生ずると，これを回復することが困難である。した

がって，既存株主の経済的利益のみならず支配的利益をも重視し，募集株式の発行等が資金調達行為として業務執行に準ずるとしても，株主総会の特別決議を要求するのである。

(2) 大規模第三者割当てをめぐる規制

[3-5-8]　ところが，近時は公開会社（上場会社）においても，持株比率の維持だけでなく，支配株主の交代など，株主が会社の支配関係について重大な関心を寄せており，そのような株主の利益に配慮するための規制が設けられている。

すなわち，会社法上，公開会社であっても，第三者割当てにより引受人が総株主の議決権の過半数を保有することになる場合には，株主への通知または公告を義務づけ（206条の2第1項・2項），総株主の議決権の10分の1以上の株主が反対すれば，株主総会決議による承認が必要となる（同条4項・5項）。

[3-5-9]　`Step Ahead`　上場会社における大規模第三者割当てをめぐる規制

このほか，金融商品取引法は，第三者割当てによる株式の希釈化率が25％以上となる場合または支配株主（議決権比率50％超の株主）が生じる場合を大規模第三者割当てと定義し，有価証券届出書の提出義務を負う会社に，一定の情報開示を義務づけている（金商4条，企業内容等の開示に関する内閣府令第2号様式）。また証券取引所の上場規則でも，大規模第三者割当てにつき，割当ての必要性および相当性に関する独立第三者に対する意見聴取かまたは株主意思確認手続（株主総会決議など）を義務づけており（東京証券取引所有価証券上場規程432条），また大規模第三者割当てによって株主および投資者の利益を侵害するおそれが大きい場合には上場廃止とする（同有価証券上場規程施行規則601条1項9号の2・17号）。　`Step Ahead`

(3) 有利発行規制

[3-5-10]　先に述べたように，既存株主の経済的利益を保護するためには，募集株式の発行等において，その払込金額は公正な価額でなければならない。では公正な価額とはいかなる額か。上場会社であれば，株式市場での現在の株価が基準となるが（いわゆる時価発行），実際には時価よりも若干低い価額で発行されるのが通例である。この点判例は，「発行価額決定前の当該会社の株式価格，右株価の騰落習性，売買出来高の実績，会社の資産状態，収益状態，配当状況，発行済株式数，新たに発行される株式数，株式市況の動向，これらから予測される新株の消化可能性等の諸事情を総合し，旧株主の利益と会社が有利な資本調達を実

現するという利益との調和の中に求められるべき」とする（最判昭50・4・8民集29・4・350）。実務においては，業界団体の自主ルールにおいて，時価の0.9倍以上とすることが定められている（日本証券業協会「第三者割当増資の取扱いに関する指針」）。非上場株式については，そもそも市場価格が存在しないためにこのような方法はとれないが，会社による発行価額の算定が客観的資料に基づく一応合理的な算定方法によってなされているときは，これを尊重するのが判例である（最判平27・2・19民集69・1・51〔百選21事件〕）。

　有利発行は，公正な発行価額を下回る価額での発行をいうが，この場合，株主総会において取締役はかかる発行の必要性および発行価額の相当性について説明をしなければならないし（199条3項），公開会社であっても取締役会決議により発行することはできず，株主総会の特別決議が必要となる（200条1項）。

　なお，株主の経済的利益や支配的利益に配慮しつつ，会社が資金調達を円滑に進めるため，近時利用されているのが**ライツ・オファリング**（ライツ・イシュー）であるが，会社法上は，これは募集株式の発行等ではなく，新株予約権の株主無償割当てである（**3-5-32**）。

[**3-5-11**]　Step Ahead　株価の異常高騰と公正な発行価額

　株の買い占めなどによる株価急騰時における公正な発行価額がいくらかは問題である。裁判所は，「新株発行決議以前に投機等により株価が急騰し，かつ急騰後決議時までに短時間しか経過していないような場合には，右株価は当該株式の客観的価値を反映したものとはいいがたいから，株価急騰前の期間を含む相当期間の平均株価をもって発行価額とすることも許される」とする（東京地決平1・9・5判時1323・48〔宮入バルブ事件〕）。これを受けて，前述の自主ルール（**3-5-10**）でも適当な期間（最長6か月）をさかのぼった日から発行決議の直前日までの間の平均の価額を基準とすることができるとしている（裁判所も当該自主ルールを重視する傾向にあるといえる。東京地決平16・6・1判時1873・159〔百選20事件〕）。

　なお，類似のケースとして，ある会社が資本提携強化のために他の会社に第三者割当により新株を発行すると公表したことで市場価格が高騰し，その結果発行価額と時価が大きく乖離した事件がある。裁判所は「企業提携の見込を反映して既に株価が高騰している場合には，その影響を受けない時期における市場価額が通常はその企業の客観的価値を反映していると見られるのであり，決定された発

行価額と高騰した市場価額との間に差があっても，それが企業の提携に影響されない時期の市場価額ないし企業の客観的価値を基準として適正に定められている限り，不公正な発行価額とはいえない」とした（東京高判昭48・7・27判時715・100〔百選95事件〕ソニー・アイワ事件）。◁ Step Ahead

5 募集株式の発行等のながれ

(1) 募集事項の決定

[3-5-12]　すでに述べた通り，会社は株主総会の特別決議もしくは取締役会決議により，募集事項（199条1項各号。株主割当ての場合は202条1項各号）を決定するが，これは募集ごとに均等に定めなければならない（199条5項）。また公募の場合には募集事項のうちの払込金額に代えて，「公正な価額による払込みを実現するために適当な払込金額の決定の方法」を定めれば足りる（201条2項）。これはいわゆる「ブック・ビルディング方式（需要積み上げ方式。投資家の需要を調査してから発行価額を決定する方法)」による場合である。

(2) 募集事項等の通知・公告

[3-5-13]　ここでも公開会社と非公開会社とで扱いが異なる。公開会社の場合，取締役会決議により募集事項を決定したときは，株主に対して当該事項を通知しなければならない（200条3項。株主割当ての場合は202条4項）。通知は，これに代えて公告（939条1項）によって行うこともできる（200条4項）。これは株主が差止請求（210条）を行う機会を保障するためである。したがって有利発行決議（199条3項）がなされた場合は不要であるし，また金融商品取引法に基づき有価証券届出書（後述）を提出している場合も不要である（201条5項）。

[3-5-14]　Step Ahead ▷　発行開示と継続開示—発行市場と流通市場

　公開会社（とりわけ上場会社）においては，株式および社債の発行による資金調達が重要となるが，前述したように，これには証券市場の存在を欠かすことができない。すなわち，多額の資金調達を可能とするためには，個人や企業など広く一般投資家に向けて株式や社債などの有価証券を売り出すしくみが整っていなければならない。金融商品取引法は，このように株式会社が発行する有価証券について，多数の投資家に対して売り出すにあたり，重要な規制を設けている。またいったん発行された株式については，出資の払戻しが原則として禁止されている

ことから，投下資本の回収機会を保障するため，流動性（自由譲渡性）が確保されていなければならない（127条）。これを担保するのもまた証券市場である。前者を**発行市場**，後者を**流通市場**という。

発行市場では，有価証券の発行会社が50人以上の投資家に対して引受けを勧誘するときは，原則として**有価証券届出書**の提出が義務づけられており（金商4条1項），これはEDINET等を通じて投資家に開示される。また実際に購入する投資家に対しては**目論見書**の交付が義務づけられている（同法15条2項）。

有価証券届出書を提出した発行会社は，その後は継続開示として**有価証券報告書**の提出義務を負い（同法24条1項），流通市場における有価証券の取引のための参考情報を投資家に提供することとなる。継続開示には有価証券報告書のほかに，**四半期報告書**（同法24条の4の7第1項）や**臨時報告書**（同法24条の5第4項）などさまざまな開示手段が設けられており，投資家に対して自己責任を問うに十分なだけの情報開示が確保されている。また流通市場における取引の公正性を確保するため，**相場操縦規制**（同法159条）や**インサイダー取引規制**（同法166条以下）など不公正取引について厳格な規制が設けられている。 Step Ahead

[*3-5-15*] Step Ahead 証券会社（金融商品取引業者）の役割

証券市場における証券会社（金融商品取引業者）の役割もまた重要である。株式や社債などの有価証券を発行する会社は，自ら多数の投資家に対して当該有価証券を売りさばく手段を持たず，証券会社が媒介する必要がある。また金融商品取引所は会員制組織であり，一般投資家は直接取引をすることができないことから，これら投資家もまた，有価証券の売買を証券会社を通じて行うこととなる。

証券会社の役割としては，㋐証券の発行・流通の仲介（委託売買（ブローカー）業務），㋑自己売買（ディーラー）業務，㋒証券の引受けおよび売出し（アンダーライター）業務，㋓募集・売出しの取扱い（セリング）業務のほか，投資判断に関して顧客に助言をすること（投資助言・代理業）や，企業の合併・買収（M&A）の仲介など多岐に亘る業務を行っている。 Step Ahead

(3) 募集株式の申込みと割当て

[*3-5-16*] 株式の引受けをしようとする者（株式申込人）は，会社に対し，書面により（会社の承諾を得た場合は電磁的方法により），引受けの申込みを行う（203条2項）。公募の場合，会社は株式申込人に対して株式の割当てを行うが（204条

1項本文），申込株式数が発行予定株式数を超過している場合，割当数は申込株式数よりも少なくてもよく，前述したように，会社が自由にこれを決定することができるのが原則である（割当自由の原則。同項但書）。なお総数引受けの場合，申込みおよび割当ては不要である（205条）。株式の割当てを受けた者はこれを引き受けることにより株式引受人となる（206条）。株主割当ての場合に，引受けの申込みをしない株主は，割当てを受ける権利を失う（204条4項。いわゆる失権株）。

　なお，募集株式の引受けの申込みには，心裡留保（民93条但書）および虚偽表示（民94条1項）の適用がなく（211条1項），募集株式の発行等から1年経過後には，錯誤，詐欺または強迫を理由とする引受けの取消しも認められない(同条2項)。

(4) 出資の履行

[**3-5-17**]　　株式引受人は　払込・給付義務を負うが（208条1項・2項），実際には，申込みの時点で払込取扱金融機関に払込金額と同額の申込証拠金を払い込ませる実務が定着している。なお，上場会社において，取締役の報酬等として募集株式の発行等がされる場合，払込みは不要である（202条の2）。また，資本充実の要請から，株式引受人が，会社に対する債権を自働債権として，払込債務の相殺を主張することはできない（208条3項）。ただし会社側から相殺をなすことは可能であり，また株式引受人の側からも，債権を現物出資することは認められる（債務の株式化。**デット・エクイティ・スワップ（DES）**ともいう）。現物出資の場合，その目的となる財産の過大評価を防止するため，原則として検査役による調査が義務づけられている（207条）。株式引受人は，出資の履行をしないときは，株主となる権利を失う（208条5項。失権株）。発行予定株式の一部について払込みがなされない場合であっても，発行全体が無効とはならず，払込みのあった株式については有効である（打切り発行）。払込みが仮装された場合については後述（**3-5-24**）する。払込・給付義務を履行した株式引受人は払込期日（払込期間を定めた場合には出資の履行日）に，株主となる（209条）。

(5) 株券の発行・発行登記

[**3-5-18**]　　株券発行会社には株券発行の義務が生ずる（215条1項）（**3-4-33**）。また募集株式の発行等により，発行済株式総数，株式の種類および数，資本金の額に変動を生ずることから，会社は変更登記をしなければならない（911条3項5号・9号・909条）。ただし，これは募集株式の発行等の効力発生要件ではない（設

立登記（49条）（**3-2-17**）などとは異なる）。

❻ 募集株式の発行等に瑕疵があるとき

[**3-5-19**]　　募集株式の発行等に瑕疵があるとき，すなわち違法あるいは不公正
な発行等がなされたとき（あるいはなされようとしているとき），これにより経済的
利益または支配的利益を侵害される株主はいかなる措置を講ずることができる
か。一般原則によれば当該行為は当然に無効となるが，新株が多数の者に引き受
けられているときには，法的安定性（取引の安全）を害することになる。したがっ
て，会社法はまず事前予防手段としての募集株式の発行等の差止めの制度（210
条）を特に設けている（**3-5-20**）。現実に発行等が行われてしまった後は事後的な
救済を図る必要があるが，募集株式の発行等を無効として原状回復をなすこと
は，やはり取引の安全を害することになるため，会社法は，無効の訴えの制度を
設け（828条1項2号・3号）（**3-5-22**），これを制限している（発行の実体を欠くよう
なときは，不存在確認の訴え（829条）（**3-5-23**）となる）。原状回復がなされないケー
スで，会社または既存株主に金銭的損害が生じている場合には，関係当事者（引
受人および取締役）に民事責任を課すことによって保護が図られている（**3-5-24**）。

（1）募集株式の発行等の差止め

[**3-5-20**]　　募集株式の発行等が法令・定款に違反する場合もしくは不公正発行
の場合で，これにより株主が不利益を受けるおそれがあるときには，当該株主は
会社に対して募集株式の発行等を止めるよう請求することができる（210条）。こ
の制度は既存株主の利益保護のためのものであり，会社の利益が害されたことを
要件としていない。差止請求は裁判外で行ってもよいが，訴訟で行うこともで
き，その訴えを本案とする仮処分申請も可能である（民保23条2項）。事後的救済
では必ずしも十分な保護とならないため（一度株式が発行されてしまうと，その効力
を否定して原状回復を図ることは困難である（**3-5-22**）），事前予防手段としての差止請
求の必要性は高く，とりわけ緊急時においては仮処分申請がきわめて重要である。

　　210条の差止事由のうち，1号の法令違反による募集株式の発行等には，㋐非
公開会社における株主総会決議（199条2項）または公開会社における取締役会決
議（201条1項）を経ていない場合，㋑公開会社の場合で有利発行（199条3項）で
あるにもかかわらず株主総会決議を欠く場合，㋒株主の募集株式の割当てを受け

る権利が無視された場合，㋓現物出資につき検査役の調査（207条1項）を欠く場合などがあり，定款違反の例としては，㋔定款所定の発行可能株式総数（37条・113条）を超過する発行，㋕定款に定めのない種類の株式（108条1項2項）の発行などがある。

　2号の不公正発行とは，不当な目的，たとえば，取締役や一部の株主による支配権獲得・維持のためになされる場合や，反対派の少数株主権を排斥する目的でなされる場合などである。すなわち，会社の支配権（経営権）の帰属をめぐる紛争において，株式の買占めや敵対的企業買収（会社の乗っ取り）（3-5-36）が行われているとき，これに対抗して第三者割当ての方法で募集株式を発行する場合であるとか，会社の経営権をめぐる内部紛争が生じ，相手方の持株比率ないし議決権比率を低下させる目的で，自己の側にのみ募集株式を発行する場合などである。裁判所は，募集株式の発行等の主要な目的がどこにあるのか（資金調達であるのか，会社支配権の維持であるのか）という観点から，著しく不公正な募集株式の発行等であるか否かを判断し，資金調達目的よりも不当目的（支配権維持目的）が優越するような場合にのみ発行等の差止めを認める考え方（いわゆる**主要目的ルール**）を採用している（東京高決平16・8・4金判1201・4〔百選96事件〕など）。実際には資金調達目的が多少なりともあれば，具体的な方法などについては取締役会の裁量を認め，不公正発行を否定する裁判例が多い（その場合には資金調達の具体性・現実性が判断されるようである）。なお不公正発行が問題となるのは第三者割当ての事案がほとんどであるが，上場会社が実施した公募発行について争われた事案もある（東京高決平29・7・19金判1532・57〔百選A41事件〕）。

(2) 募集株式の発行等の無効・不存在

[3-5-21]　募集株式の発行等が行われてしまったときには，もはや差止請求は意味をもたないため，当該発行等の無効または不存在を求めることになる。募集株式の発行等に係る株主総会決議に瑕疵がある場合も，決議取消しの訴え（831条1項）（3-3-36）ではなく募集株式発行等の無効の訴えを提起しなければならないとするのが多数説（いわゆる吸収説。ただし，公開会社の場合は無効事由とは認められないため（後述），非公開会社の場合に限定される）である。

①　募集株式の発行等の無効（828条1項2号・3号，2項2号・3号）

[3-5-22]　募集株式の発行等に法的瑕疵がある場合，一般原則に従えば無効と

なるはずであるが，それでは主張権者，主張方法・時期等に制限が無く，法的安定性を害するため，訴えをもってのみ主張することができるものとされ（828条1項柱書），そのほかにも制限が設けられている。すなわち，提訴権者は株主・取締役・監査役・執行役・清算人に限定されており（828条2項2号・3号。会社が被告となる（834条2号・3号）），また提訴期間も効力発生日から6か月以内（非公開会社では1年以内）に制限されている（828条1項2号・3号）。

　無効事由については会社法上規定されておらず，解釈に委ねられているが，取引安全の要請・資金調達の無効にともなう混乱防止の観点から，判例・学説は無効事由を限定的に解している。

　無効事由と認められる例として，㋐発行可能株式総数（37条・113条）を超過する発行，㋑定款に定めのない種類株式（108条1項・2項）の発行，㋒譲渡制限株式の発行等に必要な株主総会・種類株主総会決議の瑕疵・欠缺，㋓譲渡制限株式について株主の募集株式の割当てを受ける権利（202条2項）を無視した発行等のほか，㋔募集事項の通知・公告（201条3項・4項）を欠く発行については，「新株発行差止請求をしたとしても差止めの事由がないためにこれが許容されないと認められる場合でない限り，新株発行の無効原因となる」とされる（最判平9・1・28民集51・1・71〔百選24事件〕）。また，㋕募集株式の発行等の差止仮処分命令に違反した発行についても，差止請求権を認めた法の趣旨が没却されるとして無効原因となるとする（最判平5・12・16民集47・10・5423〔百選99事件〕）。さらに㋖非公開会社において株主総会決議（199条2項）を欠く場合について，「会社の支配権に関わる持株比率の維持に係る既存株主の利益の保護を重視し，その意思に反する株式の発行は株式発行無効の訴えにより救済するというのが会社法の趣旨」であるとして，無効原因となるとする（最判平24・4・24民集66・6・2908〔百選26事件〕。例外的に無効原因とならないとしたものとして大阪高判平25・4・12金判1454・47）。

　これに対して，無効事由と認められない例としては，㋐議決権制限株式の発行数制限（115条）を超過した発行，㋑公開会社において取締役会決議（201条1項）を欠く場合（最判昭36・3・31民集15・3・645），㋒公開会社において株主総会の特別決議を欠く有利発行（201条1項・199条3項）（最判昭46・7・16判時641・97〔百選22事件〕），㋓募集事項の不均衡（199条5項），㋔現物出資につき必要な検査役の調査（207条1項）を欠く場合，㋕現物出資財産の過大評価（207条9項），㋖払込

期日に払込金額の払込み・現物出資の給付がなかった場合のほか，⑦著しく不公正な方法による募集株式の発行等については，公開会社であるかを問わず，無効原因とはならないとする（最判平6・7・14判時1512・178〔百選100事件〕）。非公開会社（閉鎖的な会社）における著しく不公正方法による場合に関しては，取引の安全を考慮する必要性に乏しく，無効事由としないことには疑問がある。

　無効判決が確定した場合の処理についても，会社法は法律関係の画一的安定，既往の法律関係の尊重・混乱防止のために，特に規定を設けている。すなわち，無効判決は第三者に対しても効力が及ぶものとされる一方で（838条。対世効），遡及効が否定され，株式は将来に向かって無効となる（839条）。この場合，募集株式の回収・払込金の返還手続（840条1項），および発行済株式総数の減少にともなう変更登記（911条3項5号・9号）がなされる。

② 募集株式の発行等の不存在（829条1号2号・834条13号・14号）

[3-5-23]　募集株式の発行等の不存在とは，募集株式の発行等の実体が存在しない場合である。すなわち，発行等の手続も払込みも全く行われないまま，募集株式の発行等による変更登記のみが存在する場合をいう。この場合，原則として訴えによることなく募集株式発行等の不存在を主張することができるが，さらに，不存在確認の訴えを提起することが認められる。無効の訴えとは異なり，提訴権者は限定されず，確認の利益を有する者であればよい（会社が被告となる点は同じである（834条13号・14号））。また提訴期間も制限されない。確定判決が第三者に対しても効力を有する点は無効の訴えと同様である（838条）。

(3) 募集に係る責任等

[3-5-24]　差止請求ができず，また無効の訴えが認められない場合であっても，募集株式の発行等により損害が生じている一定の場合には，関係当事者に民事責任が課せられる。これは事後的救済であるが金銭賠償ということになる。この手段では発行等がなされた株式は有効として取り扱われることとなり，既存株主の支配的利益は回復されない。また金銭賠償といっても，有利発行時における実際の発行価額と公正な発行価額との差額が賠償されるだけであり（東京地判平12・7・27判タ1056・246。ただし，先に述べたように会社に実損害が生じているかどうかについては議論がある），時価発行など公正な価額での発行が行われているのであればそもそも賠償すべき損害が存在しないこととなる。このほか，現物出資財産

の評価額が不足するときの填補責任や，出資の履行が仮装された場合における責任が定められている。

① 株式引受人の責任

[**3-5-25**]　　取締役・執行役と通謀して著しく不公正な払込金額で募集株式を引き受けた株式引受人は，会社に対し公正な払込金額との差額に相当する金銭を支払う義務を負う（212条1項1号）。損害賠償責任であるが，実質的には追加出資義務である。また給付した現物出資財産の価額が定められた価額に著しく不足する場合も，会社に対し当該不足額を支払う義務を負う（212条1項2号）。これは一種の瑕疵担保責任であり，株式引受人の過失の有無を問わない。ただし，株式引受人が善意・無重過失の場合には，現物出資者は引受けの申込みまたは総数引受契約に係る意思表示を取り消すことができる（同条2項）。

このほか，出資の履行を仮装した株式引受人は，会社に対し，仮装した払込金額等の全額の支払（現物出資の場合は全部の給付）義務を負う（213条の2）。当該引受人はかかる義務を履行しない限り，株主権を行使することができない（209条2項）。ただし，当該株式が第三者に譲渡されたときは，出資の履行が仮装されていることにつきその者に悪意・重過失がない限り，権利行使が認められる（同条3項）。

② 取締役・執行役の責任

[**3-5-26**]　　　有利発行規制に違反した募集株式の発行等を行った取締役・執行役は，公正な払込金額との差額につき，会社に対して損害賠償責任を負う（423条1項）。既存株主から対第三者責任（429条1項）または不法行為責任（民709条）を追及される可能性もある。また現物出資財産の価額が定められた価額に著しく不足する場合にも，現物出資に関与した取締役・執行役は不足額の支払義務を負う（213条1項）。ただし，検査役の調査を経た場合，および，当該取締役等がその職務を行うについて注意を怠らなかったことを証明した場合には，これらの義務を免れる（213条2項）。現物出資財産の証明者（207条9項4号）にも価額填補責任（213条3項）が課せられている。

このほか，払込みを仮装した（いわゆる架空増資または見せ金（**3-2-13**）を行った）取締役または執行役については，刑事責任として，従来は虚偽の登記をした点をとらえて，形式犯である公正証書原本不実記載，同供用罪（刑157条1項）で処罰されていたが（最決平3・2・28刑集45・2・77〔百選101事件〕など），近時こうし

たいわゆる「不公正ファイナンス」に対して，金融商品取引法上の偽計取引（金商158条）を適用した事例が見られる（東京地判平22・2・18判夕1330・275）。

これら株式引受人と取締役および執行役の責任は不真正連帯債務の関係に立ち（213条4項・213条の3第2項），また株式引受人の責任に関しても株主代表訴訟（847条1項）（**3-3-75**）の対象となる。

§3──新株予約権

❶ 意 義

[3-5-27]　新株予約権とは，株式会社に対して行使することにより当該会社の株式の交付を受けることができる権利（2条21号）をいう。すなわち，権利保有者（新株予約権者）が，会社に対し権利を行使した場合に，会社が新株予約権者に対し株式を発行し，またはこれに換えて会社の有する自己株式を移転する義務を負うものである。新株予約権は，オプション取引の一種であり，株式会社がライターとなって発行するストック・コール・オプションである。

会社はこの新株予約権を，目的を限定せず誰に対しても，有償または無償で発行することができる。新株予約権を引き受ける者は，まず発行会社に対して新株予約権自体の価額（236条1項3号。これをオプション料という）を払い込むことで新株予約権者となり（ただし，無償発行の場合には払込義務を負わない），権利行使期間において権利行使価格（同項2号。ストライキング・プライスともいう）に相当する金銭等を払い込むことにより株主となる。権利行使と払込みによって新株予約権者は当然に株主となることから，新株予約権は潜在的な株式であるという性質を有する。またその対象となる株式そのものよりも発行価額が低く抑えられることから，少額の資金で多額(想定元本)の取引が可能となる(これをレバレッジ効果という)。

新株予約権については，会社法上その利用方法に制限がなく，取締役や従業員に対するストック・オプションの付与のほか，他の金融商品と結合させることで（たとえば新株予約権付社債など），会社の資金調達方法の多様化にも用いられる。新株予約権に取得条項を付したり，行使条件を比較的自由に設定したりすることが可能なため，企業買収防衛策としての利用や，価格修正条項を付すことで権利行使価格を新株予約権の発行後に変更・確定することも可能なため，MSCB

（Moving Strike Convertible Bond：転換価格修正条項付の転換社債型新株予約権付社債）
として用いられることもある。

　なお，新株予約権の発行方法には，募集株式の場合と同様（**3-5-5**），株主割当
て，公募発行，第三者割当ての３つがある。その場合の手続についても募集株式
とほぼ同じ規制（**3-5-7**）が設けられている。

[3-5-28] 　Step Ahead　　オプションとは？

　オプションとは，デリバティブ（金融派生商品）の一種である。デリバティブ
とは商品の現物取引から派生した取引形態であり，将来の一定の時点における取
引をあらかじめ現時点で約定するものをいう。基本的に取引市場を有し相場が変
動する商品（これを原資産という）を対象とし，先物取引（将来の一定時点で売買を
行うことを契約する取引），オプション取引（将来特定の価格で売買を行うことができる
権利を売買する取引），スワップ取引（将来における条件の交換を契約する取引）など
の種類がある。また天候デリバティブやクレジット・デリバティブのように将来
一定の事象が生じた場合に金銭を支払うことを約定する取引も含まれる。こうし
たデリバティブ取引は，本来的にはリスクヘッジ（価格変動リスクなどの回避）を
目的とするが，投機目的で利用されることもある（裁定取引（アービトラージ））。

　オプション取引とは，①特定の商品（原資産）を，②将来のある時点（満期日）
または一定の期間（権利行使期間）内に，③あらかじめ定められた価格（行使価格）
で，④購入（売却）する，⑤権利の売買である。原資産が株式であるものをストッ
ク・オプションといい，また購入する権利をコール・オプション，売却する権利
をプット・オプションという。オプションの保有者は，その行使・不行使につき
選択権（オプション）を有するわけであり，そのためにオプションの買い手（保有者）
は，売り手（相手方）に一定のオプション料を支払う。

　金融商品取引法は，取引対象である有価証券（金商２条１項・２項）について規
制するほか，取引方法の一種であるデリバティブ取引についても規制対象として
おり（同条20項〜23項），販売勧誘規制を設けている（適合性の原則（同40条１号），
説明義務（同38条７号），断定的判断の提供の禁止（同条２号）など）。　Step Ahead

❷ 新株予約権の発行

[3-5-29] 　　新株予約権の発行手続については，募集株式の発行等の手続と同様

の規制が設けられている。すなわち，募集新株予約権の発行につき，募集事項の決定，通知・公告，申込み・割当て・払込みについて各規定が設けられている。ただし，自己新株予約権は会社に対する一種の債権に過ぎないとして募集新株予約権には含まれず，手続規制には服さない（この点で募集株式の発行等とは異なる）。

（1）募集事項の決定

[**3-5-30**]　会社は，新株予約権を引き受ける者の募集をしようとするときは，募集事項（238条1項各号）として，①募集新株予約権の内容および数，②無償発行とする旨もしくは有償発行の場合には払込金額またはその算定方法，③割当日，④払込期日を定めなければならない。募集事項は，募集ごとに均等に定めなければならない（同条5項）。

　募集事項の決定方法については，募集株式の発行等と同様である（**3-5-7**）。すなわち，非公開会社においては，株主総会の特別決議によって募集事項を定めることを要するが（238条1項・2項・309条2項6号），同じく株主総会の特別決議により取締役会に決定権限を委任することができる（239条1項）。この場合には，募集新株予約権の内容および数，無償発行の場合にはその旨，有償発行の場合には払込金額の下限を定めなければならない。委任の有効期間は1年である（同条3項）。なお，いずれの場合においても，有利発行の場合には株主総会においてその理由を開示しなければならない（238条3項・239条2項）。公開会社の場合は原則として取締役会決議で足りるが（240条1項），有利発行の場合には株主総会決議が必要であり，かつその理由を開示しなければならない（238条3項・240条1項）。取締役会決議で募集事項を定めた場合には，会社は割当日の2週間前までに，株主に対して募集事項の通知・公告を行わなければならない（240条2項・3項。なお金商法上の発行開示がされる場合には通知・公告は不要である。同条4項）。

　募集新株予約権の有利発行とは，無償交付の場合は新株予約権の引受人にとって「特に有利な条件」であるとき，有償交付の場合は同人にとって払込金額が「特に有利な金額」であるときのいずれかに該当する場合である（無償交付であるからといってただちに有利発行となるわけではない）。有利発行かどうかは，新株予約権の公正価値を算定したうえで，それとの関係で，交付条件または払込金額が有利かどうかで判断される。これは，現在の株価，権利行使価額，権利行使期間，金利，株価変動率（ボラティリティ）等の要素をもとに，オプション評価理論に基づ

き算出される。オプション評価理論にはブラック・ショールズ・モデルや二項モデル（格子モデル）などがある。さらに，価格修正条項や取得条項，譲渡制限条項の有無・内容によってもオプション価格は修正を受ける（新株予約権の有利発行が問題となったケースとして，東京地決平18・6・30金判1247・6〔百選25事件，サンテレホン事件〕，札幌地決平18・12・13金判1259・14〔オープンループ事件〕などがある）。

　株主に新株予約権の割当てを受ける権利を与えるとき（株主割当ての場合）は，募集事項のほかに，株主割当てである旨および引受けの申込期日を定めなければならない（241条1項）。この場合，特に新株予約権を無償で割当てるときの特則が設けられている（277条）。

[3-5-31] Step Ahead ストック・オプション

　ストック・オプションとは，取締役の業績連動型（インセンティブ）報酬の一形態である（3-3-58参照）。自社の新株予約権の交付を受けた取締役は，会社の業績向上により株価が上昇すれば（株価＞権利行使価格となれば），当該新株予約権を行使し，相場よりも安価で株式を取得することができる。したがって，取得した株式を直ちに市場で売却することにより，キャピタルゲイン（購入額と売却額の差額）を報酬として獲得できるわけである（もちろん保有を継続してもかまわない）。逆に株価が上昇しなかったとき（株価＜権利行使価格であるとき）は，オプションを行使する意味を失うことになる。

　ストック・オプションの発行は，無償で行われる場合もあるが，それが有利発行となるかどうかはその発行条件による。取締役に対して発行する場合には，報酬等に含まれることから会社法の規制を受け（3-3-58），その内容を定款または株主総会の決議によって定めることが必要となる（361条1項4号。新株予約権の払込みに充てるための金銭を報酬として支給する場合を含む。同項5号）。また，決議に際しては議案を提出した取締役に理由の説明が義務づけられる（同条4項）。そして職務執行の対価としての相当性が認められる限り，有利発行には該当せず，通常の発行手続によってストック・オプションを付与することが可能である。 Step Ahead

[3-5-32] Step Ahead ライツ・オファリング（ライツ・イシュー）

　募集株式の発行等において株主割当ての方法がとられる場合，株主が株式の割当てを受ける権利を行使するか否かは自由であるが，通常，株主割当ての場合には発行価額が時価よりも特に低い価額とされるから（有利発行），権利を行使しな

い株主は，株式発行後の株式の時価と募集株式の払込金額との差額分につき損失を被ることになる。株式の割当てを受ける権利を譲渡することも考えられるが，その場合，当該権利の譲渡は，これを会社に対抗することができない（208条4項。3-4-22）。これに対して，新株予約権であれば原則として譲渡が可能であることから（254条1項），新株予約権無償割当て（277条）を利用する方法が近時広まってきている。これをライツ・オファリング（ライツ・イシュー）という。

　新株予約権無償割当は，取締役会非設置会社であれば株主総会決議により，取締役会設置会社であれば取締役会決議により決定される（278条3項）。株主割当てで払込金額を無償とした場合と異なり，株主からの申込み（242条）を要しない。

　新株予約権の無償割当てを受けた株主は，当該権利を行使して払込みをなすことにより新株を取得することができるほか（この場合持株比率を維持することも可能となる），当該権利を譲渡することによってプレミアムを取得することもできる。なお新株予約権を譲渡しない場合でも，発行会社と主幹事証券会社との間で引受契約（コミットメント契約）が締結されている場合（コミットメント型）には，未行使の新株予約権を発行会社が買い取ることとなる。◁ Step Ahead

(2) 申込み・割当て・払込み等

[3-5-33]　新株予約権の引受けをしようとする者（申込者）は，会社に対して書面により（会社の承諾を得た場合は電磁的方法により）引受けの申込みを行う（242条2項）。会社は申込者に対して新株予約権の割当てを行い，割当日の前日までに割当数等を通知しなければならないが（243条1項～3項），公開会社においては，募集株式の発行等の場合と同様に（3-5-6），新株予約権の割当てを受けた申込者（引受人）が，当該新株予約権を行使することによって当該会社の総株主の議決権の数の2分の1を超える議決権を保有する株主となるときは，株主に通知または公告を義務づけ（244条の2第1項），総株主の議決権の10分の1以上の株主が反対した場合には，株主総会決議による承認が必要となる（同条5項・6項）。申込者は割当日において新株予約権者となる（245条1項）。会社は新株予約権の発行後2週間以内に，登記をしなければならない（911条3項12号）。

　有償発行を受けた新株予約権者は，払込期日（238条1項5号）または権利行使期間（同項4号）の初日の前日までに，払込金額の全額を払い込まなければならない（246条1項）。ただし，会社の承諾を得たうえで，金銭以外の財産を給付し，

また当該会社に対する債権をもって相殺をすることが可能である（同条2項）。上場会社においてストック・オプションが発行される場合は、払込みは不要である（202条の2）。また、払込みをしない限り、新株予約権者は権利行使できず（同条3項）、そのまま権利行使期間が満了すれば、当該新株予約権は消滅する（287条）。

❸ 新株予約権の譲渡等

［*3-5-34*］　会社は、新株予約権を発行した日以後遅滞なく、新株予約権原簿を作成し、発行する新株予約権の種類に応じた法定の記載事項（新株予約権原簿記載事項）を記載しなければならない（249条）。これは株式における株主名簿に相当するものである（*3-4-37*）。会社は、新株予約権原簿をその本店（株主名簿管理人（123条）が置かれている場合は、その営業所）に備え置かなければならない（252条1項）。株主および債権者（新株予約権者もこれに含まれる）ならびに親会社社員に新株予約権原簿の閲覧・謄写請求権が認められるのも株主名簿の場合（125条）と同様である（252条2項以下）。なお、新株予約権につき証券が発行されていない場合の新株予約権者は、新株予約権原簿記載事項を記載した書面の交付または電磁的記録の提供を請求することができる（250条1項）。

　新株予約権者は、原則としてその有する新株予約権を譲渡することができるほか（254条1項）、質権を設定（質入れ）することができる（267条1項）。新株予約権の譲渡または質入れの方法としては、社債の場合と同様に（*3-5-50*）、証券発行の有無（証券を発行する定めのある新株予約権を証券発行新株予約権という。249条3号ニ）のほか、記名証券（新株予約権原簿に新株予約権者の氏名等が記載されるもの。249条3号）・無記名証券（無記名社債とともに新株予約権が発行される場合）による違いがある。証券発行新株予約権の譲渡または質入れは、記名・無記名を問わず、意思表示と新株予約権証券を交付することによって行われるが（255条1項・267条4項）、記名式の場合、当該譲渡または質入れを会社に対抗するには新株予約権原簿の名義書換が必要となる（257条1項・268条1項）。質入れの場合、質権者は継続して新株予約権証券を占有しなければならない（268条2項・3項）。記名式の場合の対第三者対抗要件ならびに無記名式の場合（257条3項）の対会社および第三者対抗要件は証券の所持である。新株予約権証券には資格授与的効力があり（258条1項）、その結果として善意取得が認められる（同条2項）。

証券が発行されない場合の当該新株予約権の譲渡または質入れは，意思表示の
みによってその効力を生じ，会社および第三者への対抗要件は，新株予約権原簿
の名義書換である。なお，新株予約権の目的である株式が振替株式である場合に
は，当該新株予約権も振替制度の対象とすることができ，その場合の譲渡・質入
れは振替口座簿の記載または記録によって効力を生ずる（振替163条）。

　前述のように，新株予約権には譲渡制限（236条1項6号）を設けることが可能
である（譲渡制限新株予約権）。譲渡制限新株予約権の譲渡にかかる承認手続は，
譲渡制限株式の譲渡の場合（136条以下）と同様である（262条〜266条）（**3-4-24**）。

❹ 自己新株予約権の取得

[**3-5-35**]　　会社による自己新株予約権の取得については，自己株式の取得のよ
うな規制（**3-4-53**）がない。これは，先に述べたように新株予約権は株式と異な
り会社に対する一種の債権にすぎないからである。また新株予約権を発行するに
あたり，一定の事由が生じたことを条件として会社が当該新株予約権を取得する
ことができる旨を定めることができる（取得条項付新株予約権。236条1項7号）。す
なわち，一定の事由が生じたとき，会社が新株予約権者から新株予約権を強制的
に取得するのと引き換えに，株式・社債・他の新株予約権・新株予約権付社債そ
の他の財産を交付することができる。取得条項付株式と同様の制度であり，取得
の手続について同じ規制に服する（273条〜275条）。

　会社は，取得した自己新株予約権を消却することができる。この場合，消却す
る自己新株予約権の内容および数を定めなければならないが（276条1項），取締
役会設置会社では，取締役会決議によらなければならない（同条2項）。

❺ 新株予約権の行使

[**3-5-36**]　　新株予約権の行使は，権利行使期間内に，行使する新株予約権の内
容および数ならびに行使日を明示することが必要である（280条1項）。さらに，
証券発行新株予約権の場合，会社への証券の提出が必要である（同条2項）。な
お，会社は自己新株予約権を行使できず（同条3項），また有償発行された新株予約
権について全額の払込みが未完了の新株予約権者も権利行使できない（246条3項）。

　行使に際して金銭を出資するときは，行使日に所定の払込取扱場所において出

資金額（236条1項2号）の全額を払い込まなければならず（281条1項），また現物出資の場合は当該現物出資財産（236条1項3号）を給付しなければならない（281条2項）。現物出資財産の価額につき検査役の調査が原則として義務づけられているのは株式の場合（**3-5-17**）と同様である（284条）。

　新株予約権を行使した新株予約権者は，行使日に当該新株予約権の目的である株式の株主となるが（282条），新株予約権を行使したというためには上記の払込みまたは給付をしていることが必要となる。新株予約権者が払込みまたは給付を仮装した場合は，事後的に支払いをなすなどしなければ（286条の2），当該新株予約権を行使することができない（282条2項）。

❻ 新株予約権の違法・不公正発行

（1）新株予約権の差止請求

[**3-5-37**]　　新株予約権は潜在的株式という性質を有することから，募集株式の発行等（**3-5-19**）と同様に，法令・定款違反の発行および著しく不公正な発行に対して，発行の差止め（247条）および無効の訴え（828条1項4号・2項4号）が設けられているとともに，関係者に民事責任が課されている（285条・286条）。

　法令・定款違反の発行としては，募集株式の場合（**3-5-22**）と同様に，法律上必要な機関の決定を欠く場合や有利発行であるにもかかわらず株主総会の特別決議を欠く場合，新株予約権の内容が違法である場合などがありうる。また，不公正発行としては，会社に対する支配権を維持するため，あるいは敵対的企業買収に対する防衛策として発行される場合に問題となりうる。

[**3-5-38**]　| Step Ahead |＞　敵対的企業買収とその防衛策

　企業買収とは会社の支配権を取得することであり，具体的には株式会社の議決権の過半数を取得し，取締役の選任権を掌握することをいう（ただし，支配株主として影響力を行使するためにはより少ない議決権割合でもよい。たとえば議決権の3分の1を取得すれば，株主総会の特別決議の成立を単独で阻止することが可能であり，会社の重要事項の決定についていわば「拒否権」を有することになる）。

　支配権の取得方法としては，市場において総株主の議決権の過半数に相当する株式を取得する方法（市場取引）のほか，市場外において特定の株主から支配株式を譲り受ける方法（相対取引）や，多数の株主から広く株式を買い付ける方法（公

開買付け）がある。金融商品取引法は，投資家保護を目的として，公開買付けについて詳細な手続を定めるとともに，一定の場合にはこれを強制している（金商27条の2以下）。

企業買収は，会社の現経営陣との関係から「友好的企業買収」と「敵対的企業買収」とに分類されるが，敵対的買収であるからといってそのすべてが「悪い」買収であるとはいえない。非効率な経営を行っている現経営陣を排除することは会社全体の利益となりうるし（逆に，マネージメント・バイアウト（MBO）の場合など，友好的買収であっても経営陣の地位の強化に利用されるおそれもある），買収防衛策を発動し買収を止めることは，当該買収に賛成する株主から株式の売却機会を奪うことにもなるからである。買収防衛策は，買収者と被買収者のどちらがより優れた提案をしているか（買収条件や経営提案など）を株主が判断するためのしくみとして捉えられるべきである（後述する企業価値研究会報告書参照）。

ただし，買収者がいわゆる「濫用的買収者」であるような場合には問題となる。裁判例では，㋐グリーンメイラー（買占めによって株価をつり上げたうえで高値で会社に売却を迫る者），㋑焦土化経営（支配権取得後に会社が保有する重要な資産を余所に移転し当該会社を破綻させること），㋒支配権取得後に会社が保有する資産を買収者の債務の弁済や担保のために流用する場合，および㋓高額資産の処分により一時的な高配当を行うことで，株価をつり上げ，市場での売却を図る場合，を挙げ，このような場合は，株主共同の利益を毀損することが明白であり，被買収者が買収防衛策を講ずることに正当性が認められるとするもの（東京高決平17・3・23金判1214・6〔百選97事件〕ニッポン放送事件）もあるが，最高裁はこのような考え方を採用していない（最決平19・8・7民集61・5・2215〔百選98事件〕ブルドック・ソース事件）。

買収防衛策の具体的な方法はさまざまあるが，新株予約権を活用するものをライツ・プラン（ポイズン・ピル）という。たとえば，既存株主や友好関係にある者に対し無償で新株予約権を発行しておき，行使価額を低く設定したうえで，行使条件を「特定の株主が一定の割合の株式を保有したとき」であるとか，「公開買付（TOB）が行われたとき」などと定めておくことが考えられる（前述のように新株予約権の行使条件について制限はなく，自由にこれを定めることができる）。ライツ・プランには，このような事前予防（平時導入・有事発動）型のほかに，事前警告（防衛策の公表のみに止めるもの）型，事後防衛（有事導入・発動）型がある。こうした買

収防衛策は，株式の希釈化を招くことから買収者以外の株主の利益を害するものとなりうるとともに，買収提案に応ずる機会を当該株主から奪うことにもなる。特にこれが現経営陣である取締役らの経営支配権の維持・確保を目的としてなされるような場合には，著しく不公正な発行方法であるとして差止めの対象となる。

前述のニッポン放送事件において，東京高裁は，「誰を経営者としてどのような事業構成の方針で会社を経営させるかは，株主総会における取締役選任を通じて株主が資本多数決によって決すべき問題」としたうえで（いわゆる「機関権限分配論」），「会社の経営支配権に現に争いが生じている場面において，株式の敵対的買収によって経営支配権を争う特定の株主の持株比率を低下させ，現経営者又はこれを支持し事実上の影響力を及ぼしている特定の株主の経営支配権を維持・確保することを主要な目的として新株予約権の発行がされた場合」には，原則として著しく不公正な発行に該当するとして，新株予約権の発行差止めの仮処分を決定した。

その後も買収防衛策の是非をめぐって争われた下級審裁判例が散見されたが（防衛策導入時における新株予約権の株主無償割当てが，買収者以外の株主にも損失を与えるものとして差し止められたケースとして，東京高決平17・6・15判時1900・156〔百選A42事件〕がある），最高裁として初の判断がなされたのがブルドック・ソース事件決定（上記）である。本決定においては，株主無償割当ての方法で発行された新株予約権につき，買収者にのみ適用される差別的行使条件および取得条項（買収者は新株予約権を行使して新株を引き受けることができず，その代わりとして会社が取締役会決議に基づき買収者の新株予約権を強制取得するというもの）が法令（株主平等原則を定める109条1項）に違反し，あるいは著しく不公正な発行に該当しないかが争点となった。最高裁は，新株予約権無償割当てにも株主平等原則の趣旨は妥当するとしたうえで，「個々の株主の利益は，一般的には，会社の存立，発展なしには考えられないものであるから，特定の株主による経営支配権の取得に伴い，会社の存立，発展が阻害されるおそれが生ずるなど，会社の企業価値がき損され，会社の利益ひいては株主の共同の利益が害されることになるような場合には，その防止のために当該株主を差別的に取り扱ったとしても，当該取扱いが衡平の理念に反し，相当性を欠くものでない限り，これを直ちに同原則の趣旨に反するものということはできない」とした。そして「会社の利益ひいては株主の共

同の利益が害されることになるか否かについては，最終的には，会社の利益の帰属主体である株主自身により判断されるべき」であり，議決権総数の83.4%の賛成を得ていること（防衛策の必要性），そして買収者には会社による新株予約権の取得によりその価値に見合う金銭が支払われることから（防衛策の相当性），本件新株予約権の無償割当ては株主平等原則に反しないとした（不公正発行についても同様の理由で該当しないとした）。

　なお，買収防衛策の導入または発動に対しては，新株予約権発行無効の訴えのみならず，株主意思の確認のための株主総会決議につき，無効確認の訴え（830条2項。**3-3-37**）を提起する余地があるとされる。

　買収防衛策の是非に関しては，経済産業省が設置した企業価値研究会が重要な提言を行っている。同研究会報告書「近時の諸環境の変化を踏まえた買収防衛策の在り方」（平成20年6月）では，望ましい買収防衛策として，㋐株主が買収の是非を適切に判断するための時間・情報および買収者・被買収者間の交渉機会を確保することを目的とする買収防衛策，㋑株主共同の利益を毀損することが明白である買収を止めることを目的とする買収防衛策を掲げている。また上記最高裁決定に対しては，買収防衛策の発動にあたって買収者に金員の交付を行うことはかえって防衛策の発動を誘発し，防衛策本来の機能（買収にかかる検討時間・情報・交渉機会の確保）を失わせること，現経営陣が株主総会に買収の是非を委ねることは自己の責任を回避するものであることなどを挙げ，これに批判的である。

◁ Step Ahead

（2）新株予約権発行無効の訴え

[**3-5-39**]　　新株予約権の発行についても，募集株式の発行等の無効の訴えと同様の制度（**3-5-22**）が，新株予約権発行無効の訴えとして設けられている（828条1項4号・2項4号）。会社の株主等（同条2項1号）または新株予約権者は，新株予約権発行の効力発生日から6か月以内（非公開会社の場合は1年以内）に，当該会社を被告として，新株予約権発行無効の訴えを提起することができる。無効事由については，やはり会社法上規定がなく，解釈に委ねられているが，募集株式の発行等の場合と同様の議論がほぼあてはまる。発行無効の確定判決には対世効（838条）が認められるのも，その効力が将来に向かって生ずるのみであるのも（遡及効の否定。839条），同様である。

(3) 関係者の民事責任

[**3-5-40**]　　取締役または執行役と通謀して著しく不公正な払込金額で募集新株予約権を引き受けた場合で当該新株予約権を行使した新株予約権者は，会社に対し公正な払込金額との差額に相当する金銭を支払う義務を負い，また給付した現物出資財産の価額が定められた価額に著しく不足する場合も，会社に対し当該不足額を支払う義務を負う（285条）。出資の履行を仮装した新株予約権者も，会社に対し，仮装した払込金額等の全額の支払（現物出資の場合は全部の給付）義務を負う（286条の2）。現物出資財産の価額が定められた価額に著しく不足する場合に，現物出資に関与した取締役または執行役は不足額の支払義務を負う（286条）。これらの責任も募集株式の発行等の場合と同様である。

７ 新株予約権付社債

(1) 新株予約権付社債の発行

[**3-5-41**]　　新株予約権付社債とは，社債（**3-5-43**）に新株予約権が付されたものであり，かつ両者を分離して譲渡または質入れすることができないものをいう（2条22号）。新株予約権付社債には，転換社債型（新株予約権の行使によって社債が消滅するもの。社債の償還に換えて株金の払込みに充当される。）と，非分離型（新株予約権の行使によっても社債が消滅しないもの）の2つの類型がある（このほか分離型として，新株予約権と普通社債が同時発行される場合があるが，これは新株予約権付社債ではない）。新株予約権付社債の社債権者は，社債の安定性と株式の投機性の双方の特質を享受することができる（このように株式の取得と関連づけられた債券をエクイティ・リンク債という）。

　新株予約権付社債の発行は，募集新株予約権の発行手続（**3-5-30**）により，募集社債に関する規定（676条〜680条）は適用されない（248条）。なお新株予約権付社債に付される新株予約権の数は，社債の金額ごとに均等に定めなければならない（236条2項）。

(2) 新株予約権付社債の譲渡等

[**3-5-42**]　　新株予約権付社債の譲渡または質入れの方法も，新株予約権の場合と原則として同じであるが，新株予約権または社債の一方のみを独立して譲渡または質入れすることはできない（254条2項・3項）。ただし，一方が消滅した場合

は他方のみを譲渡または質入れすることができる（同条２項但書・３項但書）。

§4 ── 社　債

◼ 社債の意義

[3-5-43]　　社債とは，一般に多数に分割された公衆に対する会社の債務であって，有価証券（債券）が発行されるものをいうが，会社法上の定義としては，会社法の規定に基づき発生・償還がなされる，会社を債務者とする金銭債権であるとされるのみである（676条）。社債の性質は，一般大衆からの，多額かつ長期の資金調達手段であり，集団性・大量性（資本市場を通じた大量発行），対公衆性（一般大衆を対象），流動性（有価証券化。さらに現在では振替制度の採用によりペーパーレス化がなされている）をその特徴として挙げることができる。なお，社債について利息制限法の適用を否定した判例がある（最判令３・１・26民集75・１・１）。

　社債について，会社法は，２つの観点から規制を設けている。第一に，社債の流通を促進するために，振替制度を設けてその流動性を確保している点であり，第二に社債の集団性より多数の社債権者の存在が予定されていることから，それら社債権者を保護するために社債管理者（**3-5-53**）や社債権者集会（**3-5-55**）の制度を設けている点である。

[3-5-44]　Step Ahead ▷　社債の定義

　社債の定義規定は会社法で初めて設けられたが，これは法律関係の明確化のためであると説明されている。また，これにより株式会社以外の会社（持分会社および特例有限会社）も社債の発行が可能とされた。ただし，外国会社（２条２号）は会社法上の会社（２条１号）ではないから，外国会社の発行する社債（サムライ債など）は会社法上の社債ではない。これはある意味社債の定義の厳格化であるともいいうる。発行通貨と市場通貨が異なって発行される債券をユーロ債という（たとえば日本企業が海外市場において円建てで発行した債券をユーロ円債という）が，たとえば上記のサムライ債（日本国内で海外の発行体により発行される円建ての債券）やショウグン債（日本国内で海外の発行体により発行されるドル建ての債券）には会社法の適用がないこととなる。会社法の適用の有無で大きく異なるのは，会社法上の社債は原則として社債管理者の設置が義務づけられ，財務代理人（Fiscal Agent）

を置くだけのいわゆるFA債は認められない点である。なお，社債管理者を置かなくてよい場合，会社法上の代理人として社債管理補助者（**3-5-54**）を置くことが可能である。

[**3-5-45**] Step Ahead▷ 株式と社債の異同と両者の接近化傾向

① 株式と社債の異同 　社債も株式も，市場を通じた一般公衆からの長期かつ多額の資金調達方法である点，大量（多数の割合的単位の形式で）かつ機動的に発行がなされる点，流動性向上のために有価証券化・ペーパーレス化がなされている点において共通するが，さまざまな点においてその性質は異なっている。

　すなわち，⑦株式は会社に対する出資（equity）であって，自己資本に組み込まれるのに対し（したがって会社は返済義務を負わない），社債は会社の債務（debt）であり他人資本である（会社は返済義務を負う）。返済の義務を負わない自己資本は会社にとって安定した資金源であり，したがって自己資本比率（総資本に対する自己資本の比率）が高いほど，その会社の財務は健全であるといえる。

④株主は，剰余金の配当を受けることができるが（**3-6-17**），これは会社に利益が生じた（分配可能額が存在する）場合に限られ，しかも配当金額は不確定である。これに対して社債権者は会社の収益状況に関係なく，約定に基づき社債が償還されるまで一定の金額を利息として受け取ることができる（ただし，債務不履行（デフォルト）となるリスクはある）。

⑦投下資本の回収方法につき，株式はその払戻しが禁止されており（自己株式の取得（**3-4-53**以下）については財源規制が設けられている），その代わりに譲渡は原則として自由である（**3-4-20**。流通市場で取引されている株式であればその譲渡は容易である。他方で譲渡制限株式（**3-4-23**）の例外がある）。これに対して，社債は，会社に償還義務があり，また期日前に償還されることもある（繰上げ償還）。そして流通市場を持つ社債であれば償還を待つことなく投下資本の回収が可能である。

④会社の経営が破綻し債務不履行（デフォルト）状態になったとき，株主は債権者に劣後し，残余の財産があるときのみ請求権を有する（残余請求権者）。これに対して社債権者は株主に優越し，原則として他の債権者と並んで弁済を受ける。

⑦株主は社員たる地位を有し，株主総会（株式会社の最高（・万能）機関）における議決権のほか各種の監督是正権を有する会社の実質的な所有者である。これに対して社債権者は会社の債権者にすぎず，株主のように会社に対する支配権を有

しない（社債権者保護のために社債権者集会・社債管理者等の制度が設けられてはいる）。

② 株式と社債の接近化　ところが，会社法において種類株式制度（**3-4-10**以下）が整備された結果，その設計の仕方によっては社債と極めて近い性質を持つ株式を発行することも可能となっている。議決権制限株式のなかでも完全無議決権株式であれば，会社に対する支配権を持たず，累積的・非参加的配当優先株であれば，毎期決まった金額の配当を受け，配当額がその額に満たない場合でも翌期に繰り越されることから，配当額が固定化され，その実質が利払いに近くなってくる。取得請求権付株式や取得条項付株式についても，取得対価を金銭とすれば，これは社債の償還と変わりないことになる。

　社債についても，新株予約権付社債（**3-5-41**）は新株予約権を行使することにより株式に転換することができ，潜在的な株式であるといいうる。◁⟨ Step Ahead ⟩

❷ 社債の種類

[**3-5-46**]　社債の種類を構成する要素は会社法上列挙されており（681条各号），当該種類ごとに社債権者集会が組織される（715条）。またこれら要素が同一である場合は，社債の発行時期のいかんを問わず，１つの種類の社債として扱われ（社債の銘柄統合。ロットが大きくなることで流動性が増大するという利点がある。），社債管理者の公平義務（704条１項）が及ぶこととなる。

　社債の種類には，普通社債（SB：Straight Bond）といわれる社債以外には何ら権利が含まれないもののほか，新株予約権付社債（**3-5-41**）のように新株予約権の付されたもの，担保付社債信託法に基づいて発行される物上担保の付された担保付社債がある。上述の振替社債も社債の種類の１つといってよい。なお，振替社債の一種として，短期社債（電子CP・ペーパーレスCPといわれる）がある。企業や金融機関等が短期資金の調達方法として利用するCP（コマーシャルペーパー）は，その法的性質は約束手形であり，証券の発行が義務づけられているが，その流通性の向上のために証券不発行のCPを短期社債として位置づけたものである。

❸ 社債の発行

（1）募集事項の決定

[**3-5-47**]　社債の発行は，募集株式の発行等とは異なって，純然たる資金調達

行為であり，業務執行として行われる。すなわち，会社が社債を発行するためには，募集事項（676条各号）を定めなければならないが，持分会社では業務執行社員（590条）により，株式会社では取締役（348条1項・2項）または取締役会（362条4項5号・399条の13第4項5号）による（指名委員会等設置会社においては執行役への委任が可能であり（416条4項），監査等委員会設置会社においては一定の場合に個別取締役に委任することができる（399条の13第5項・6項））。その際，社債総額を定めたうえで，具体的な発行条件は何回かに分けて決定することも認められている（シリーズ発行）ほか，他の会社と合同で社債を発行すること（合同発行）も可能である。

(2) 引受けの募集・申込み・割当て・払込み

[3-5-48]　　社債の発行方法には，㋐買取（総額）引受け・残額引受け（金融商品取引業者（証券会社等）が社債の総額または残額について包括的に引き受ける方法をいう。社債発行会社は調達予定額を確実に取得し，売れ残りリスクを回避することができる。），㋑公募発行（一般公衆から引受けの募集をする方法であり，社債発行会社が直接募集事務を行う直接募集と，金融商品取引業者（証券会社等）にこれを委託する委託募集（間接募集）がある。委託募集については残額引受けがなされることが多い），㋒売出発行（社債総額を決めず，一定の売出期間内に一般公衆に対して個別的に社債を売出し，その期間内に応募があった金額を社債総額とする方法），がある。

　　社債の発行に際して，総額引受けの場合には具体的な方式を問わないが（679条），他の発行方法の場合には，まず社債発行会社が引受けの募集をしたうえで，申込者に対して募集事項を通知し，割当てをすることで申込者は社債権者となる（680条）。社債権者は払込期日（676条10号）までに払込金額（同条9号）を払い込まなければならないが，分割払いも可能である（会社則162条参照）。公募発行の場合，応募額が予定された社債総額に達しない場合であっても募集を有効とすることができる（打切り発行。676条11号，会社則162条）。

[3-5-49]　[Step Ahead]　社債のリスク管理—社債の格付け

　　社債も投資・金融商品であり，リスク（デフォルト（債務不履行）・リスク）が存在する。すなわち，社債発行会社の財務状況が悪化することにより元利金の支払いが滞るなどして投資家が損害を受けるおそれがある。しかし，個人投資家などが社債発行会社の財務状況をチェックし，社債の安全性を確認することは困難をともなう。格付け（信用格付）とは，発行された債券につき，元利金支払いの確

実性(当該債券の安全性)の程度を格付機関が判断し，それを一定の記号(格付記号。AAAからDまでの各段階に分かれており，一般にBBB以上が投資適格とされ，BB以下は投資不適格（いわゆるジャンク債）に分類される）により，投資家に投資情報として提供するものである（金商2条34号）。

わが国では，信用格付業者(金商2条36号)に対し登録制が導入されており，金融庁によって，格付プロセスの品質と公正性の強化，独立性確保・利益相反回避の強化，情報開示の強化等の公的規制が行われている(金商66条の27以下)。◁ Step Ahead

4 社債の流通

[3-5-50]　社債の流通は株式の場合と同様に，証券（社債券）の発行の有無によって異なる規制を受ける。また社債券が発行される場合，株式と異なり社債には記名社債があることから，さらに記名か無記名かによって扱いが異なる（ただしわが国で発行される社債は，そのほとんどが無記名社債である）。

社債発行会社は，社債原簿を作成して本店に備え置き，社債権者等の閲覧・謄写に供しなければならない（681条〜684条，会社則165条〜167条）。社債原簿管理人に事務を代行させることも可能である（683条）。社債権者の管理は社債原簿に基づいて行われる（685条）。

会社が募集事項において社債券の発行（676条6号）について定めたときは，発行日以後遅滞なく社債券を発行しなければならない（696条）。社債券の記載事項は法定されている（697条）。社債の譲渡（質入れについても同じ）については，記名社債であれば，意思表示と社債券の交付によって行われるが（687条），当該譲渡・質入れを会社に対抗するには社債原簿および社債券上の名義書換が必要となる（688条1項・690条・691条，会社則168条）。無記名社債の譲渡・質入れの場合，会社への対抗要件は社債原簿の名義書換のみとなる。なお第三者に対抗する場合には，いずれの場合も社債券の継続占有が必要である。

社債券が発行されない場合の当該社債の譲渡・質入れは意思表示のみによってその効力を生ずる。会社および第三者への対抗要件は，社債原簿の名義書換である。この場合，質権者には社債原簿への記載請求権が認められる（694条）。

5 社債の利払いと償還

[3-5-51]　社債権者は，約定（676条3号6号）に基づき，定時（通常は年2回）に所定の利息を受ける。社債券が発行されない場合（振替社債）については，口座管理機関から加入者（社債権者）に対して利息が支払われ，また社債券が発行される場合でも記名社債については社債原簿の記載に従って，そこに記載された住所（営業所）において支払いがなされる。無記名社債の場合には，社債券に利札（697条2項）が付されるのが通例であり，社債権者は各利払期において利札と引換えに券面に記載されている金額を受け取ることが出来る。利札は利息支払請求権を表章する独立した有価証券であり，社債券と切り離してこれを流通させることも可能である。なお，利息支払請求権は5年で時効消滅する（701条2項）。

　社債の償還もまた約定（676条4号）に基づき行われ，社債権者は元本の返済を受ける。償還方法には，満期における一括償還のほかに，定時償還（一定の据置期間経過後，定期的に一定額以上の社債を償還（抽選償還）する方法），任意繰上償還（据置期間経過後，未償還の社債の全部または一部を償還する方法）がある。また発行会社は，自己社債の買入れを随時行うこともできる（690条1項1号）。なお，社債の償還請求権は，社債の公衆性・継続性を考慮して，10年で時効消滅する。

　満期前に繰上償還された無記名社債について，その利札が切り離されているときは，利札に表章される利息請求権は無効とならず，その代わりに償還額から利札の券面額が控除されるものとしている（700条）。

6 社債の管理─社債権者の保護

[3-5-52]　社債は集団性・大量性を有し，権利者が多数に上ることが予定されていることから，社債の利払いや償還等が適切に行われるなど，社債権者の権利保護のため，会社法は社債管理者および社債権者集会の2つの制度を設けている（なお社債管理の適正化という点では，社債原簿も同様の機能を果たしているといえる）。

(1) 社債管理者・社債管理補助者

[3-5-53]　社債発行会社は，社債権者保護のため，社債管理者を定め社債の管理を委託しなければならない（702条本文）。ただし，各社債の金額が1億円以上である場合または発行口数が50に満たないときは社債管理者を設置しなくてよい（同条但書，会社則169条）。社債管理者の設置が必要となるのは，多数の一般公衆

に向けて社債が小口で発行される場合であって，大口の社債権者であれば自ら適切に管理を行うことが可能であり，また少人数の者に対してのみ発行される場合には，発行会社とそれらの者との間に特別の関係があると考えられるからである。

社債管理者は，会社法上，銀行または信託会社など債権管理能力を有する者に限定されている（703条，会社則170条）。社債管理者は社債権者に対して公平・誠実義務を負う（704条1項）。また社債管理者は発行会社と社債管理委託契約（委任ないし準委任契約）を締結していることから，発行会社に対して善管注意義務を負うが（民644条），社債権者に対しても会社法上，同様の義務を負う（704条2項）。

社債管理者が複数設置されている場合には，それら社債管理者が共同して権限を行使する（709条）。社債管理者と社債権者との利益が相反する場合には社債権者集会の申立てにより裁判所は特別管理人を選任しなければならない（707条）。社債管理者が社債管理のために支払った費用や受けるべき報酬等については裁判所の許可を得て，社債発行会社の負担とすることができる（741条）。

社債管理者は社債管理のために法定権限および約定権限を有する。法定権限として，社債管理者は，社債権者のために元本の償還・利息の支払い等の弁済を受け，または，債権の実現を保全するために必要な一切の裁判上または裁判外の行為をなす権限を有する（705条1項）ほか，社債管理委託契約に別段の定めがない限り，債権者異議手続において債権者のために意見を述べることができる（740条2項）。また，社債権者集会の決議（724条2項）を必要とするが，㋐支払いの猶予，発行会社の責任の免除または和解，㋑訴訟行為または倒産手続に属する行為（募集事項に反対の定めをすることが可能である。676条8号）をする権限も有している（706条）。以上の権限を行使するために必要があるときは，裁判所の許可を得て，発行会社の業務および財産の状況を調査することができる（705条4項・706条4項）。このほか，社債権者集会に関し，招集権（717条1項），出席・意見陳述権（729条1項）および決議の執行権を有する（737条1項）。社債管理委託契約に基づく約定権限（676条12号，会社則162条4号）として，たとえば財務上の特約（担保提供制限条項，利益維持条項，純資産額維持条項など）の遵守状況の監視権限などがある。

社債管理者は，会社法および社債権者集会の決議に違反する行為により損害が生じた場合，社債権者に対して損害賠償責任を負う（710条1項）。なお，発行会社の財務状況が悪化し，社債の償還および利払いが困難になった場合に，社債管

理者が自己の債権回収を優先させるおそれがあることから，そのような社債権者に対する利益相反状況において，具体的には社債の債務不履行もしくは発行会社の支払停止があった後，またはその前3か月以内に，社債管理者の発行会社に対する債権等について弁済その他の利益相反行為があった場合には，社債管理者は社債権者に対して損害賠償責任を負う（同条2項。ただし同項には社債管理者の免責要件も定められている。名古屋高判平21・5・28判時2073・42〔百選80事件〕参照）。

　社債管理者が辞任できる場合は限定されており（711条），また上述の社債管理者の特別の損害賠償責任は辞任した社債管理者にも及ぶ（712条）。社債管理者の義務違反など，正当な理由があれば，社債発行会社または社債権者集会の申立てにより裁判所は社債管理者を解任できる（713条）。辞任または解任等により社債管理者を欠くとき，社債発行会社は遅滞なく社債権者集会の同意か，裁判所の許可を得て社債管理者を定め，事務を承継させなければならない（714条1項）。

[3-5-54]　　社債管理補助者とは，担保付社債以外の社債が発行される場合で，社債管理者の設置が義務付けられないときに，社債発行会社が任意に設置することができるものをいう（714条の2）。これは社債の管理はあくまで社債権者が各自行うことを前提に，その補助を行うこと目的としたものであり，社債権者の法定代理人という位置づけである（この点同じく任意に設置されるものではあるが，社債発行会社の任意代理人である財務代理人とは異なる）。社債管理補助者となりうる者については社債管理者と同じであるが，弁護士および弁護士法人が加わっている（714条の3，会社則171条の2）。社債管理者と社債管理補助者を同時に設置することはできない（714条の6）。社債管理補助者を複数設置することは認められ，この場合各自が単独でその権限を行使する（714条の5）。

　社債管理補助者も社債管理者と同様法定権限（714条の4第1項）および約定権限（同条2項）を有する。約定権限の一部は社債権者集会の決議によらなければ行使できない（同条3項）。その他，社債管理者に関する規定が準用されている（714条の7）。

(2) 社債権者集会

[3-5-55]　　社債権者集会とは，同一種類の社債権者ごとに組織され（715条），社債権者の利害に関する事項について決議する臨時の合議体である（716条）。株主総会と異なり会社の機関ではなく，社債権者の意思統一を図るため，多数決に

より全社債権者の意思を拘束するものである。そのため多数決が濫用されないよう特に規制が設けられている。

社債権者集会は，必要があるときはいつでもこれを招集することができ，原則として社債発行会社または社債管理者が招集権を有する（717条・719条，会社則172条・173条）。社債総額（自己社債を除く）の10分の1以上を有する社債権者には招集請求権および招集権が与えられている（718条）。招集手続については株主総会に準じたものとなっているが（720〜722条。**3-3-4**以下），無記名社債については公告を要する（720条4項）。

社債権者集会の主な決議事項として，㋐社債の全部についてする支払いの猶予・責任の免除・和解，㋑資本金・準備金の減少または合併等に対する異議（740条1項），㋒元利金支払遅延の場合の期限の利益喪失措置（739条1項），㋓代表社債権者・決議執行者の選任および解任（736条1項・737条1項但書）などがある。社債権者は，その有する社債の金額に応じて議決権を有するが（723条1項），自己社債については議決権が停止される（同条2項）。また無記名社債の社債権者は議決権行使の前に社債券の呈示が必要となる（同条3項）。社債権者集会の決議方法には，㋐普通決議（出席した議決権者の議決権の総額の2分の1を超える議決権を有する者の同意を要する。724条1項）および㋑特別決議（一定の重要事項（社債の全部についてする支払の猶予，代表社債権者の選任など）について決議するときは，議決権者の議決権の総額の5分の1以上で，かつ，出席した議決権者の議決権の総額の3分の2以上の議決権を有する者の同意を要する。同条2項）があるが，いずれも決議をするだけで効力を生ずるわけではなく，裁判所の認可が必要となる（743条）。このように裁判所が後見的に関与することにより少数社債権者の保護が図られている。議決権行使に当たっては代理人の利用（725条），書面投票（726条）・電子投票（727条），不統一行使（729条）が認められている点も株主総会（**3-3-17〜3-3-20**）に類似する（議事録の作成も義務づけられている（731条，会社則177条））。ただし，社債権者集会の特別決議により代表社債権者を選任し，これに社債権者集会の決議権限を委任することが認められている（736条1項）。

決議の執行は，社債管理者または社債管理者がないときには代表社債権者によりなされるが，これらとは別に決議執行者を選任することも可能である（737条）。

§1 ── 総　論

[3-6-1]　　株式会社を効率的・合理的に運営していくためには，計算の明確化と正確な会計処理が不可欠であるが，合理的な経営者であれば当然にそうした会計処理をするため，あえて法により強制する必要がないともいえる。しかし，会社法は，株式会社の計算に関する詳細な規定を設けている（431条〜465条）。株式会社の計算を会社法が規制する理由は，①株主と会社債権者への情報提供，②剰余金分配の規制の2つである。

　①は，**所有と経営の制度的分離**を前提に，会社の状況（経営成績・財政状態）についての情報を株主に提供し，会社財産だけが引当てである会社債権者にも情報を提供することが目的である。ひとたび経営者による不正・不当な経営がなされた場合には，計算書類にその証拠が現れることが多いので，計算書類は株主が経営者に対して監督・是正手段を行使する際の重要な資料となる。

　②は，**株主と会社債権者との利害調整**のため剰余金配当等の剰余金分配を規制することが目的である。正しい計算処理を行い，剰余金の配当ができる額を明確にする必要がある。

§2 ── 会計原則と会計帳簿

(1) 会計原則

[3-6-2]　　株式会社の会計は，一般に公正妥当と認められる企業会計の慣行に従うものと定められている（431条）。この規定は，実務上公正な会計慣行がある以上，それに従うことが会社法上も要請されることを示す。とりわけ，企業会計審議会が定めた企業会計原則は，企業会計実務の中で慣習として発達したものの

中から一般に公正妥当と認められるものを要約したものであるが，これに限られるわけではない（最判平20・7・18刑集62・7・2101〔百選72事件〕）。

　複数の会計処理があり，それが公正な会計慣行に反しない限り，会社はいずれかを選択できるが，会計処理の変更が**粉飾決算**を意図する場合，あるいは，会社の見積損益の公正な判断を妨げるおそれがある場合には，そうした選択は認められない（大阪地判平18・2・23金判1242・19）

(2) 会計帳簿の作成・保存義務

[3-6-3]　　　株式会社は，法務省令で定めるところにより，適時に，正確な会計帳簿を作成しなければならず（432条1項），会計帳簿の閉鎖の時から10年間，その会計帳簿およびその事業に関する重要な資料を保存しなければならない（同条2項）。**会計帳簿**とは日記帳，仕訳帳，元帳等のことであり，ここで作成された会計帳簿に基づいて計算書類およびその附属明細書が作成される（会社計算59条3項）。

(3) 株主の会計帳簿の閲覧請求権

[3-6-4]　　　会社法は出資者である株主に対する情報提供を義務づけているが，これだけでは株主の権利保護が不十分であるとし，少数株主権として会社の会計帳簿を閲覧・謄写（以下，「閲覧」とする）する権利を認めた。

　総株主の議決権の100分の3以上の議決権を有する株主または発行済株式（自己株式を除く）の100分の3以上の数の株式を有する株主は，会社の営業時間内は，いつでも，会計帳簿またはこれに関する資料の閲覧を請求することができる（433条1項前段）（横浜地判平3・4・19判時1397・114〔百選A32事件〕）。その場合，請求理由を明らかにしなければならない（同項後段）（最判平2・11・8判時1372・131）。請求理由は，具体的に記載する必要があるが，閲覧請求の要件として，その記載された請求理由を基礎づける事実が客観的に存在することの立証までは必要ない（最判平16・7・1民集58・5・1214〔百選73事件〕）。

　閲覧請求があった場合でも，濫用防止のため，会社は，次のいずれかに該当すると認められる場合には，拒絶することが認められる（433条2項）。

　①請求する株主（「請求者」）がその権利の確保または行使に関する調査以外の目的で請求を行ったとき。②請求者が会社の業務執行を妨げ，株主の共同の利益を害する目的で請求を行ったとき。③請求者が会社の業務執行と実質的に競争関係にある事業を営み，またはこれに従事するものであるとき。④請求者が会計帳

簿またはこれに関する資料の閲覧・謄写により知り得た事実を利益を得て第三者に通報するために請求したとき。⑤請求者が，過去２年以内において，会計帳簿またはこれに関する資料の閲覧・謄写により知り得た事実を利益を得て第三者に通報したことがあるとき。

　また，会社の親会社社員も，その権利を行使するため必要があるときは，裁判所の許可を得て，会計帳簿・資料の閲覧・謄写請求をすることができる（433条３項）。

§3——計算書類

（1）意　義
[3-6-5]　　株式会社は，定款所定の決算期（日本では１年決算で３月を決算期とする会社が多い）ごとに，その事業年度に関する①計算書類（貸借対照表・損益計算書・その他会社の財産および損益の状況を示すために必要かつ適当なものとして法務省令で定めるもの（株主資本等変動計算書と個別注記表（会社計算59条）），②事業報告，③附属明細書を作成し，監査役の監査（会社によっては監査役会と会計監査人の監査）を受け，これを取締役会で承認した上で，計算書類と事業報告を定時株主総会に提出し，事業報告についてはその内容を報告し，計算書類については株主総会の承認を受けなければならないのが原則である。

（2）作成と保存
[3-6-6]　　株式会社は，法務省令で定めるところにより，その成立の日における貸借対照表と，各事業年度にかかる計算書類・事業報告・附属明細書を作成しなければならない（435条１項・２項）。これらは，書面だけではなく電磁的記録による作成も可能である（同条３項）。

　計算書類を作成した時から10年間，当該計算書類とその附属明細書を保存しなければならない（435条４項）

（3）内　容
①　貸借対照表
[3-6-7]　　資産の部・負債の部・純資産の部を記載し，決算期における会社の財産の構成について概括的に明らかにしたものである。これにより，会社資産の内容や資産の調達方法などが明らかになる。

② 損益計算書　当該営業年度に発生した利益または損失の発生原因を明らかにした上で，その年度における業績を明らかにしたものである。貸借対照表だけでは利益や損失の額が分かっても，その発生原因やプロセスは分からない。損益計算書ではそれらが明らかになる。

③ 事業報告　当該営業年度の株式会社の現況を明らかにしたものであり，事業内容・営業所・工場・株式の状況・従業員の状況等が記載される。①や②とは異なり，数字や表よりも文章で会社の状況・事業の経過/成果について説明するものである。

④ 附属明細書　貸借対照表・損益計算書・事業報告の記載を補足して説明する文書で，取締役や監査役の利害関係，子会社との取引の明細等が記載される。

(4) 監　査

[3-6-8]　会社法は，計算書類等の監査手続につき，会計監査人を設置する会社か否か，さらに，会計監査人を置かない会社については，監査役を設置する会社か否かに分け規定している。

① 会計監査人設置会社　会計監査人設置会社においては，法務省令で定めるところにより（会社計算121条以下），計算書類・附属明細書は，監査役および会計監査人の監査を，事業報告・附属明細は，監査役の監査を受けなければならない（436条2項）。なお，監査役となっているのは，監査等委員会設置会社では監査等委員会，指名委員会等設置会社では監査委員会となる。

② 監査役設置会社　監査役設置会社（監査役の監査の範囲を会計事項に限定する定款の定めのある会社を含み，会計監査人設置会社を除く）においては，計算書類・事業報告・附属明細書については，法務省令で定めるところにより（会社計算121条以下），監査役の監査を受けなければならない（436条1項）。

③ 取締役会設置会社　取締役会設置会社においては，計算書類・事業報告・附属明細書について，監査を要するものは監査を受けたものについて，取締役会の承認を受けなければならない（436条3項）。取締役会設置会社においては，監査役・監査等委員会・監査委員会・会計監査人の監査が取締役会の承認に先行する。

(5) 開示・承認・公告

① 開　示

[3-6-9]　取締役会設置会社においては，取締役会の承認を経た計算書類・事

業報告（＋監査報告・会計監査報告）は，法務省令で定めるところにより（会社計算133条），定時株主総会の招集通知に際して株主に提供する（直接開示，437条）。そして，上場企業等では，当該計算書類・事業報告に記載された事項につき，電子提供措置をとらなければならない（325条の3第1項第5号）。

附属明細書は，招集通知時に提供する必要はないが，計算書類・事業報告（＋監査報告・会計監査報告）とともに，定時株主総会の日の原則として2週間前から，本店に5年間，写しを支店に3年間備え置き，株主・会社債権者・親会社社員の閲覧・謄写に供する（間接開示，442条）。

② 承 認　取締役は，監査を受けた計算書類・事業報告を定時株主総会に提出して，事業報告についてはその内容を報告し，計算書類については株主総会の承認を受ける（438条1項～3項）。この承認は，計算が正当であることを承認する株主総会の決議である。

ただし，会計監査人・監査役会設置会社では，計算書類について，会計監査人の無限定適正意見があり，これを不相当とする監査役会の意見と監査役の意見の付記がないときは，株主総会の承認を求める必要はなく，それらの内容の報告をすれば足りる（439条，会社計算135条）。

③ 公 告　定時株主総会の終結後遅滞なく，貸借対照表（大会社では貸借対照表と損益計算書）を公告しなければならない（440条1項，会社計算136条・148条）。公告方法が官報または日刊新聞紙である会社の場合は，その要旨を公告することで足りる（440条2項，会社計算137～146条・148条）。金融商品取引法上の有価証券報告書提出会社は，この公告は免除される（440条4項）。金融商品取引法のディスクロージャーにより代替させる趣旨である（**3-5-1**）。

(6) 連結計算書類

[**3-6-10**]　日本では，かつては会社単体の計算書類の作成のみが行われていたが，会社の属する企業グループの財産・損益状況は，株主等にとり重要な情報である。そこで，平成14年改正において，連結計算書類制度が導入された。連結計算書類とは，会計監査人設置会社およびその子会社からなる**企業グループ**の財産・損益の状況を示すために必要かつ適当なものとして法務省令で定めるものである（444条1項）。

連結計算書類は，法務省令で定めるところにより，監査役・監査役会（監査等

委員会設置会社では監査等委員会，指名委員会等設置会社では監査委員会）および会計監査人の監査を受けた上で，取締役会で承認し，定時株主総会の招集通知時に株主に提供した上で，総会に提出し，その内容と監査の結果を報告する（444条4項〜7項・416条4項13号，会社計算121条以下）。

§4——資本金と準備金

(1) 意　義

[3-6-11]　　資本金は，会社債権者の保護，あるいは，株主と会社債権者との利害調整のために設けられた制度である。株式会社における株主は間接有限責任を負うにすぎないため，会社債権者としては，債権回収をするためにあてにできるのは会社資産しか存在しない。このため，会社資産を一定の基準の下に確保する必要がある。そこで，会社法は，資本金という一定額を基準とし，さらに，準備金という制度を設け，原則としてこれらの数字を超える額を「分配可能額」として算出し，この額を限度として株主への配当等による会社財産の払戻しを認める。それゆえ，資本金と準備金の制度は，剰余金分配規制との関係で意義がある制度である。なお，資本金や準備金の増加・減少といっても，貸借対照表上の資本金や準備金の額が増加・減少することを意味し，必ずしも，現実の会社財産の増減を意味するものではない。

(2) 算　定

① 資本金

[3-6-12]　　資本金の額は，原則，株式の実際の払込額（現物出資の場合は給付額）の総額であるが（445条1項），株式発行の際にその2分の1までの額（払込剰余金）を，資本金としないことが認められ（同条2項），その場合にはそれを資本準備金としなければならない（同条3項）。

② 準備金　　準備金には**資本準備金**と**利益準備金**とがある。これらは法定準備金とも呼ばれる。剰余金を配当する場合，法務省令で定めるところにより，準備金の合計額が資本金の額の4分の1に達するまで，配当により減少する剰余金の額の10分の1を資本準備金または利益準備金として積み立てなければならない（445条4項，会社計算22条）。

③　公　示　　資本金・準備金の額は，登記と貸借対照表により公示・公開されるが，定款には記載されない（911条3項5号）。これは，株式会社では授権資本制度が導入されており，取締役が定款所定の発行可能株式総数の範囲内で，新株を発行し資本金を増加できるようになっているからである（**3-5-5**）。

④　剰余金　　剰余金の配当を適法に行うためには，その前提として剰余金の額を適正に算定しなければならず，会社法は剰余金額の算定方法が詳細に定めている。

　　会社法446条1号は，剰余金額の算定方法を以下のように定める。最終事業年度の末日（決算期末）における貸借対照表に記された数字を基礎に，㋐資産の額に㋑自己株式の帳簿価額の合計額を加え，㋐・㋑の合計額から，㋒負債の額，㋓資本金・法定準備金の額の合計，㋔法務省令（会社計算150条）で定める各勘定科目に計上した額の合計額，以上の合計額を差し引いた残りの額を剰余金として算定する。

(3) 減少と増加

① 資本金・準備金の減少

[3-6-13]　　**資本金の減少**と**準備金の減少**は，原則として，株主総会決議と会社債権者異議手続が必要である。株主総会の特別決議が必要なのは会社の基礎的変更であるためであり，債権者異議手続が必要なのは，資本金・準備金は会社の責任財産の基準となる数字であり，会社債権者の利益に重大な影響を与えるからである（大阪高判平29・4・27判タ1446・142）。

(i)　株主総会決議

[3-6-14]　　資本金の減少をする場合，株主総会決議により，㋐減少する資本金の額，㋑減少する資本金の額の全部または一部を準備金とするときはその旨および準備金とする額，㋒資本金の額の減少の効力発生日を定めなければならない（447条1項）。準備金の減少も，資本金の額の減少の場合とほぼ同様であり，株主総会決議（普通決議）により，㋐減少する準備金の額，㋑減少する準備金の額の全部または一部を資本金とするときはその旨および資本金とする額，㋒準備金の額の減少の効力発生日を定めなければならない（448条1項）。

(ii)　会社債権者異議手続

[3-6-15]　　資本金または準備金を減少する場合（減少する準備金の額の全部を資本金として組み入れる場合を除く）には，会社債権者は，資本金・準備金の減少に

ついて異議を述べることができるが，準備金の額のみを減少する場合であって，㋐定時株主総会において準備金減少に関する事項を定める場合で，かつ，㋑減少する準備金の額がこれを定める定時株主総会の日における欠損の額として法務省令で定める方法により算定される額を超えない場合には，異議を述べることはできない（449条1項）。

債権者が異議を述べることができる場合には，会社は，㋐資本金等の額の減少の内容，㋑会社の計算書類に関する事項として法務省令で定めるもの（会社計算152条），㋒債権者が一定の期間内（1か月以上）に異議を述べることができる旨を，官報に公告し，かつ，知れている債権者には各別にこれを催告しなければならない（449条2項）。ただし，会社が公告を，官報に加えて日刊新聞紙または電子公告によりするときは各別の催告は不要である（同条3項）。

債権者が期間内に異議を述べなかったときは，その債権者は，資本金等の額の減少について承認をしたものとみなされる（449条4項）。他方で，債権者が期間内に異議を述べたときは，会社は，その債権者に対し，㋐弁済し，㋑相当の担保を提供し，㋒その債権者に弁済を受けさせることを目的とする信託会社等に相当の財産の信託のいずれかをしなければならないが，資本金等の額の減少をしてもその債権者を害するおそれがない場合は不要である（同条5項）。

資本金等の額の減少はその効力発生日に（447条1項3号所定の日）に効力が生じ，準備金の額の減少はその効力発生日（448条1項3号所定の日）にそれぞれ効力が生じるが，会社債権者異議手続が終了していないときは，終了した時点が効力発生日となる（449条6項）。会社は，株主総会等で定めた効力発生日までは，いつでも効力発生日を変更できる（同条7項）。

(iii)　資本金減少無効の訴え

[3-6-16]　　資本金額の減少の手続に瑕疵がある場合には，資本金額減少の無効の訴えにより争うことになる（828条1項5号）。提訴権者は株主等，破産管財人または不承認の債権者である（同条2項5号）。無効判決には対世的効力はあるが（838条），遡及効は否定される（839条）。これは，債権者には不利益であるが，遡及効を認めると会社内部に混乱が生じ，株式取引の安全が害されるおそれがあることへの配慮である。

②　資本金・準備金の増加　　株主総会決議（普通決議）により，剰余金を減少

して，資本金・準備金に組み入れることができる。この場合，株主総会決議では，①減少する剰余金の額，②資本金または準備金の増加の効力発生日を定める（450条1項2項・451条1項2項）。剰余金をマイナスにすることはできない（450条3項・451条3項）。

§5 ——剰余金の配当

(1) 意 義

[3-6-17]　株式会社における利益は，会社が解散する場合，残余財産の分配として出資者である株主に分配されるが，通常，会社は存続期間を定めないで永続的に事業を行うため，定期的に区切って出資者である株主に利益その他の剰余金の配当を行うこと認める必要がある。

　剰余金配当請求権は，出資者である株主にとって最も基本的な権利の1つであるが，定期的に区切ったとき（多くは1年間）にいくらまで剰余金を配当として株主に分配することを認めるかという配当規制の問題は，会社債権者と株主との間の利害調整の問題として，**会社法の会計規整**における中心的テーマである（*1-3-3*参照）。

　会社法は，従来の利益配当に代えて，会社から株主への資産の流出について横断的な財源規制（分配可能額規制・取締役等の期末の欠損塡補責任）を整備することで，会社債権者との関係では，異議手続を経ずに，いつでも期中何回でも，剰余金分配ができるように規整を整備し直した。分配可能額については，原則として，分配時までの実際の剰余金の変動を考慮することとした。配当については，現物（金銭以外）も配当できるようになった。

(2) 手 続

① 株主総会決議

[3-6-18]　剰余金の配当（株主への配当という。自己株式には配当できない（453条））は，原則として株主総会決議（現物配当の場合を除いて普通決議）により，㋐配当財産の種類（その会社の株式・社債・新株予約権は配当できない）および帳簿価額の総額，㋑株主に対する配当財産の割当てに関する事項，㋒剰余金の配当の効力発生日を定めて行う（454条1項）。剰余金の配当について内容の異なる2以上の種類の株式を発行しているときは，各種類の株式の内容に応じて㋑につき定める

（同条2項）。㋑は株主間で平等でなければならない（同条3項）。

② 現物配当　現物配当（金銭以外の財産の配当）も認められるが，その場合，株主総会の決議により，㋐株主に対して金銭分配請求権（現物配当財産に代えて金銭を交付することを会社に対して請求する権利）を与えるときはその旨および金銭分配請求権を行使することができる期間（効力発生日より以前の日でなければならない），㋑一定数未満の数の株式を有する株主に対して配当財産の割当てをしないこととするときはその旨およびその数を定めることができる（454条4項）。現物配当で，かつ，株主に金銭分配請求権を与えない場合には，株主総会決議は特別決議となるが（309条2項10号），それ以外の場合は普通決議でよい。

③ 取締役会決議　剰余金配当の決定は，原則として，株主総会にあるが，例外的に取締役会設置会社においては，次の要件を満たす場合，定款で定めれば，取締役会が剰余金の配当を決定できる（459条1項4号）。㋐会計監査人設置会社であること，㋑取締役（監査等委員会設置会社では監査等委員ではない取締役）に任期の末日が選任後1年以内に終了する事業年度のうち最終のものに関する定時株主総会の終結の日後の日ではないこと，㋒監査等委員会設置会社・指名委員会等設置会社・監査役会設置会社のいずれかであること，㋓最終事業年度にかかる計算書類が法令・定款に従い会社の財産および損益の状況を正しく表示しているものとして法務省令（会社計算155条）で定める要件に該当すること（459条2項），㋔株主に対して金銭分配請求権を認めない現物配当でないことが，その要件である。㋓については，会計監査報告（**3-3-124**）が無限定の適正意見であること，会計監査報告にかかる監査役会または監査委員会の監査報告の内容として会計監査人の監査の方法または結果を相当でないと認める意見がないこと等，を要件としている（会社計算155条）。

　取締役会への権限委譲は，同じ要件の下，次の場合にも認められる（459条1項1号～3号）。㋐特定者からの場合を除く自己株式の有償取得，㋑欠損填補のための準備金減少，㋒財産流出を伴わない剰余金の処分，である。

④ 中間配当　取締役会設置会社は，1事業年度の途中において1回に限り取締役会決議により剰余金の配当（金銭配当に限る）をすることができる（454条5項）。

⑤ 配当の支払

（i）時　期　通常，事業年度の末日（決算日）に決算し，これに基づき利益処

分案を定時株主総会で決議し，配当額を決定してきた。会社法は，年に何回も配当することを可能としている。

(ii) 配当金支払請求権　　剰余金配当の効力が生じると，確定額の配当金支払請求権（現物の場合は現物財産交付請求権）が具体的に発生する。この請求権が帰属するのは本来は効力発生日の株主名簿上の株主であるが，会社は通常，定款で決算日を基準日とし，配当はその基準日現在の株主に支払うと定めている。

(iii) 配当の支払　　会社が費用を負担して，株主の株主名簿上の住所または株主が会社に通知した住所で支払う（457条1項）。

(3) 要　件

[3-6-19]　　第一に，会社の純資産額が300万円を下回る場合には配当できない（458条）。第二に，分配可能額を算出し，その限度内でのみ株主への配当およびその他の剰余金分配をすることができる（461条）。第三に，配当をする場合には，法務省令で定めるところにより，準備金の合計額が資本金の額の4分の1に達するまで，配当により減少する剰余金の額の10分の1を資本準備金または利益準備金として積み立てなければならない（445条4項，会社計算22条）。

(4) 剰余金分配規制

[3-6-20]　　会社は，年に何回も配当することを可能であり，決算期末後にかなりの期間を経てから配当を行うことも考えられる。そのため，決算期末後の減資等の変動を考慮に入れて剰余金が算定される（446条）。会社法はさらに分配可能額の制限を課す（461条1項）。会社法は，剰余金の配当のみならず，譲渡制限株式の買取り，自己株式取得，全部取得条項付種類株式の取得など会社財産が株主に払い戻されるケースに対して，広く横断的な財源規制をかけている(同項各号)。

(5) 違法配当

① 効　力

[3-6-21]　　分配可能額の制限に違反して分配可能額がないのに（または分配可能額を超えて）剰余金分配をしたときは，その剰余金分配は無効である。

② 返　還　　会社は株主に対して違法な剰余金分配の返還を請求でき（462条1項），会社債権者は直接株主に対して（債権額を上限に）違法分配額を自分に返還することを請求できる（463条2項）。もっとも，多数の株主から返還させることを実際には困難であるため，会社法は，①業務執行者（業務執行取締役，指名委員

会等設置会社であれば執行役，その他当該業務執行取締役・執行役の行う業務の執行に職務上関与した者として法務省令（会社計算159条）で定める者）および②株主総会や取締役会に剰余金分配議案を提案した取締役等(462条1項各号，会社計算160条・161条)に対して，分配額（交付した金銭等の帳簿価額に相当する金銭）を支払う義務を負わせている（462条1項）。この場合，①②の者は，その職務を行うについて注意を怠らなかったことを証明したときは，462条1項の責任を免れるが（462条2項），①②の者の責任は，総株主の同意によっても免除することはできない（同条3項）。なお，462条1項の責任を履行した取締役等が株主に求償する場合は，悪意の株主に限られる（463条1項）。他方で，会社または会社債権者が株主に対して返還を求める場合には，株主の善意・悪意を問わない。

(6) 自己株式の取得における財源規制

[**3-6-22**]　Step Ahead ＞　株式買取請求権が行使されると会社は自己株式を取得することになり，会社から金銭が流出する。そこで，会社法は，合併等の場合以外の場合で一定の場合には，特別に，会社債権者の保護を図るための制度を新設した。すなわち，法が定める一定の場合または株式併合の場合において株式買取請求権に応じて会社が株式を取得し（116条1項・182条の4第1項），株主に支払った金銭の額が支払日における分配可能額を超えるような場合には，その株式の取得に関する職務を行った業務執行者は，会社に対し，連帯してその超過額を払う義務を負う（464条1項）。この責任は，総株主の同意がなければ免除できない（同条2項）。なお，上場企業における自己株式の取得は珍しいことではなく，たとえば，トヨタ自動車は2015年から2019年まで5年連続で2000億円前後の自己株式の取得を継続的に行っており，2021年は2500億円の自己株式の取得を行った。
＜ Step Ahead

(7) 期末の欠損填補責任

[**3-6-23**]　　分配可能額規制に従っていたにもかかわらず，期末に欠損が生じたような場合には，業務執行者は，会社に対し，連帯してその欠損の額（分配額が上限）を支払う義務を負う（465条1項）。この責任は，総株主の同意がなければ免除できない（同条2項）。

CHAPTER *7* ──企業再編行為

§1 ──総　論

[*3-7-1*]　　会社が事業を拡大しようとするとき，それまでの事業活動によって得た利益などを再投資して，新たに事業を立ち上げる方法によることもできるが，すでに他の会社によって営まれている当該事業を承継することができれば，一挙に事業を拡大することが可能となり便宜である。また，多角化経営で肥大化した組織を事業部門ごとに子会社化したり，不採算部門を他の会社に移転することにより経営をスリム化したりすることや，企業グループ内の複数の子会社が重複した事業を営んでいる場合に，これを1つの子会社に集中させて企業グループ内の事業分野を調整することなども，実務的なニーズは高い。会社法は，このような企業組織の再編成を行うニーズに合わせ，これを実現するための制度を用意している。

　会社法第5編に規定される諸制度(「合併」,「会社分割」,「株式交換・株式移転」,「株式交付」) は，基本的には，上記のような企業組織の再編成に利用される制度である。合併は，複数の会社間で，人的・物的組織を合体させるために用いられ，会社分割は逆に，ある事業等を別の会社に承継させるかたちで切り離すために用いられる。株式交換・株式移転は，完全親子会社関係を創設するための制度であり，株式交付は，自社の株式を対価として他社の株式を取得し，当該他社を(100%ではない) 子会社とするための制度である。他方，企業再編は，事業の譲渡のような債権契約の方法で行うことも可能である。

　このように，企業再編の仕方には各種の選択肢がある上に，同じ企業再編目的を達成するための手法が複数存在する場合もある。いずれの手法によるかは，各制度における手続やコスト，効果の比較において，より合理的な方法を選択することになろう。

本章では，まず，合併，会社分割，株式交換・株式移転および株式交付について説明し，その後に，いわゆるキャッシュ・アウトと事業の譲渡等について説明することとする。また，合併，会社分割，株式交換・株式移転については，手続的にはほぼ共通しており，会社法上も，各行為の手続が横断的に整理されていることから（782条以下），無用な重複を避けるため，基本的には，合併の箇所において詳細に説明し，その他については，適宜，合併における説明を参照する形式をとることとする。

§2——合　併

■1 意　義

[3-7-2]　　合併とは，複数の会社が1つの会社に合体する行為である。合併には，合併により解散し消滅する会社（吸収合併消滅会社）の権利義務の全部を合併後存続する会社（吸収合併存続会社）に包括的に承継させるかたちで統合する「**吸収合併**」（2条27号）と，合併により解散し消滅する2以上の会社（新設合併消滅会社）の権利義務の全部を合併により新たに設立する会社（新設合併設立会社）に包括的に承継させるかたちで統合する「**新設合併**」（2条28号）の2種類がある。新設合併は，当事会社の全部が解散・消滅するため，許認可事業については従来の営業許認可が消滅し，また上場会社については金融商品取引所の上場資格が消滅して，いずれも設立会社について再申請しなければならないうえ，登記にかかる登録免許税も，吸収合併より新設合併の方が高くなることから，実務上は，新設合併よりも吸収合併の方法が好まれる傾向にある。

　株式会社どうしの合併はもちろんのこと，株式会社と持分会社，持分会社どうしの合併も行うことができる。株式会社と持分会社が吸収合併する場合，株式会社と持分会社いずれが存続会社となることも可能である（749条・751条参照）。また，新設合併における設立会社の種類についても制約はなく，持分会社どうしの新設合併において設立会社を株式会社とすること（753条参照）や，株式会社どうしの新設合併において設立会社を持分会社とすること（755条参照）も可能である（以下では，当事会社すべてが株式会社である場合を前提として説明する）。

　合併の効果として，消滅会社の権利義務はすべて存続会社または設立会社に包

図1　吸収合併	図2　新設合併

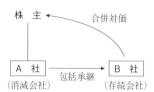

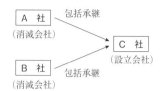

括的に承継される（750条1項・754条1項）。消滅会社は解散し（471条4号），清算手続によるまでもなく消滅する（475条1号カッコ書参照，**3-8-11**）。

❷ 合併の対価

［3-7-3］　新設合併においては，消滅会社の株主には，合併契約の定めに従い，消滅会社の株式に代わる対価として，常に設立会社の株式が交付される（753条1項6号）。新設合併における対価は，ほかに，設立会社の社債，新株予約権，新株予約権付社債を交付することが認められるにすぎない（同項8号）。これに対して，吸収合併においては，消滅会社の株主に対価として，必ずしも存続会社の株式を交付する必要はなく，合併契約の定めに従い，存続会社の社債，新株予約権，新株予約権付社債，またはその他の財産（金銭，存続会社の親会社の株式など）を交付することもできる（749条1項2号，**対価の柔軟化**）。

Step Ahead　存続会社の株式以外を対価とする吸収合併のうち，金銭を対価とする吸収合併は「**交付金合併**（cash-out merger）」と呼ばれ，また，存続会社の親会社の株式を対価とする吸収合併は「**三角合併**」と呼ばれる。交付金合併や三角合併は，消滅会社の株主に対する対価として存続会社の株式が交付されないため，存続会社の株主構成を変えずに合併を行いたい場合に有用である。交付金合併は，キャッシュ・アウトに利用することも可能である（**3-7-65**）。すなわち，少数株主の存在するA社の支配株主Pが，100％出資により完全子会社B社を別に設立し，A社とB社との間で，B社を存続会社，A社を消滅会社とする吸収合併を，交付金合併のかたちで行えば，A社に存在する少数株主を金銭を対価に締め出すことができる。

　三角合併は，Q社が既存のA社を完全子会社とする手段としても利用できる。

Q社が100%出資により完全子会社B
社を設立し、B社とA社との間で、A
社を消滅会社、B社を存続会社とす
る三角合併を行うと、実質的には、Q
社とA社の間で、Q社株式を対価と
する株式交換（**3-7-38**）を行ったのと
同様のかたちになる。三角合併を

図3　三角合併

行う場合、存続会社は、対価としてその親会社の株式を交付する必要があるため、
この場合は、三角合併に使用する株式数の範囲で、親会社の株式を取得すること
が例外的に認められている（800条（135条1項の例外）、**3-4-62**）。Step Ahead

❸ 合併の手続

（1）合併契約の締結

[**3-7-4**]　　一般的には、合併契約締結前に、対象会社に関する予備調査、基本
合意書の作成、対象会社に関する実地調査（デュー・ディリジェンス）という一連
の手順がとられる。デュー・ディリジェンスにより判明した事実を基礎に交渉が
行われ、合併条件を含めて両者間に合意が成立すれば、最終決定として**合併契約**
が締結される（748条）。

Step Ahead　　交渉期間中、対象会社に第三者との交渉を禁じる「独占交渉権条項」を基
本合意書に定める場合があるが、そのような合意も法的に有効と解される。これに
違反して他との交渉を行った場合には、交渉の差止めの仮処分は認められないも
のの、最終的な合意が成立するとの期待の侵害について損害賠償義務が発生する
と解されている（最決平16・8・30民集58・6・1763〔百選94事件〕参照）。Step Ahead

　　吸収合併・新設合併いずれの場合も、株主等の保護のため、合併契約において
定めるべき事項が法定されており（749条1項・753条1項）、合併条件に関する事
項（消滅会社の株主が有する株式1株について交付される対価の種類・内容とその割当て
比率等）や吸収合併の効力発生日などが定められる。

（2）事前開示手続

[**3-7-5**]　　吸収合併契約・新設合併契約が締結されると、各合併当事会社は、
本店に合併契約の内容等を記載または記録した書面または電磁的記録（事前開示

書類）を備え置かなければならない（782条1項1号・794条1項・803条1項1号）。合併契約の内容のほかに開示すべき事項については会社法施行規則に規定があり（会社則182条・191条・204条），合併条件の相当性に関する事項や，相手方当事会社の計算書類等の内容，存続会社・設立会社の債務の履行の見込みに関する事項（**3-7-23** SA 参照）などが開示される。合併当事会社の株主に対して株主総会の合併契約承認決議に賛成するか否か，株式買取請求権や差止請求権を行使するか否かの判断資料を，消滅会社の新株予約権者に対して新株予約権買取請求権を行使するか否かの判断資料を，そして，合併当事会社の債権者に対して債権者異議手続において異議を述べるか否かの判断資料を提供するためである。

　事前開示書類は，吸収合併消滅会社・新設合併消滅会社においては，備置開始日（782条2項・803条2項）から合併の効力発生による会社消滅の日まで（782条1項カッコ書・803条1項カッコ書），吸収合併存続会社においては，備置開始日（794条2項）から，吸収合併の効力発生日後6か月を経過する日まで（794条1項）開示される。吸収合併存続会社において，効力発生日後6か月を経過するまで開示が求められているのは，事前開示書類が，吸収合併無効の訴え（**3-7-16**）における証拠となりうるためである（吸収合併無効の訴えの提訴期間は効力発生日から6か月とされている（828条1項7号））。各当事会社の株主および債権者（新株予約権者を含む）は，会社の営業時間内はいつでも事前開示書類の閲覧を請求し，またはその謄抄本の交付等を請求することができる（782条3項・794条3項・803条3項）。

(3) 株主総会の承認決議

[**3-7-6**]　　合併は会社の基礎的変更にあたるため，原則として，両当事会社において，株主総会の決議により，合併契約について承認を受けなければならない。合併承認決議は，株主総会の特別決議によって行われる（783条1項・795条1項・804条1項・309条2項12号）。ただし，消滅会社が公開会社であり，かつ，消滅会社の株主に対して交付される合併対価が存続会社・設立会社の譲渡制限株式である場合，消滅会社の株主総会においては，定款に譲渡制限規定を新たに定める場合と同様の特殊決議によらなければならない（309条3項2号・3号）。また，種類株主総会の承認も受けなければならない場合（783条3項・795条4項1号・804条3項・322条1項7号）や，総株主の同意が必要な場合（783条2項）もある。

（4）債権者異議手続

[**3-7-7**]　　合併は，消滅会社の権利義務のすべてを存続会社・設立会社が包括的に承継する行為であり，いずれの合併当事会社の債権者にとっても，相手方当事会社の財務状態によっては，合併により債権回収に重大な影響が及ぶ可能性がある。そこで，会社法は，合併の各当事会社の債権者の利益保護のため，**債権者異議手続**を用意している（789条・799条・810条）。

　　各当事会社は，合併の効力発生日までに，合併に異議のある債権者は異議申述期間（1か月以上の期間を定めなければならない）内に異議を申し述べることができる旨を，官報により公告し，また，知れている債権者に対しては各別に催告をしなければならない（789条2項・799条2項・810条2項）。ただし，債権者に対する公告を，官報に加え，公告方法として定款に定めた「時事に関する事項を掲載する日刊新聞紙」または「電子公告」により行うときは，知れている債権者に対する各別の催告は不要となる（789条3項・799条3項・810条3項）。

　　異議申述期間に異議を申し述べなかった債権者は，合併を承認したものとみなされる（789条4項・799条4項・810条4項）。異議申述期間に異議を申し述べた債権者に対しては，各当事会社は，弁済するか，相当の担保を提供するか，または債権者に弁済を受けさせることを目的として信託会社等に相当の財産を信託しなければならない。ただし，合併を実行しても異議を述べた債権者を害するおそれがないときは，この限りでない（789条5項・799条5項・810条5項）。異議を述べた債権者には，合併無効の訴えの提訴資格が与えられ（828条2項7号・8号），これによって，債権者異議手続の実効性が担保されている。

（5）反対株主の株式買取請求権

[**3-7-8**]　　合併は，会社の基礎的な変更であり，合併当事会社の株主の地位に重大な影響を与えうる。そこで，会社法は，当該合併に反対する株主に，会社に対して，自らが保有する株式を「公正な価格」で買い取ることを請求する権利（**株式買取請求権**）を与えている（785条・797条・806条）。

　　株式買取請求権を行使することができる「反対株主」とは，⑦合併のために株主総会の承認を要する場合は，当該株主総会に先立って合併に反対する旨を会社に通知し，かつ実際に株主総会において反対の議決権を行使した株主である。ただし，議決権制限株式（108条1項3号，**3-4-14**）の株主や，当該株主総会の基準

日（124条，**3-4-42**）の後，株主総会の日までに株主となった者など，当該株主総会で議決権を行使できない株主は，自動的に「反対株主」とされる（785条2項1号・797条2項1号・806条2項）。⑦略式合併により，当該合併について株主総会の承認を要しない場合は，特別支配会社（468条1項）を除くすべての株主が「反対株主」とされる（785条2項2号・797条2項2号，**3-7-13**）。簡易合併の存続会社の株主には，原則として株式買取請求権がない（797条1項但書，**3-7-14**）。

　会社は，吸収合併においては効力発生日の20日前までに，新設合併においては合併承認決議の日から2週間以内に，株式買取請求の対象となる株式の株主に対し，合併をする旨を通知し，または公告しなければならない（785条3項4項・797条3項4項・806条3項4項）。株式買取請求権を行使する反対株主は，吸収合併においては効力発生日の20日前から効力発生日の前日までに（785条5項），新設合併においては，806条3項・4項による通知または公告の日から20日以内に（806条5項）これを行使しなければならない。買取価格は，当事者間の協議で決定するが，協議が調わない場合，裁判所に価格決定の申立てをすることができる（786条・798条・807条）。

[**3-7-9**]　Step Ahead　株式買取請求における買取価格は，平成17年改正前商法においては，合併の「承認ノ決議ナカリセバ其ノ有スベカリシ公正ナル価格」とされていたが，平成17年会社法改正で，「**公正な価格**」と改正された。この改正は，合併等の組織再編行為がシナジー（相乗効果）の発生等を通じて企業価値を増加させるときは，反対株主に対して，当該組織再編による企業価値増加の公正な分配分をも保障しようという趣旨であると説明される。したがって，組織再編によって企業価値の増加が生じないときは，組織再編の承認決議がなかったならば当該株式が有していたであろう価格（ナカリセバ価格）が「公正な価格」となる一方，組織再編によってシナジーが発生し，企業価値を増加させるときは，この企業価値増加分を公正に分配した価格（シナジー公正分配価格）が「公正な価格」となるとされる（最決平23・4・19民集65・3・1311〔百選84事件〕，最決平23・4・26判時2120・126，最決平24・2・29民集66・3・1784〔百選85事件〕）。

　相互に特別の資本関係がない独立した会社間において組織再編が行われた場合は，原則として，当事会社自身の判断を尊重し，当事会社が実際に決めた条件がシナジーを公正に分配した条件であったものとして「公正な価格」を算定してよ

いであろう（上記最高裁平成24年決定）。これに対して，親子会社間の組織再編や
MBO（**3-7-64**）など，利害関係ある当事者間のM&A取引については，親会社・
経営者等と少数株主とは利益相反の関係にあり，当事者が決定した条件をただち
に公正な条件とみることはできない。実務上は，このような場合，取引条件の決
定過程において，独立した第三者委員会や専門家の意見を聴くなどの利益相反回
避措置を講じることが多い。こうした公正性担保措置が十分に機能し，一般に公
正と認められる手続によりM&A取引が行われたと評価しうる場合には，当事者
が決定した条件はシナジーを公正に分配した条件であったものとして「公正な価
格」を算定してよいと解される（最決平28・7・1民集70・6・1445〔百選86事件〕（全
部取得条項付種類株式によるキャッシュ・アウトの事例））。しかし，そうでない場合
には，裁判所は独自に「公正な価格」を算定することになる（東京高決平20・9・
12金判1301・28〔百選87事件〕）。

　株式の買取価格については，いつの時点の「公正な価格」をもって買取価格と
するかという算定基準時の問題もある。判例は，組織再編の公表日や承認決議日
を基準時とすると，それ以降に生じた組織再編以外の要因による株価変動リスク
を反対株主は一切負担しないことになり問題であるとし，売買契約が成立したの
と同様の法律関係が生じる時点であり，かつ，株主が退出する意思を明示した時
点である株式買取請求権の行使日を基準時とする（前掲最決平23・4・19〔百選84
事件〕）。 ◁ Step Ahead

(6) 新株予約権者の新株予約権買取請求権

[**3-7-10**]　　消滅会社が発行している新株予約権は，合併の効力発生によって消
滅する（750条4項・754条4項）ため，合併契約においては，当該新株予約権に代
わるものとして新株予約権者に交付する対価の種類・内容とその割当てについて
も定めなければならない（749条1項4号5号・753条1項10号11号）。また，その内
容が新株予約権者の不利になる場合がありうることにかんがみ，新株予約権者に
は，消滅会社に対して，保有する新株予約権を公正な価格で買い取ることを請求
する権利（**新株予約権買取請求権**）が認められている。もっとも，あらかじめ新株
予約権の内容として定められた条件（236条1項8号イ参照）に従って存続会社ま
たは設立会社の新株予約権が交付されるときは，買取請求をすることができない
（787条1項1号・808条1項1号）。

(7) 効力発生と登記

[*3-7-11*]　　　　吸収合併の効力は，吸収合併契約によって定められた効力発生日に発生する（750条1項）。吸収合併の当事会社は，この効力発生日から2週間以内に，その本店所在地において，消滅会社については解散の登記を，存続会社については変更の登記をしなければならない（921条）。

　会社が新設合併を行った場合には，㋐合併承認総会の決議の日，㋑株主・新株予約権者に対する株式・新株予約権買取請求権の通知・公告をした日から20日を経過した日，㋒債権者異議手続が終了した日，㋓当事会社が合意により定めた日のうちのいずれか遅い日から2週間以内に，その本店所在地において，消滅会社については解散の登記を，設立会社については設立の登記をしなければならない（922条）。新設合併の効力は，設立会社の設立登記による成立（49条）によって生じる（754条1項）。

(8) 事後開示手続

[*3-7-12*]　　　　吸収合併存続会社，新設合併設立会社は，合併の効力発生後，遅滞なく，合併により包括承継した消滅会社の権利義務その他合併に関する一定の事項（会社則200条・211条）を記載または記録した書面または電磁的記録（事後開示書類）を作成しなければならない（801条1項・815条1項）。事後開示書類は，合併の効力発生の日から6か月間，当該会社の本店に備え置かれ，株主および債権者（新株予約権者を含む）の閲覧等に供される（801条3項4項・815条3項4項，会社則213条）。事後開示書類は，合併に関する法定手続の遵守と合併の内容を確かめ，必要であれば会社役員等の責任追及の訴え（847条）や合併無効の訴え（828条1項7号・8号）を提起するための資料として利用されうる。

４ 略式合併・簡易合併

(1) 略式合併

[*3-7-13*]　　　　吸収合併の一方当事会社が，他方当事会社の総株主の議決権の10分の9以上を保有する「**特別支配会社**」（468条1項，会社則136条）である場合，他方当事会社の株主総会における決議の成り行きははっきりしており，株主総会を開催する時間と費用をかける意味は乏しい。そこで，存続会社が消滅会社の特別支配会社である場合，消滅会社の株主総会決議は省略することができ，また，消

減会社が存続会社の特別支配会社である場合，存続会社の株主総会決議は省略することができる（784条1項本文・796条1項本文，**略式合併**。例外：784条1項但書・796条1項但書）。

　略式合併においては，被支配会社の株主には株主総会決議において反対する機会がないことから，特別支配会社を除くすべての被支配会社株主に株式買取請求権が認められる（785条2項2号・797条2項2号，**3-7-8**）。

(2) 簡易合併

[**3-7-14**]　消滅会社の株主に交付される合併対価の合計額が存続会社の純資産額（会社則196条参照）の5分の1以下である場合，存続会社において，株主総会の合併承認決議を省略することができる（796条2項，**簡易合併**）。消滅会社の株主に交付される合併対価が相対的に少額で，存続会社の株主の利益に大きな影響はないと考えられるためである（例外：796条2項但書）。

　簡易合併を行う場合も，合併契約締結後，存続会社は，合併の効力発生日の20日前までに，合併を行う旨，消滅会社の商号・住所などを株主に対して通知または公告する（797条3項・4項，**3-7-8**）。一定数（会社則197条参照）の株式を有する株主がこの通知・公告の日から2週間以内に合併に反対の旨を通知した場合には，原則通り，合併承認決議を要する（796条3項）。

　簡易合併の存続会社の株主には，株式買取請求権や合併の差止請求権が認められない（797条1項但書・796条の2但書）。簡易合併が存続会社の株主に及ぼす影響は軽微だからである。

5 合併の瑕疵

(1) 合併の差止め

[**3-7-15**]　合併に瑕疵があった場合に，株主が合併の効力を争う方法としては，合併無効の訴え（**3-7-16**）があるが，合併の効力発生により一度合体した会社を再び分割することには多大な困難を伴う。そこで，会社法は，消滅会社・存続会社の株主に対して，合併の効力が発生する前における，**合併の差止め**の制度を用意している（784条の2・796条の2・805条の2）。

　合併の差止事由は，㋐合併が法令または定款に違反する場合または，㋑略式合併において合併条件が著しく不当である場合で，消滅会社または存続会社の株主

が不利益を受けるおそれがあることである。④が差止事由とされるのは，かりに被支配会社において合併承認決議が行われるのであれば，特別利害関係を有する株主の議決権行使により著しく不当な決議が成立した場合として，決議に取消事由が存在する（831条1項3号）ことを理由に，合併の差止めが認められるはずであるが，略式合併においては，当該決議がないために，これを理由として法令違反に基づく差止めをすることができないためである。簡易合併の存続会社の株主には，差止請求権がない（**3-7-14**）。

(2) 合併無効の訴え

① 意 義

［**3-7-16**］ 　合併の手続や内容に法的な瑕疵がある場合，瑕疵を是正して利害関係人の救済を図る必要性がある。しかし他方，合併には多くの手間と時間を要し，しかも合併が有効であることを前提にさまざまな法律関係が積み重ねられていくことを考えると，合併を無効とすることによって，合併当事会社の利害関係人に広範な影響が及び，法的安定性が害されることにもなりかねない。そこで，瑕疵の是正による利害関係人の救済と法的安定性の確保という2つの異なる要請を調整する観点から，会社法は，合併無効の訴えの制度を用意している。

　合併の無効は，合併の効力発生から6か月以内に**合併無効の訴え**を提起することによってのみ主張することができる（828条1項7号・8号）。合併無効の訴えを提起できるのは，合併の効力発生日に合併当事会社の株主，取締役，監査役，執行役，清算人であった者，もしくは存続会社・設立会社のそれらの者，または，破産管財人，合併を承認しなかった債権者に限られる（同条2項7号・8号）。「合併を承認しなかった債権者」には，債権者異議手続において合併に異議を述べた債権者（**3-7-7**）のほか，異議手続上の通知を欠いたため異議申述の機会を失った債権者も含まれる。

② 合併無効事由

［**3-7-17**］ 　いかなる瑕疵があれば合併が無効となるか（**合併無効事由**）については，解釈に委ねられているが，たとえば，事前開示手続の欠缺や重要開示事項の虚偽記載，合併承認決議の不存在・取消し・無効，債権者異議手続の欠缺などといった重大な手続的瑕疵が無効事由に該当すると解される。多くは，合併の差止事由である「合併の法令違反」と重なるが，ほかに，合併の差止仮処分に違反

したことなども，合併の無効事由となる。

　これに対して，合併条件の不公正が合併無効事由となるかについては，判例
は，当該合併に反対の株主には株式買取請求権の行使による保護が与えられてい
ることを理由として，合併無効事由には当たらないと解している（東京高判平２・
１・31資料版商事77・193〔百選89事件〕（上告棄却：最判平５・10・５資料版商事116・
196））。もっとも，不公正な条件による合併を承認する株主総会決議が，特別利
害関係を有する株主の議決権行使による著しく不当な決議に該当する場合，それ
は承認決議の取消事由となり（831条１項３号），承認決議の欠缺が合併の無効原
因になると解される。この場合の提訴期間は，株主総会決議取消しの訴えの提訴
期間に合わせて，当該合併承認決議後３か月以内に限られると解される。

③　合併無効判決の効力

[3-7-18]　　合併無効判決が確定すると，その効果は訴訟当事者のみならず，第
三者に対しても及ぶ（838条，**対世効**）。判決の効力を拡張することにより画一的
法律関係を確保する趣旨である。また，すでに形成された法律関係を尊重する見
地から，合併無効判決の効果は遡及せず，将来に向かってのみ効力を生じる（839
条，**遡及効の否定**）。すなわち，合併の無効は消滅会社を復活させて権利義務の復
帰的変動をもたらすにとどまる。合併後に新しく負担した債務については合併当
事会社各社が連帯して弁済する責任を負い，合併後に取得した財産は当事会社各
社の共有となる（843条）。

§3──会社分割

❶ 意　義

[3-7-19]　　会社分割とは，ある会社（吸収分割会社・新設分割会社）がその事業
に関して有する権利義務の全部または一部を他の会社に承継させる行為をいう。
会社分割の対象は，分割会社の事業に関して有する「権利義務の全部または一部」
であり，必ずしも「事業」たる実質を有するもの（**2-3-1**）を一体として分割す
ることは要求されない。

　会社分割には，分割会社の権利義務を既存の会社（吸収分割承継会社）が承継す
る**吸収分割**（２条29号）と，会社分割により新たに設立する会社（新設分割設立会社）

図4　吸収分割　　　　　　　　　　　　　図5　新設分割

が承継する**新設分割**（2条30号）とがある。

　会社分割は，経営統合により同じ親会社の傘下となった子会社間で，重複する事業部門を整理する場合や，ある事業部門を独立した別会社（子会社）としたり，あるいは当該事業部門を切り離して，グループ外の他の会社に移転したりする手法等として利用される。複数の会社が分割会社となって行う新設分割（共同新設分割）は，複数の会社が合弁会社を設立する場合などにも活用される。

> Step Ahead　　新設分割において，分割対価として，設立会社の株式が分割会社に対して交付されると，分割会社と設立会社との間には，設立会社を完全子会社とする完全親子会社関係が創設される。なお，ある事業部門を子会社化する方法としては，会社分割によるほかに，現物出資や財産引受などによる子会社の設立という方法もあるが，これらの方法による場合，変態設立事項として裁判所の選任する検査役の調査を受ける必要がある（**3-2-9**）。また，子会社を設立した後に当該事業部門を当該子会社に事業譲渡するという方法も考えられるが，この場合は，債務の移転にかかる債権者の個別の同意等が必要である（**2-3-2・3-7-74**）。これに対し，会社分割は，合併と同様の組織法上の行為であり，これらの煩雑な手続が不要となる。 < Step Ahead

　株式会社と合同会社は分割会社にも承継会社・設立会社にもなれるが，合名会社と合資会社は分割会社になることができない。合名会社・合資会社には，無限責任社員が必ず存在し，会社債権者が会社財産ではなく無限責任社員の個人資産を信頼していることが予想されるところ，会社分割により会社の債務が他の会社に承継されることとなれば，会社債権者に不測の不利益が及ぶ可能性があるからである（以下では，当事会社すべてが株式会社である場合を前提として説明する）。

[**3-7-20**]　　会社分割の効果として，承継会社または設立会社は，吸収分割契約または新設分割計画の定めに従い，分割会社の権利義務を承継する一方（759条1

項・764条1項），分割会社に対して，権利義務の承継に対する対価（分割対価）を交付する。

　新設分割においては，分割会社には，会社分割の対価として，新設分割計画の定めに従い，必ず設立会社の株式が交付されるが（763条1項6号・7号），吸収分割においては，分割対価として，必ずしも承継会社の株式を交付することを要せず，吸収分割契約の定めに従い，金銭等その他の財産を対価として交付することもできる（758条3号・4号，**3-7-3**参照）。

[**3-7-21**]　　平成17年改正前商法においては，会社分割には，分割対価として承継会社・設立会社の株式を分割会社に対して交付する「**物的分割**」と，これを分割会社の株主に対して交付する「**人的分割**」とがあったが，会社法においては，会社分割とは「物的分割」をいうものとされ，「人的分割」については，承継会社・設立会社から分割対価として交付された株式を，分割会社が会社分割の効力発生と同時に，㋐剰余金の配当として株主に交付する場合，あるいは，㋑分割会社の全部取得条項付種類株式の取得対価としてその株主に交付する場合として定められている（758条8号・763条12号）。

❷ 会社分割の手続

（1）吸収分割契約の締結・新設分割計画の作成

[**3-7-22**]　　吸収分割においては，まず，当事会社間で**吸収分割契約**が締結される（757条）。新設分割においては，分割会社は**新設分割計画**を作成する（762条）。吸収分割契約・新設分割計画において定めるべき事項は法定されており（758条・763条），会社分割により他の会社（承継会社または設立会社）に承継される権利義務（資産・債務・雇用契約など）や，分割会社に対して交付される対価に関する事項，吸収分割の効力発生日などが定められる。

（2）事前開示手続

[**3-7-23**]　　吸収分割契約の締結または新設分割計画の作成後，各当事会社は，吸収分割契約・新設分割計画の内容のほか，一定の事項（会社則183条・192条・205条）を記載または記録した書面または電磁的記録（事前開示書類）をその本店に備え置かなければならない（782条1項2号・794条1項・803条1項2号）。事前開示書類は，備置開始日（782条2項・794条2項・803条2項）から会社分割の効力の

発生日後6か月を経過する日まで開示され，各当事会社の株主および債権者（新株予約権者を含む）には閲覧請求権等が認められる（782条3項・794条3項・803条3項，**3-7-5**参照）。

Step Ahead > 平成17年改正前商法は，会社分割における事前開示事項の1つとして，会社分割後に各当事会社が負担する債務の「履行の見込みあることおよびその理由」を要求しており，債務の履行の見込みがないことは，会社分割の無効原因になると解されていたが（名古屋地判平16・10・29判時1881・122），会社法では，事前開示事項は「債務の履行の見込みに関する事項」とされている（会社則183条6号・192条7号・205条7号）。この改正は，会社分割の法的安定を図るため，債務の履行の見込みがないことを会社分割の無効原因とはしないことにしたものであるとする立案担当者の見解もあるが，この変更は，会社法制定前の登記実務が「履行の見込みあること」という規定文言を理由に会社分割の当事会社のうちいずれかが帳簿上債務超過であると分割登記を受理しなかった点を改めさせる必要から行われたものであるとして，債務の履行の見込みがないことは，現行会社法のもとでも，会社分割の無効事由になると解する見解が有力である。 < Step Ahead

（3）株主総会の承認決議

［**3-7-24**］　吸収分割契約・新設分割計画については，原則として，当事会社の株主総会において，特別決議（309条2項12号）による承認を受けなければならない（783条1項・795条1項・804条1項。種類株主総会の承認も必要な場合として，322条1項8号〜10号・795条4項2号）。

（4）債権者異議手続

［**3-7-25**］　吸収分割承継会社は，吸収分割契約の定めに従い分割会社の権利義務を承継することになる。その点で，吸収合併存続会社と類似した立場にあることから，吸収分割における承継会社の債権者は，すべて債権者異議手続の対象とされている（799条1項2号）。

　これに対し，分割会社の債権者につき，債権者異議手続の対象となっているのは，分割後に分割会社に対して債務の履行を請求できなくなる債権者（分割会社の債務を承継会社あるいは設立会社が免責的に承継する場合における，当該債務にかかる債権者）に限られ（789条1項2号・810条1項2号），分割会社の債権者のうち，分割後も分割会社に対し債務の履行を請求できる債権者（分割会社の残存債権者）は，

原則として，債権者保護手続の対象とはならない（ただし，分割会社が，分割対価として受けた株式をその株主に交付する場合（平成17年改正前商法における「人的分割」，**3-7-21**）には，すべての分割会社の債権者について債権者異議手続の対象とされる（789条1項2号カッコ書・810条1項2号カッコ書））。このことは，事業譲渡や重要な財産の処分において債権者異議手続がないこととも整合する。

[**3-7-26**]　Step Ahead　しかし，実質債務超過に陥った会社が，優良事業に関する権利義務のみを承継会社・設立会社に移転して優良事業を継続する一方，分割会社を破綻させ分割会社に残された債務を免れるという，いわゆる**詐害的会社分割**が目立つようになり問題となっていた。このようなケースについて，裁判所は，分割会社の残存債権者による詐害行為取消（民424条）の請求を認める（最判平24・10・12民集66・10・3311〔百選91事件〕）など，分割会社の残存債権者の保護を図ってきた（ほかに，福岡地判平23・2・17判タ1349・177〔法人格否認の法理〕，最判平20・6・10判時2014・150〔会社法22条1項の類推適用〕〔百選A40事件〕など）。また，平成26年会社法改正においては，分割会社が分割会社の残存債権者を害することを知って会社分割をした場合には，残存債権者は，承継会社・設立会社に対して，承継した財産の価額を限度として，当該債務の履行を請求することができることとする立法的手当てもなされている（759条4項・764条4項）。

　他方，不採算事業に係る債務を会社分割によって切り離して承継会社・設立会社に免責的債務引受けをさせるという手法も見られるが，これに対しては，法人格否認の法理（濫用事例）の適用により債権者異議手続の対象であった承継債権者の分割会社に対する請求を認めた例や（東京地判平22・7・22金法1921・117），承継会社に承継された契約から生じた債務に関して，分割会社が吸収分割による契約関係の移転を理由に債務を負わないと主張することは，当該事案においては信義則に反して許されないと述べて承継債権者の保護を図った例がある（最判平29・12・19民集71・10・2592〔百選90事件〕）。

[**3-7-27**]　債権者異議手続の具体的内容は，合併の場合（**3-7-7**）と基本的には同様であるが，知れている債権者に対する各別の催告の省略に関し，「分割会社の不法行為債権者」が債権者異議手続の対象となっている場合，この者に対しては，各別の催告を省略することができない（789条3項カッコ書・810条3項カッコ書）。なぜなら，不法行為債権者に対して公告を見るべきことを要求することは

できないし，不法行為債権者は，契約に基づく債権者のように事前に会社分割に対する自衛策を講じておくこともできないからである。

分割会社の債権者であって各別の催告を受けるべき者が，当該催告を受けなかった場合，当該債権者は，吸収分割契約・新設分割計画の定めによれば債務を負担しないはずの会社に対しても，一定の範囲において，債務の履行を請求することができる（759条2項3項・764条2項3項）。

(5) 反対株主の株式買取請求権

[**3-7-28**]　会社分割も当事会社の株主の地位に重大な影響を与えうることから，会社分割に反対する株主には，株式買取請求権が与えられる（785条・797条・806条，**3-7-8**・**3-7-9**参照）。

(6) 新株予約権者の新株予約権買取請求権

[**3-7-29**]　合併の場合（**3-7-10**）と異なり，分割会社の新株予約権は分割後も存続するため，基本的に新株予約権者に新株予約権買取請求権は与えられていないが，吸収分割契約・新設分割計画において，分割会社の新株予約権に代わる承継会社・設立会社の新株予約権の交付に関する定め（758条5号・6号，763条10号・11号）があるときは，その内容があらかじめ新株予約権の内容として定められた条件（236条1項8号ロ・ハ参照）に合致している場合を除き，新株予約権買取請求権が認められる（787条1項2号・808条1項2号）。

(7) 労働者の保護手続

[**3-7-30**]　Step Ahead ⟩　労働者との雇用契約（**労働契約**）も，吸収分割契約・新設分割計画において承継の対象として定められれば，承継会社・設立会社に承継される。この場合，民法625条1項は適用されず，労働契約の承継につき，労働者本人の承諾を要しない。しかし，会社分割によりある事業が承継会社等に承継される際に，当該事業に従事していた労働者の労働契約が承継会社・設立会社に承継されなかったり，あるいは逆に，当該事業に従事していなかった労働者の労働契約が承継会社・設立会社に承継されたりすることで，労働者に不利益が生じる可能性がある。そこで，会社分割における労働者の保護を目的として，「会社分割に伴う労働契約の承継等に関する法律」が制定されている。同法により，分割会社は会社分割に際して，労働者に対し，各人の労働契約が承継の対象となっているかどうか，また，これに対する異議申出の期限日等を，事前に通知しなけ

ればならない（労働承継２条）。そして，承継される事業に主として従事していたのに自らの労働契約が承継の対象とされなかった労働者，および，承継される事業に従事していなかったのに自らの労働契約が承継の対象とされた労働者は，分割会社に対し異議を述べることができる（同法４条・５条）。承継会社に承継される事業に主として従事する労働者で，承継を予定されている者は，分割会社への残留を希望していても，承継会社に承継されることになるが（同法３条），分割会社には，労働者と協議をすべき義務（平成12年商法等改正法附則５条，「５条協議」），労働者の理解と協力を得る努力義務（労働承継７条）が課されており，特定の労働者との関係において，まったく協議が行われなかったなど「５条協議」義務違反があった場合には，労働契約の承継の効力が否定されうると解されている（最判平22・７・12民集64・５・1333〔百選92事件〕）。◁ Step Ahead

(8) 効力発生と登記

[3-7-31] 吸収分割の効力は，吸収分割契約によって定められた効力発生日に生じ，吸収分割の当事会社は，効力発生日から２週間以内に，その本店の所在地において，会社分割による変更の登記をしなければならない（923条）。会社が新設分割を行った場合，一定期間内に，その本店所在地において，分割会社については変更の登記を，設立会社については設立の登記をしなければならず（924条），新設分割の効力は，設立会社の設立登記による成立（49条）によって生じる（764条１項，**3-7-11**参照）。

(9) 事後開示手続

[3-7-32] 分割会社は，会社分割の効力発生後，遅滞なく，承継会社・設立会社と共同して，会社分割に関する一定の事項（会社則189条・209条）を記載または記録した書面または電磁的記録（事後開示書類）を作成しなければならない（791条１項１号・811条１項１号）。事後開示書類は，会社分割の効力発生の日から６か月間，分割会社および承継会社・設立会社の本店に備え置かれ，株主，債権者その他の利害関係人（労働者等）の閲覧等に供される（791条２項３項・801条３項２号５項・811条２項３項・815条３項２号５項，会社則213条，**3-7-12**参照）。

❸ 略式分割・簡易分割

（1）略式分割

［**3-7-33**］　吸収分割において，一方当事会社が，他方当事者の「特別支配会社」（468条1項）である場合，当該他方当事会社の株主総会における承認決議は省略することができる（784条1項本文・796条1項本文，**略式分割**。例外として796条1項但書）。略式分割においては，特別支配会社を除くすべての被支配会社株主に株式買取請求権が認められる（785条2項2号・797条2項2号，**3-7-13**参照）。

（2）簡易分割

①　承継会社における簡易分割

［**3-7-34**］　吸収分割において，分割会社に対して交付される分割対価の合計額が，承継会社の純資産額（会社則196条参照）の5分の1以下である場合，承継会社において，株主総会の承認決議が不要となる（796条2項）。承継会社が株主に対し株式買取請求に係る通知・公告（797条3項・4項）をした日から2週間以内に一定数の株式を有する株主が当該分割に反対する意思を通知したときは簡易分割を行えないこと（796条3項），簡易分割を行う承継会社の株主には，株式買取請求権（797条1項但書）および会社分割の差止請求権（796条の2但書）が認められないことなどは，簡易合併の場合と同様である（**3-7-14**参照）。

②　分割会社における簡易分割

［**3-7-35**］　吸収合併・新設合併における消滅会社や株式交換・株式移転における完全子会社となる会社においては，ことの性質上，簡易な手続が認められていないが，会社分割においては，分割会社側についても，簡易分割の制度がある。事業譲渡について，簡易事業譲渡が認められるのと同趣旨である（**3-7-75**）。

　吸収分割・新設分割において，承継会社・設立会社に承継させる資産の帳簿価額の合計額が分割会社の総資産額（会社則187条・207条参照）の5分の1以下である場合，分割会社において株主総会決議が不要となる（784条2項・805条）。簡易事業譲渡と同様，上記796条3項のような規制はない。簡易分割を行う分割会社の株主には株式買取請求権（785条1項2号・806条1項2号）および会社分割の差止請求権（784条の2但書・805条の2但書）がない。

4 会社分割の瑕疵

(1) 会社分割の差止め

[3-7-36]　　⑦会社分割が法令または定款に違反する場合または、⑦略式分割において分割条件が著しく不当である場合で、分割会社または承継会社の株主が不利益を受けるおそれがある場合、株主は会社分割の差止めを請求することができる（784条の2・796条の2・805条の2）。ただし、簡易分割の手続による会社の株主には差止請求権がない（784条の2但書・796条の2但書・805条の2但書、**3-7-15**参照）。

(2) 会社分割無効の訴え

[3-7-37]　　会社分割の無効は、会社分割の効力が生じた日から6か月以内に**会社分割無効の訴え**を提起することによってのみ主張することができる（828条1項9号・10号）。会社分割無効の訴えを提起できる者は、合併無効の訴えの提訴権者（**3-7-16**）と同様であるが、会社分割により分割会社は消滅しないため、分割会社の株主等も提訴権者となっている（同条2項9号・10号）。なお、会社分割について「承認をしなかった債権者」とは、会社分割の手続上、会社分割について承認するかどうかを述べることができる債権者であって、会社分割について承認をしなかった者をいうものと解され、債権者異議手続の対象とならない債権者は、会社分割無効の訴えを提起することができない（東京高判平23・1・26金判1363・30）。

　　会社分割の無効事由についても、合併無効の場合と同様であるが（**3-7-17**）、会社分割特有のものとして、労働者との協議義務がまったく履行されないことも無効原因となりうると解されている（**3-7-30**）。会社分割を無効とする判決が確定すると、その判決の効力は第三者に対しても及ぶ点（838条、対世効）、判決の遡及効は否定される点（839条）も、合併無効の訴えと同様である（**3-7-18**）。

§4──株式交換・株式移転

1 意　義

[3-7-38]　　株式交換および株式移転は、ともに、既存の株式会社を完全子会社とする完全親子会社関係を創設するための制度である。**株式交換**は、株式会社

図 6　株式交換

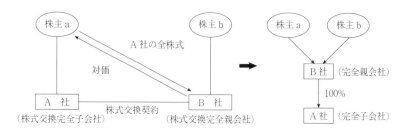

図 7　株式移転

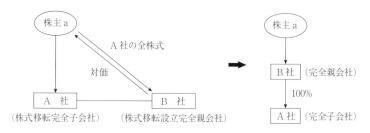

（株式交換完全子会社。A社）がその発行済株式の全部を，既存の他の株式会社または合同会社（株式交換完全親会社。B社）に取得させることをいい（2条31号），これにより，A社は既存のB社の完全子会社となる（以下では，合同会社を完全親会社とする株式交換については説明を割愛する。）。これに対して，**株式移転**は，1または2以上の株式会社（株式移転完全子会社。A社）がその発行済株式の全部を新たに設立する株式会社（株式移転設立完全親会社。B社）に取得させることをいい（同条32号），これにより，A社は新設されたB社の完全子会社となる。合併や会社分割と異なり，株式交換・株式移転は，債権・債務の一般承継を伴わず，もっぱら株主の地位の変動のみが生じる。

[**3-7-39**]　　株式交換・株式移転において，完全子会社となる会社の株主には，取得される株式に代わる対価が交付されるが，株式移転においては対価として設立完全親会社の株式を交付することを要し，その他に，同社の社債等の交付が認められるにすぎない（773条1項5号〜10号）。これに対し，株式交換においては，

対価として完全親会社となる会社の株式を交付することは必ずしも要せず，金銭等その他の財産を対価とすることもできる（768条1項2号，**3-7-3**参照）。株式交換の対価を，完全親会社となる会社の株式ではなく金銭とすれば（交付金株式交換），いわゆるキャッシュ・アウトを行うことも可能である（**3-7-65**）。

2 株式交換・株式移転の手続

(1) 株式交換契約の締結・株式移転計画の作成

[**3-7-40**]　　株式交換においては，まず，当事会社間で**株式交換契約**が締結される（767条）。株式移転においては，当事会社は**株式移転計画**を作成する（772条）。株式交換契約・株式移転計画において定めるべき事項は法定されており（768条・773条），株式交換・株式移転の条件に関する事項や，完全親会社となる会社の組織・体制に関する事項，株式交換においてはその効力発生日などが定められる。

(2) 事前開示手続

[**3-7-41**]　　株式交換契約の締結・株式移転計画の作成後，各当事会社は，株式交換契約・株式移転計画の内容のほか，一定の事項（会社則184条・193条・206条）を記載または記録した書面または電磁的記録（事前開示書類）をその本店に備え置かなければならない（782条1項3号・794条1項・803条1項3号）。事前開示書類は，備置開始日（782条2項・794条2項・803条2項）から株式交換・株式移転の効力の発生日後，6か月を経過する日まで開示され，各当事会社の株主，完全子会社となる会社の新株予約権者および一定の場合における株式交換完全親会社の債権者に，その閲覧請求権等が認められる（782条3項・794条3項・803条3項，**3-7-5**参照）。

(3) 株主総会の承認決議

[**3-7-42**]　　株式交換契約・株式移転計画については，原則として，当事会社の株主総会において，特別決議（309条2項12号）による承認を受けなければならない（783条1項・795条1項・804条1項）。ただし，総株主の同意が必要な場合（783条2項）や，種類株主総会の承認も要求される場合もある（783条3項・795条4項・804条3項・322条1項11号～13号）

(4) 債権者異議手続

[**3-7-43**]　　株式交換・株式移転において，債権者異議手続が必要とされるケー

スは非常に限定的である。それは，株式交換・株式移転が債権者の利益に大きな影響を及ぼすと考えられるケースが限られているからである。

　まず，株式交換・株式移転により完全子会社となる会社においては，単に株主が交代するのみで財産的変動はなく，その債権者に不利益が及ぶことはないことから，基本的には，当該会社の債権者に対して債権者異議手続は用意されていない（例外的に，債権者異議手続の対象となる者として，789条1項3号・810条1項3号）。

　また，株式交換により完全親会社となる会社についても，当該会社の株式が株式交換の対価とされる限りにおいては当該会社の財産状態が悪化することはなく，債権者に不利益は生じないため，やはり債権者保護手続は用意されていない。しかし，株式以外の資産が対価として交付される場合には，当該会社の財産状態が悪化することがありうるため，株式交換の対価が金銭その他の財産である場合の完全親会社の債権者については，債権者異議手続の対象とされている（799条1項3号，会社則198条，**3-7-7**参照）。

(5) 反対株主の株式買取請求権

[3-7-44]　　株式交換・株式移転も当事会社の株主の地位に重大な影響を与えうることから，株式交換・株式移転に反対する株主には，株式買取請求権が与えられる（785条・797条・806条，**3-7-8**・**3-7-9**参照）。

(6) 新株予約権者の新株予約権買取請求権

[3-7-45]　　会社分割の場合（**3-7-29**）と同様，株式交換契約・株式移転計画に新株予約権の取扱いに関する定めがあるときは，その内容があらかじめ新株予約権の内容として定められた条件(236条8号ニ・ホ参照)に合致している場合を除き，株式交換完全子会社・株式移転完全子会社の新株予約権者に，新株予約権買取請求権が認められる（787条1項3号・808条1項3号）。

(7) 効力発生と登記

[3-7-46]　　株式交換の効力は，株式交換契約で定めた効力発生日に生じる（769条1項）。株式交換の対価として株式交換完全親会社の株式が発行される場合には，完全親会社において，発行済株式総数や資本金の額などの登記事項について，変更登記が必要となる（915条1項）。株式移転の場合，一定期間内に，設立完全親会社について設立の登記をしなければならず（925条），株式移転の効力は，設立完全親会社が設立の登記により成立したとき(49条)に生じる(774条1項，

*3-7-11*参照）。

(8) 事後開示手続

[*3-7-47*]　株式交換・株式移転の完全子会社は，株式交換・株式移転の効力が発生した日後，遅滞なく，株式交換・株式移転に関する一定の事項（会社則190条，210条）を記載または記録した書面または電磁的記録（事後開示書類）を完全親会社と共同して作成しなければならない（791条1項2号・811条1項2号）。事後開示書類は，株式交換・株式移転の効力発生の日から6か月間，完全子会社および完全親会社の本店に備え置かれ，株主等の一定の利害関係人の閲覧等に供される（791条2項4項・801条3項3号6項・811条2項4項・815条3項3号6項，*3-7-12*参照）。

❸ 略式株式交換，簡易株式交換

(1) 略式株式交換

[*3-7-48*]　株式交換において，一方当事会社が，他方当事会社の「特別支配会社」（468条1項）である場合，当該他方当事会社の株主総会における承認決議は省略することができる（784条1項・796条1項。例外：784条1項但書・796条1項但書）。略式株式交換においては，特別支配会社を除くすべての被支配会社株主に株式買取請求権が認められる（785条2項2号・797条2項2号，*3-7-13*参照）。

(2) 簡易株式交換

[*3-7-49*]　株式交換において，完全親会社となる会社が完全子会社となる会社の株主に対価として交付する金銭等の価値の合計額が，完全親会社となる会社の純資産額（会社則196条参照）の5分の1を超えない場合，完全親会社となる会社において，株主総会の承認決議が不要となる（796条2項。ただし，796条3項）。簡易株式交換を行う株式交換完全親会社の株主には，株式買取請求権および差止請求権が認められない（797条1項但書・796条の2但書，*3-7-14*参照）。

❹ 株式交換・株式移転の瑕疵

(1) 株式交換・株式移転の差止め

[*3-7-50*]　㋐株式交換・株式移転が法令または定款に違反する場合または，㋑略式株式交換において株式交換の条件が著しく不当である場合で，当事会社の株主が不利益を受けるおそれがある場合，株主は株式交換・株式移転の差止めを請

求することができる（784条の2・796条の2・805条の2。例外：796条の2但書）。

(2) 株式交換・株式移転無効の訴え

[*3-7-51*]　　株式交換・株式移転の無効は，株式交換・株式移転の効力発生の日から6か月以内に**株式交換無効の訴え・株式移転無効の訴え**を提起することによってのみ主張することができる（828条1項11号・12号）。提訴権者は，会社分割無効の訴えの提訴権者と同様である（828条2項11号・12号，*3-7-37*参照）。株式交換・株式移転の無効事由や株式交換・株式移転を無効とする確定判決の効力（対世効，遡及効の否定）については，合併無効の訴えの場合と同様である（*3-7-17・3-7-18*参照）。判決の効力は遡及しないため，株式交換・株式移転に際して株式交換完全親会社・株式移転設立完全親会社（B社）が対価として株式交換完全子会社・株式移転完全子会社（A社）の株主に交付したB社株式は将来に向かって無効となり，株式移転設立完全親会社は解散に準じて清算される（839条）。B社が有していたA社株式は，無効判決の確定時点において当該B社株式にかかる株主である者に対して交付される（844条1項）。

§5 ──株式交付

❶ 意義

[*3-7-52*]　　株式交付とは，B社（株式交付親会社）がA社（株式交付子会社）をその子会社とするために，A社の株主からA社の株式を譲り受け，当該株式の対価としてB社の株式を交付する制度である（会2条32の2号）。この制度は，自社の株式を対価とする企業買収のニーズに応えて，令和元（2019）年会社法改正により創設されたものである（ある会社が自社の株式を対価として他の会社を子会社とする方法としては株式交換があるが，株式交換は完全親子会社関係を創設するための制度であり，完全子会社にすることまでは望まない場合には利用できない。また，買収対象会社の株主にその保有する株式を買収会社に対して現物出資してもらい，当該株主に対して買収会社の株式を発行する方法もあるが，この場合，検査役の調査などの現物出資規制（*3-2-9*）に服するため，時間とコストがかかる）。株式交付は，ある会社（A社）を会社法施行規則3条3項1号に掲げる「子会社」（議決権総数の過半数を所有されるもの）とするためにのみ行うことができ，それ以外の場合には行うことができない。

❷ 株式交付の手続——株式交付親会社における手続

(1) 総　説

[*3-7-53*]　　株式交付は，親子会社関係を創設する制度である点で株式交換と類似する面があり，株式交付親会社がとるべき手続は，株式交換完全親会社に求められる手続と類似する。他方，株式交付は株式交付親会社が株式交付子会社の株主との個別の合意に基づいて株式を譲り受ける形をとっているため（*3-7-58*参照），株式交付子会社は株式交付の当事会社ではなく，株式交換完全子会社におけるような手続はとられない。

(2) 株式交付計画の作成・事前開示

[*3-7-54*]　　株式交付親会社は，**株式交付計画**を作成する（774条の2）。株式交付計画において定めるべき事項は法定されており（774条の3），株式交付に際して譲り受ける株式交付子会社の株式数の下限や，株式交付の対価に関する事項，譲渡の申込期日および効力発生日などが定められる。

　株式交付親会社は，株式交付計画備置開始日（816条の2第2項）から，株式交付の効力発生日後6か月を経過する日まで，本店に事前開示書類を備え置かなければならない（816条の2第1項・976条8号）。開示すべき事項については会社法施行規則に規定がある（会社則213条の2）。

(3) 株主総会の承認決議

[*3-7-55*]　　株式交付親会社は，効力発生日の前日までに，株式交付計画について株主総会の特別決議（309条2項）による承認を得なければならない（816条の3第1項）。

(4) 債権者異議手続

[*3-7-56*]　　株式交付親会社の株式等（会社則213条の7）以外の資産も株式交付の対価として交付される場合には，株式交付親会社は，債権者保護手続を行わなければならない（816条の8第1項，会社則213条の8，*3-7-7*・*3-7-43*参照）。

(5) 反対株主の株式買取請求権

[*3-7-57*]　　株式交付に反対する株式交付親会社株主には，株式買取請求権が与えられる（816条の6・816条の7，*3-7-8*・*3-7-9*参照）。

(6) 株式交付子会社の株主に対する手続

[*3-7-58*]　　株式交付親会社は，株式交付子会社の株主で株式の譲渡しをしよう

とする者に対して，株式交付親会社の商号や株式交付計画の内容等を通知しなければならない（774条の4第1項。金商法に基づく目論見書を交付する場合は，通知は不要）。株式の譲渡しを望む株式交付子会社の株主は，株式交付親会社に対して譲渡しの申込みを行う（同条第2項）。譲渡しの申込みがあった株式数が株式交付計画に定めた下限以上となった場合，株式交付親会社は，申込者の中の誰から何株の株式を譲り受けるかを，譲り受ける株式の合計数が下限を下回らない範囲で決定して（割当ての決定），効力発生日の前日までに，申込者に対して譲受けの通知をする（774条の5）。どのように割当てるかは株式交付親会社が自由に決定できるが，株式交付子会社が有価証券報告書提出会社である場合，株式交付による株式交付子会社株式の取得は公開買付規制に服することから（金商27条の2第1項1号2号参照），株式交付親会社は，各申込者から，申込み株式数に応じて按分比例の方法で株式を譲り受けなければならない（金商27条の13第5項）。譲渡しの申込みがあった株式交付子会社の株式の総数が株式交付計画で定めた下限に満たない場合には，株式交付親会社は遅滞なく申込者に対して株式交付をしない旨を通知しなければならない（774条の10）。

(7) 効力発生と登記

［**3-7-59**］　　株式交付の効力は，株式交付計画で定めた効力発生日に生じる（774条の11）。効力発生日において譲渡人から給付を受けた株式交付子会社の株式の総数が株式交付計画で定めた下限に満たない等の場合には，株式交付の効力は発生せず，株式交付親会社は交付を受けた株式交付子会社の株式を譲渡人に返還しなければならない（774条の11第5項・6項）。株式交付の対価として株式交付親会社の株式が発行される場合には，発行済株式総数や資本金の額について変更登記が必要となる（915条1項）。

(8) 事後開示手続

［**3-7-60**］　　株式交付親会社は，株式交付の効力が発生した日後，遅滞なく，株式交付に関する一定の事項（会社則213条の9）を記載または記録した書面または電磁的記録を作成しなければならず（816条の10第1項），この書面または電磁的記録は，株式交付の効力発生から6か月間，当該会社の本店に備え置かれ，株主および一定の場合における債権者に対し開示される（同条2項・3項）。

❸ 簡易株式交付

[3-7-61]　　　株式交付親会社が株式交付子会社の株式・新株予約権等の譲渡人に対して交付する同社株式の数に一株当たり純資産額を乗じて得た額，および，株式交付親会社が交付する同社の社債その他の財産の帳簿価額の合計額が，株式交付親会社の純資産額の5分の1を超えない場合，株主総会の承認決議が不要となる（816条の4第1項）。この場合，株式交付親会社の株主に株式買取請求権および差止請求権は認められない（816条の6第1項但書・816条の5但書，*3-7-14*参照）。

❹ 株式交付の瑕疵

（1）株式交付の差止め

[3-7-62]　　　株式交付が法令または定款に違反する場合で，株式交付親会社の株主が不利益を受けるおそれがある場合，株式交付親会社の株主は株式交付親会社に対して，株式交付の差止めを請求することができる（816条の5）。株式交付子会社の株式等の譲渡人に差止請求権はない。

（2）株式交付無効の訴え

[3-7-63]　　　株式交付の無効は，株式交付の効力発生から6か月以内に**株式交付無効の訴え**を提起することによってのみ主張することができる（828条1項13号）。提訴権者は，効力発生日における株式交付親会社の株主等（株主，取締役，清算人，監査役，執行役）であった者，株式交付に際して株式交付子会社の株式等を譲渡した者，株式交付親会社の株主等，破産管財人または株式交付について承認をしなかった債権者である（828条2項13号）。株式交付子会社の株式等の譲渡人も提訴権者となっており，株式交付子会社の株式等の譲渡人に関する手続の違法も無効原因となりうる。株式交付特有の無効事由としては，ほかに，効力発生日において株式交付親会社が給付を受けた株式交付子会社の株式の総数が株式交付計画で定めた下限を下回るにもかかわらず手続が中止されないことなどが考えられる。

　株式交付を無効とする確定判決の効力は第三者に対しても及び（838条，対世効），当該判決によって無効とされた株式交付は将来に向かってその効力を失う（839条，遡及効の否定）。株式交付に際して株式交付親会社が株式交付子会社の株式等の譲渡人に対して交付した対価や，株式交付に際して株式交付親会社が給付

を受けた株式交付子会社の株式等の処理については，株式交換の無効の場合と同様である（844条の2第1項，**3-7-51**参照）。

§6 —— キャッシュ・アウト

❶ 意　義

[**3-7-64**]　| Step Ahead ⟩　支配株主が，対価として金銭等を交付して，少数株主が保有するすべての株式を強制的に取得する行為を，**キャッシュ・アウト**（cash-out）という（少数株主の締出し，スクイーズ・アウト（squeeze-out）とも呼ばれる）。

　わが国においては，近年，上場に伴うコストの削減や，中長期的視点からの柔軟な経営の実現等を目的として，親会社が上場子会社を完全子会社化して非上場化する例や，上場会社の経営陣が，MBO（management buyout. 会社の経営陣が，当該会社を買収する行為）により，当該上場会社を非上場化する例も見られるが，上場会社が非上場化する際に，上場廃止という目標からさらに進んで，少数株主の保有株式をすべて親会社（上場子会社の非上場化の場合）や経営者（MBOの場合）が取得して，少数株主の存在しない株式会社とすることを目指す例も少なくない。また，敵対的企業買収において，単にターゲット会社の株式の多数を取得するというのではなく，当該会社を買収会社の完全子会社にすることを企図する例などもある。

　会社を少数株主の存在しない会社とする動機としては，少数株主が存在することによって生じる株主管理コストの削減や，株主総会に関する手続の省略による意思決定の迅速化などが挙げられる。また，上場会社の非上場化の場合，少数株主にとっても，非上場化すれば株式の譲渡性は著しく低下し，換価することが困難になるため，非上場会社の少数株主として会社にとどまるよりも，相応の対価を受け取って会社から退出する方が好ましい面もある。

❷ キャッシュ・アウトの手法

[**3-7-65**]　　キャッシュ・アウトの手法としては，**組織再編行為**を利用する方法（**3-7-3　SA**，**3-7-39**），**全部取得条項付種類株式**を利用する方法（**3-4-16**），**株式併合**を利用する方法（**3-4-70**），特別支配株主の株式等売渡請求による方法（**3-7-**

69）がある。平成26年会社法改正以前において，キャッシュ・アウトは，全部取得条項付種類株式の利用による方法が広く用いられてきたが，平成26年改正後は，株式併合を用いたキャッシュ・アウトが増加している。

[3-7-66] 　いずれの手法によるキャッシュ・アウトにおいても，手続上，株主総会における特別決議が要求され（組織再編・全部取得条項付種類株式・株式併合による場合），あるいは90％以上の株式の保有（特別支配株主による株式等売渡請求）が要求されている。そのため，キャッシュ・アウトは，全株式を取得しようとする者が，少なくとも，株主総会の特別決議を成立させるに足りる株式を保有している会社において行われるのが通例である。

　全株式を取得しようとする者が，これを満たすだけの株式を保有していない場合には，まずは第一段階として，その者が株式公開買付を行って一定割合の株式を取得し，その後に，第二段階として，キャッシュ・アウトを行って，残存株主を相当な対価で退出させることになる（**二段階買収**）。

❸ 少数株主の保護

(1) 少数株主保護の枠組み

[3-7-67] 　平成26年会社法改正では，いずれの手法によるキャッシュ・アウトの場合でも，少数株主が不公正な対価で締め出される不利益を被ることがないよう，キャッシュ・アウトにかかる規定が横断的に整備された。すなわち，組織再編における株主保護規制をモデルとして，他の手法についても**事前開示**および**事後開示**が要求され（171条の2・173条の2・182条の2・182条の6），また，いずれの手法についても，株主には一定の場合に**差止請求**が認められている（171条の3・182条の3，**3-4-15・3-4-70**）。また，対価に不満のある株主のとりうる手段として，組織再編によるキャッシュ・アウトについては**株式買取請求権**の行使（**3-7-8**），全部取得条項付種類株式によるキャッシュ・アウトについては裁判所に対する**取得価格決定の申立て**（172条，**3-4-15**）という方法があるが，平成26年改正により，株式併合によるキャッシュ・アウトについても，**株式買取請求権**が認められた（182条の4，**3-4-70**）。また，株式併合および全部取得条項付種類株式によるキャッシュ・アウトについては，その無効を争うための特別の訴えが存在しないため，その過程で行われる株主総会決議の効力を争う方法によることになる

が，平成26年改正では，キャッシュ・アウトにより締め出された株主も決議取消の訴えを提起できることとされた（831条参照）。なお，これらの少数株主保護の枠組みは，同年改正において創設された特別支配株主の株式等売渡請求制度においても採用されている（**3-7-71**以下）。

(2) 二段階買収における公開買付価格と「公正な価格」

[**3-7-68**] Step Ahead ▷ 　株式買取請求権における「公正な価格」についての解釈（**3-7-9**参照）は，全部取得条項付種類株式や特別支配株主の株式等売渡請求によるキャッシュ・アウトにおける取得価格についても同様にあてはまる。そして，二段階買収（**3-7-66**）が行われる場合，第二段階の締出し取引において株主に交付される対価が，第一段階の公開買付における公開買付価格より低い価格とされることになると，第一段階の公開買付について，いわゆる強圧性の問題が生じ相当でないことから，第二段階の締出し取引において残存株主に支払われるべき「公正な価格」は，原則として，第一段階の公開買付の買付価格を下回ることはないと解される（東京地決平21・3・31判タ1296・118）。実務上は，後に公開買付と同様の条件で締め出すことを明示して公開買付を行う例が多い。◁ Step Ahead

❹ 特別支配株主の株式等売渡請求

(1) 制度の概要

[**3-7-69**] 　従来広く利用されてきた全部取得条項付種類株式によるキャッシュ・アウトは，支配株主が90％以上の株式を保有している場合であっても，常に株主総会の特別決議が必要とされるという煩雑さがあった。そこで，平成26年会社法改正により，90％以上の株式を保有する株主が，株主総会の特別決議なしにキャッシュ・アウトを行うための制度として創設されたのが，特別支配株主の株式等売渡請求制度である。

　株式会社の議決権の10分の9以上を直接または間接に保有する株主（**特別支配株主**）は，会社のその他の少数株主に対して金銭を対価として，その有する株式の全部を売り渡すことを請求することができる（179条1項）。

(2) 売渡請求手続

[**3-7-70**] 　特別支配株主が株式等売渡請求をする場合，まず，㋐売渡株式の対価として交付する金銭の額またはその算定方法，特別支配株主が株式を取得する

日等，売渡請求にかかる事項を決定する（179条の2）。特別支配株主が併せて新株予約権の売渡請求も行う場合には，その旨とその対価に関する事項についても決定する（同条1項4号）。

　次に，⑦特別支配株主は，対象会社に売渡請求を行おうとする旨を通知し，対象会社の承認を受ける（179条の3第1項）。対象会社が取締役会設置会社である場合，この承認は取締役会決議による（同条3項）。対象会社の取締役（取締役会）には，当該売渡請求の承認に際して，売渡株主（少数株主）の利益に配慮し，特別支配株主が定めた売渡条件が適正であるか判断することが期待されている。特別支配株主は当該会社の株式の90％以上を保有しており，決議が成立することは明らかであるため株主総会の承認決議は要求されない（ただし，種類株主総会決議が必要な場合として，322条1項1号の2）。

　⑦対象会社は，売渡請求を承認した場合，売渡株主に対し，取得日の20日前までに売渡請求にかかる事項の通知（振替株式発行会社においては公告（振替161条2項））を行わなければならない（179条の4第1項・2項）。この通知・公告がなされると，特別支配株主から売渡株主への株式等売渡請求がなされたものとみなされる（同条3項）。特別支配株主は，⑦で定めた取得日に，売渡株式等の全部を取得する（179条の9第1項）。

　㋕対象会社は，⑦の売渡請求にかかる事項と会社が承認した旨を記載した書面等を⑦の通知・公告の日から取得日の6か月後（対象会社が非公開会社の場合は1年後）まで会社の本店に備え置く（179条の5，事前開示）。また，㋛対象会社は，特別支配株主による売渡株式の取得がなされた後遅滞なく，特別支配株主が取得した売渡株式の数等を記載した書面等を作成し，取得日から6か月間（対象会社が非公開会社の場合は1年間）会社の本店に備え置かなければならない（179条の10，事後開示）。売渡株主等にはこれら開示書類の閲覧請求権等が認められる（179条の5第2項・179条の10第3項）。特別支配株主による売渡請求の撤回は，対象会社が売渡請求の承認をした後は，取得日までに対象会社の承認を得た場合に限り認められる（179条の6第1項）。

(3) 売渡株主の救済

① 売買価格の決定の申立て

[**3-7-71**]　　売渡株主は，取得日の20日前から取得日の前日までに，裁判所に対

し，**売渡株式等の売買価格の決定の申立て**を行うことができる（179条の8第1項）。売買対価に不満のある売渡株主の救済措置であり，全部取得条項付種類株式の取得価格の決定の申立て（172条，*3-4-15*）と類似の制度である。売渡にかかる通知または公告により株式を売渡すことが確定した後に売渡株式を取得した者は売買価格の決定の申立てをすることができない（最決平29・8・30民集71・6・1000〔百選83事件〕）。

② 売渡株式等の取得の差止め

[*3-7-72*]　⑦株式等売渡請求が法令に違反する場合，①対象会社による通知・公告義務または事前開示手続の違反がある場合，または⑰売渡株主に交付される対価が著しく不当である等の場合であって，売渡株主が不利益を受けるおそれがあるときは，売渡株主は，**売渡株式等の取得の差止め**を請求することができる（179条の7第1項）。

③ 売渡株式等の取得の無効の訴え

[*3-7-73*]　株式等売渡請求にかかる売渡株式等の取得の無効は，取得日から6か月（対象会社が非公開会社の場合は1年）以内に**売渡株式等の取得の無効の訴え**を提起することによってのみ主張することができる（846条の2第1項）。提訴権者は，取得日において売渡株主であった者，取得日に対象会社の取締役・執行役・監査役であった者，または，対象会社のそれらの者もしくは清算人である（同条2項）。被告は特別支配株主であり（846条の3），会社は当事者ではない。

　取得を無効とする確定判決の効力は第三者に対しても及び（846条の7，対世効），当該判決において無効とされた売渡株式等の全部取得は，将来に向かってその効力を失う（846条の8，遡及効の否定）。

§7 ── 事業の譲渡等

■ 事業譲渡および重要な子会社株式の譲渡

（1）事業譲渡の意義

[*3-7-74*]　**事業譲渡**とは，会社がその事業を他に譲渡する取引行為である。事業譲渡は，ある事業部門を切り離して，他の会社に移転する際に利用される。

　事業譲渡は，経済的機能としては，会社分割と類似する面があるが，事業譲渡

は取引行為である点で，組織法上の行為である会社分割とは性質が異なり，事業譲渡においては，たとえば事業を構成する債務や契約上の地位等を移転しようとすれば，個別にその相手方の同意等を要する（**2-3-2**）。

(2) 事業譲渡の手続

[3-7-75]　　会社は，事業の全部または重要な一部を譲渡するときは，**株主総会の特別決議**により，その契約の承認を受けなければならない（467条1項1号2号・309条2項11号）。ただし，会社の事業の一部の譲渡において，譲渡する資産の帳簿価額が当該会社の総資産額（会社則134条参照）の5分の1を超えない場合については，譲渡会社の株主への影響は小さいため規制の対象外とされ，株主総会の特別決議は不要である（467条1項2号カッコ書，**簡易事業譲渡**）。

簡易事業譲渡の場合，および，事業の全部譲渡において株主総会決議と同時に解散の決議（471条3号）がされた場合を除き，反対株主には，**株式買取請求権**が認められる（469条1項，**3-7-8**参照）。

なお，会社法467条1項1号・2号に基づき株主総会の特別決議による承認を受けるべき「事業譲渡」とは，会社法総則（21条以下）所定の「事業の譲渡」（**2-3-1**）と同義であると解されている（最大判昭40・9・22民集19・6・1600〔百選82事件〕）。

事業譲渡の譲受会社が譲渡会社の総株主の議決権の10分の9以上を有する「**特別支配会社**」である場合，譲渡会社の株主総会の特別決議は不要である（468条1項，**略式事業譲渡**）。略式事業譲渡において，株主が株主総会において議決権を行使する機会はないが，特別支配株主以外の株主はすべて反対株主と位置付けられ（469条2項2号），これらの株主には株式買取請求権が与えられる（同条1項）。

なお，組織再編行為と異なり，事業譲渡については，株主による差止めや，形成訴訟としての無効の訴えの制度は存在しない。必要な株主総会決議がない場合，当該事業譲渡は原則として無効となる。

(3) 重要な子会社株式の譲渡

[3-7-76]　　子会社は親会社にとって実質的にその事業の一部であり，親会社が子会社の株式を譲渡してその支配権を手放す場合，親会社には事業譲渡に匹敵する影響が及ぶ。そこで，㋐譲渡対象である子会社株式の帳簿価額が親会社の総資産額（会社則134条参照）の5分の1を超え，かつ，㋑効力発生日において当該子会社の議決権の総数の過半数を有しない結果になる場合，親会社は，株主総会の

特別決議により，当該譲渡契約について承認を受けなければならないこととされている（467条1項2号の2・309条2項11号）。親会社の反対株主には，株式買取請求権が認められる点（469条1項），子会社株式の譲受人が，譲渡会社（親会社）の特別支配会社である場合，親会社における株主総会の特別決議は不要である点（468条1項）は，いずれも事業譲渡の場合と同様である（**3-7-75**）。

2 事業全部の譲受け

[**3-7-77**]　他の会社から事業または子会社株式の譲渡を受ける側の会社は，原則として，株主総会決議等を要しない。しかし，他の会社の事業の全部を譲り受ける場合，吸収合併の存続会社に近い立場に立つため，譲受会社においても株主総会の特別決議による承認が要求され（467条1項3号・309条11号），反対株主には，株式買取請求権が認められる（469条1項）。

　事業全部の譲受けにおいて，譲渡会社が譲受会社の特別支配会社である場合，譲受会社の株主総会の事業全部の譲受けの承認決議は不要である（468条1項，**略式事業全部の譲受け**）。ただし，事業全部の譲受けが事後設立（**3-7-78**）にあたる場合は，株主総会による承認決議を省略することはできない（事後設立に該当する場合は，事業の一部の譲受けであっても，株主総会の特別決議による承認が要求される（467条1項5号））。略式手続がとられる場合における株式買取請求権については，略式事業譲渡の場合と同様である（469条2項2号，**3-7-75**）。事業全部の譲受けにおいて，交付される対価の帳簿価額の合計額が譲受会社の純資産額（会社則137条参照）の5分の1を超えない場合，事業全部の譲受けについて，株主総会の特別決議を要しない（468条2項，**簡易事業全部の譲受け**。ただし，同条3項）。簡易手続がとられる場合，反対株主の株式買取請求権は認められない（469条1項2号）。

3 事後設立

[**3-7-78**]　　事後設立とは，会社がその成立後2年以内に，その成立前から存在する財産であって，その事業のために継続して使用するものを取得することをいう。会社成立前から存在している財産を会社の成立後に取得する契約を会社の設立手続中に行えば，それは財産引受（28条2号）に該当するため，原始定款に記

載し，かつ検査役の調査を受けなければならないという規制に服するが（**3-2-9**），同様の契約を会社成立後に行えば，財産引受の規制の対象外となる。そこで，会社法は，財産引受規制の潜脱を防止する趣旨から，事後設立について，譲受けの対価が譲受会社の純資産額（会社則135条参照）の5分の1を超えない場合を除き，株主総会の特別決議による承認という手続を要求している（467条1項5号・309条11号）。

❹ 事業全部に関する業務委託契約等

［3-7-79］　会社法は，「事業全部の賃貸，事業全部の経営の委任，他人と事業上の損益全部を共通にする契約その他これに準じる契約の締結，変更，解約」についても，事業譲渡と同様の手続的規制を置いている（467条1項4号）。

CHAPTER 8 ——会社の基礎的変更

§1——総　論

[3-8-1]　　CHAPTER 7 で見たいわゆる企業再編行為のほか，㋐組織変更，㋑定款変更，㋒資本の減少，㋓解散・清算も，当該会社の基礎を変更するものであり，既存の株主や債権者等に重大な影響を及ぼす可能性がある。会社法は，これらの行為についても企業再編行為に関する規律と同様，株主総会の特別決議，反対株主の株式買取請求権，債権者異議手続等の手法によって，既存の株主や債権者等の利益の保護を図る（㋒資本の減少については，**3-6-13〜3-6-16**参照）。

§2——組織変更

❶ 意　義

[3-8-2]　　会社が，その法人格の同一性を保ちながら，㋐株式会社が持分会社に，あるいは，㋑持分会社が株式会社に，その組織形態を変更することを「組織変更」という（2条26号）。合名会社が合資会社に移行するなど，同じ持分会社の枠内で会社の種類を変更すること（持分会社の種類の変更）は，組織変更ではなく，定款の変更による社員の責任の態様の変更にすぎない（638条）。以下，株式会社が持分会社に組織変更する場合を中心に見ていくこととする。

❷ 組織変更の手続

[3-8-3]　　会社が組織変更を行う場合は，まず，法定事項を定めた「**組織変更計画**」を作成しなければならない（743条）。組織変更をする会社は，組織変更計画備置開始日（775条2項）から組織変更計画において定められた効力発生日（744条1項9号）までの間，組織変更計画の内容その他法務省令（会社則180条）で定め

る事項を記載または記録した書面または電磁的記録をその本店に備え置かなければならない（775条1項，**事前開示**）。

　組織変更は株主に多大な影響を及ぼすため，効力発生日の前日までに，組織変更計画について当該会社の**総株主の同意**を得なければならない（776条1項。総株主の同意が必要であるから，反対株主の株式買取請求の制度は存在しない）。組織変更をする株式会社が新株予約権を発行している場合，当該新株予約権は，組織変更の効力発生日に消滅するため（745条5項），組織変更計画には，組織変更後の持分会社が組織変更に際して交付する当該新株予約権に代わる金銭等が定められる（744条1項7号・8号）。新株予約権者には，**新株予約権買取請求権**が認められている（777条1項）。組織変更する会社の債権者に対しては，**債権者異議手続**（**3-7-7**参照）が行われる（779条）。

❸ 組織変更の効力の発生

[3-8-4]　　組織変更をする株式会社は，組織変更計画に定められた効力発生日に持分会社となる（745条1項）。そして，この効力発生日に，組織変更計画の定めに従い，必要な定款変更がなされたものとみなされる（同条2項）。組織変更をする株式会社が新株予約権を発行している場合，当該新株予約権は，組織変更の効力発生日に消滅する（同条5項）。ただし，債権者異議手続が終了していない場合や，組織変更が中止された場合は，このような効力は生じない（同条6項）。会社は，効力発生日から2週間以内に，本店所在地において，組織変更前の株式会社については解散の登記，組織変更後の持分会社については設立の登記をしなければならない（920条）。合併等とは異なり，組織変更計画等の備置・開示は，組織変更の効力発生日までで足りる（775条1項）。また，合併等における事後開示（**3-7-12**）に相当する手続もない。

❹ 組織変更の無効の訴え

[3-8-5]　　組織変更に瑕疵があった場合，組織変更の無効を主張するときは，**組織変更の無効の訴え**によらなければならない（828条1項6号）。提訴期間，提訴権者，無効判決の効力などについては，合併無効の訴えと同様である（**3-7-16**～**3-7-18**参照）。

§3——定款の変更

❶ 意　義

[3-8-6]　　定款変更とは，会社の根本規範である定款の記載または記録を変更する会社の行為をいう。いわゆる任意的記載事項であっても，これを追加したり，変更したり，削除したりするためには定款変更の手続に従う必要がある。

❷ 定款変更の手続

[3-8-7]　　定款変更は，原則として，株主総会の特別決議によって行われる（466条・309条2項11号）。ただし，㋐会社が発行する全部の株式を譲渡制限株式とする定款の変更（309条3項1号）および，㋑非公開会社において剰余金の配当・残余財産の分配・株主総会の議決権に関し属人的な定めをする定款の変更（109条2項・309条4項）には，株主総会の特殊決議が必要である。㋐の定款変更の場合には，これに反対する株主には株式買取請求権が（116条1項1号），新株予約権者には新株予約権買取請求権が（118条1項1号）認められる。また，株主全員の同意が必要となる定款変更もある（110条・164条2項）。種類株式発行会社においては，定款変更の内容によっては，種類株主総会の決議が必要な場合（111条2項・322条1項1号）や，それにより影響を受ける種類株主全員の同意が必要な場合（111条1項・322条4項）もある。他方，株主の利益を害さないと考えられる一定の定款変更については，取締役会決議（取締役会非設置会社においては株主総会の普通決議や取締役の決定）のみで変更できるものもある（184条2項・191条・195条1項）。

　定款変更を議題とする株主総会の招集通知を書面または電磁的方法により行う場合，定款変更に関する議案の概要を当該招集通知に記載または記録しなければならない（299条4項・298条1項5号，会社則63条7号ヘ）。定款の条項が登記事項であるときは，その変更は，本店の所在地において2週間以内に登記しなければならない（915条1項）。

§4——解散・清算

❶ 意 義

[3-8-8]　会社の「**解散**」とは，会社の法人格を消滅させる原因となる事実をいう。法定の**解散事由**の発生により会社は解散するが，合併を解散事由とする場合を除き，解散により直ちに法人格が消滅するわけではなく（476条，破35条），その後に行われる「**清算**」の手続（破産の場合は，破産手続）が終了したときに，消滅する。清算手続では，債権の回収や債務の弁済，株主に対する残余財産の分配などの後始末が行われる。

❷ 解散事由

（1）解散事由

[3-8-9]　株式会社は，㋐定款で定めた存続期間の満了，㋑定款で定めた解散事由の発生，㋒株主総会の特別決議，㋓合併（消滅会社），㋔破産手続開始の決定，㋕解散命令・解散判決（**3-8-10**）により解散する（471条）。

　このほか，当該株式会社に関する登記が最後にあった日から12年を経過した株式会社（**休眠会社**）は，法務大臣が2か月以内に事業を廃止していない旨の届出を登記所になすべき旨を官報に公告した場合，その届出をしないときは，その2か月の期間の満了時に解散したものとみなされる（472条，**みなし解散**）。

（2）解散命令・解散判決

[3-8-10]　解散命令も解散判決も，解散を命じる裁判の一種である。**解散命令**は，公益維持の見地から，法務大臣その他利害関係人の申立てによりなされるもので，会社が不法の目的により設立されたとき，会社が正当な理由がないのにその成立の日から1年以内に事業を開始せず，または引き続き1年以上その事業を休止したとき，会社の業務を執行する者が法令・定款違反行為や刑罰法令に触れる行為を継続・反復する場合などになされる（824条1項）。**解散判決**は，次の㋐または㋑の場合において，やむを得ない事由があるときに，少数株主（総株主の議決権の10分の1以上の議決権を有する株主，または発行済株式の10分の1以上の数の株式を有する株主）の訴えによりなされる（833条1項）。まず，㋐株式会社が業務の

執行において著しく困難な状況に至り，当該会社に回復することができない損害が生じ，または生じるおそれがある場合である。典型的には，株主が2派に分かれて対立し，それぞれが議決権を50％ずつ保有しているため，取締役の選任を行うことができない場合などが考えられる。そして，⑦会社の財産の管理または処分が著しく失当で，当該株式会社の存立を危うくする場合である。たとえば，取締役に会社の存立にかかわる非行があるが，その者が過半数の議決権を保有するため，これを是正することが期待できない場合などが考えられる。

❸ 解散の効果

［3-8-11］　　株式会社は，合併および破産による場合を除き，解散により，**清算手続**に入る（475条1号）。解散した会社は清算の目的の範囲内でしか権利能力を有しない（476条）。

　合併における消滅会社は，合併契約で定めた効力発生日（吸収合併の場合），または設立会社の成立の日（新設合併の場合）に解散するが，合併においては，消滅会社の権利義務は，存続会社・設立会社に包括承継されるため，清算手続を経る必要がなく（475条1号カッコ書），解散により直ちに会社の法人格が消滅する。破産を解散原因とする場合は，破産手続に入る。

　なお，定款で定めた存続期間の満了，定款で定めた解散事由の発生，あるいは株主総会の特別決議により解散した株式会社は，清算が結了する前に株主総会の特別決議によって**会社の継続**を決定すれば，将来に向かって解散前の状態に復帰し，営業取引をなす権利能力を回復する（473条）。みなし解散により解散されたものとみなされた会社についても，その後3年以内に限り，同様の手続により会社の継続が認められる（同条カッコ書）。会社の継続を決定した場合，その本店所在地において継続の登記をしなければならない（927条）。

❹ 清　算

（1）清算手続の概要

［3-8-12］　　株式会社の清算には，裁判所の監督に服さない「**通常清算**」（475～509条）と，裁判所の監督のもとで行われる「**特別清算**」（510～574条）とがある。

　通常清算の場合も，特別清算の場合も，清算株式会社（476条カッコ書）には**清**

算人を置かなければならない（477条1項）。通常清算において，清算人について，定款で定める者も株主総会決議により選任された者もいない場合，原則として，それまで取締役であった者が清算人となる（478条1項1号。ただし，同条2項・3項）。清算株式会社の権利能力は，清算の目的の範囲内に縮減されることから（476条），継続企業（ゴーイング・コンサーン）を前提とした解散前の会社における機関構成ルールがそのまま適用されるわけではなく，清算株式会社の機関構成ルールが別個に定められている（477条1項～7項）。

[**3-8-13**]　清算人の行う清算事務の具体的な中身は，㋐現務の結了，㋑債権の取立ておよび債務の弁済，㋒残余財産の分配である（481条）。清算人は，清算人となった後，遅滞なく，会社財産の現況を調査し，財産目録および清算貸借対照表を作成し，これらを株主総会に提出して承認を受けなければならない（492条）。清算人は，㋐において，継続中の事務や取引関係を完結し，㋑では，弁済期の到来した債権の取立てを行う一方，清算開始後遅滞なく，債権者に対し，2か月以上の一定期間内に債権の申出をするように官報で公告し，かつ，知れている債権者に対しては各別に催告をする（499条1項）。債権者が期間内に債権を申し出ないときは，その債権は清算手続から除斥されるが，「知れている債権者」の債権は除斥できない（503条1項）。債権の申出期間が経過した後に，「申し出た債権者」と「知れている債権者」に弁済する（500条1項）。弁済期未到来の債務のほか，裁判所が選任する鑑定人の評価に従って，条件付き債務，存続期間不確定の債務も弁済することができる（501条）。㋒では，これらの手続の後に残った財産（残余財産）があれば，株主に対して，原則としてその持株数に応じて分配する（504条～506条）。債務の弁済をしないで株主に分配してはならないが，争いがある分については，弁済に必要な財産を留保して残余財産を分配することも可能である（502条）。

　清算事務の終了後，清算人は遅滞なく決算報告を作成し，株主総会の承認を受ける（507条1項・3項）。この承認の日から2週間以内に本店所在地において清算結了の登記を行い（929条1号），この登記により清算が終了する。清算人は，清算結了の登記の日から10年間，清算会社の帳簿ならびにその事業および清算に関する重要な資料を保存しなければならない（508条1項）。

(2) 特別清算

[*3-8-14*]　　特別清算は，㋐清算の遂行に著しい支障をきたすべき事情があると認められるとき，または，㋑債務超過の疑いがあると認められるときに裁判所が命じるもので（510条），通常清算と破産手続の中間に位置するものと理解されている。

　特別清算の手続においては，清算人の権限は制約され，一定額以上の財産の処分行為等には，裁判所の許可が必要である（535条・536条）。裁判所は，清算人が清算事務を適切に行っていないとき，その他重要な事由があるときには，債権者・株主の申立てにより，または職権により，清算人を解任することができる（524条1項）。特別清算の清算人は，清算会社のみならず，債権者および株主に対しても，公平かつ誠実に清算事務を行う義務を負う（523条）。特別清算では，清算会社は原則として，債権者に対してその債権額の割合に応じて弁済しなければならない（537条1項）。清算会社は，特別清算の実行上必要と認めるときは債権者集会を招集することができる（546条）。債権者集会は裁判所が指揮する（552条1項）。また，一定の場合には，裁判所の決定により破産手続に移行する（574条1項）。

事項索引

判例索引

高等裁判所

地方裁判所

■執筆者紹介（執筆分担）

菊地雄介（きくち　ゆうすけ）　東北学院大学法学部教授
PART 1, PART 2, PART 3 CHAPTER 1・2

草間秀樹（くさま　ひでき）　北海学園大学法学部教授
PART 3 CHAPTER 3 § 1〜7

横田尚昌（よこた　なおまさ）　東北学院大学法学部教授
PART 3 CHAPTER 4

吉行幾真（よしゆき　いくま）　名城大学法学部教授
PART 3 CHAPTER 3 § 8〜10　CHAPTER 6

菊田秀雄（きくた　ひでお）　駿河台大学法学部教授
PART 3 CHAPTER 5

黒野葉子（くろの　ようこ）　愛知学院大学法学部准教授
PART 3 CHAPTER 7・8

αブックス

レクチャー会社法〔第3版〕

2015年5月15日　初　版第1刷発行
2019年4月15日　第2版第1刷発行
2022年4月25日　第3版第1刷発行

著　者　菊地雄介・草間秀樹・横田尚昌
吉行幾真・菊田秀雄・黒野葉子

発行者　畑　　光

発行所　株式会社 法律文化社

〒603-8053
京都市北区上賀茂岩ヶ垣内町71
電話 075(791)7131　FAX 075(721)8400
https://www.hou-bun.com/

印刷：西濃印刷㈱／製本：㈱藤沢製本
装幀：アトリエ・デコ

ISBN 978-4-589-04217-0
© 2022 Y. Kikuchi, H. Kusama, N. Yokota, I. Yoshiyuki,
H. Kikuta, Y. Kurono Printed in Japan

乱丁など不良本がありましたら、ご連絡下さい。送料小社負担にて
お取り替えいたします。
本書についてのご意見・ご感想は、小社ウェブサイト、トップページの
「読者カード」にてお聞かせ下さい。